新丝路
国别与区域研究

U0816400

“一带一路”视域下斯拉夫国家语言文化及发展战略研究

主　编：吴　哲　　副主编：朱瑞爽

外语教学与研究出版社

北京

图书在版编目（CIP）数据

“一带一路”视域下斯拉夫国家语言文化及发展战略研究 / 吴哲主编．-- 北京 ：外语教学与研究出版社，2021.5（2022.8 重印）
（新丝路国别与区域研究）
ISBN 978-7-5213-2659-8

Ⅰ．①一… Ⅱ．①吴… Ⅲ．①斯拉夫语－文化语言学－文集 Ⅳ．①H749-05

中国版本图书馆 CIP 数据核字（2021）第 103275 号

出版人 王 芳
责任编辑 刘 荣
责任校对 徐晓丹
装帧设计 覃一彪
出版发行 外语教学与研究出版社
社 址 北京市西三环北路 19 号（100089）
网 址 http://www.fltrp.com
印 刷 北京虎彩文化传播有限公司
开 本 720×1000 1/16
印 张 19
版 次 2021 年 6 月第 1 版 2022 年 8 月第 2 次印刷
书 号 ISBN 978-7-5213-2659-8
定 价 58.00 元

购书咨询：（010）88819926 电子邮箱：club@fltrp.com
外研书店：https://waiyants.tmall.com
凡印刷、装订质量问题，请联系我社印制部
联系电话：（010）61207896 电子邮箱：zhijian@fltrp.com
凡侵权、盗版书籍线索，请联系我社法律事务部
举报电话：（010）88817519 电子邮箱：banquan@fltrp.com
物料号：326590001

记载人类文明
沟通世界文化
www.fltrp.com

前 言

斯拉夫学是研究斯拉夫各民族人民物质和精神生活的学科。在不同历史发展阶段、不同语境下，人们对它的界定处于不断变化之中。严格地说，斯拉夫学并不是一门单独的学科，而是一个“学科群”，广义的斯拉夫学包括历史学、语言学、文学理论、艺术学、文化学、文化史、哲学、经济学、斯拉夫各民族的法律规范等，研究内容十分庞杂；狭义的斯拉夫学往往局限于文学、语言学等范畴。根据我们对俄罗斯科学院斯拉夫学研究所主办的学术期刊《斯拉夫学》（Славяноведение）的调查发现，该杂志发表的论文涉及历史学、文学、社会学、民族学、外交、语言学、政治、宗教、军事等诸多领域，其中史学研究论义的比重最大，涉及的国别和区域主要有俄罗斯、白俄罗斯、波兰、塞尔维亚、乌克兰、土耳其、黑山、保加利亚、克罗地亚、罗马尼亚、捷克、匈牙利、斯洛文尼亚、斯洛伐克等，部分论文对苏联、中东欧、东南欧区域的少数民族的语言政策、风俗传统等进行了整合研究。由此可见，斯拉夫学研究的繁杂性可见一斑。

总体而言，目前我国斯拉夫学研究比较薄弱，对斯拉夫语言文化的研究较为零散。同时，由于国内尚无成熟的斯拉夫学学科研究队伍和人才培养基地，斯拉夫学研究文献极少，这对斯拉夫学研究和斯拉夫学创新人才培养带来了一定的困难。近年来，国内高校和研究机构响应国家“一带一路”倡议，践行高校服务社会功能，大力开展国别和区域研究。哈尔滨师范大学依托国内唯一一所斯拉夫语学院和教育部国别和区域研究中心——斯拉夫国家研究中心，整合国内外优势资源，成立了斯拉夫国家语言文化及发展的战略创新研究团队，并于2018年获得中央财政支持地方高校发展的专项资金资助。

全面研究斯拉夫学有利于我国与“一带一路”沿线斯拉夫国家和民族

的交流与合作。国际合作的前提是语言相通、民心相通，对斯拉夫国家语言、文化和发展战略的研究不仅能推动国内斯拉夫学学科的建立和发展，而且有利于对"一带一路"沿线斯拉夫国家全面合作形势进行研判、制定策略，助推"一带一路"建设。

学科发展必须以人才为支撑。要大力发展斯拉夫学，就必须培养和储备斯拉夫语言文化研究方面的紧缺人才，加强斯拉夫语言文化研究团队建设。基于以上考虑，同时为了贯彻落实国务院学位委员会办公室和教育部学位管理与研究生教育司关于"落实研究生教育创新计划"的精神，为研究生提供高起点、深层次、多领域、最前沿的学术交流平台，以服务国家"一带一路"建设、推进中俄全面合作为宗旨，践行高校学术研究和人才培养，受中国俄语教学研究会委托，在哈尔滨师范大学研究生培养质量提升工程项目框架下，斯拉夫国家研究中心、哈尔滨师范大学斯拉夫国家语言文化及发展战略创新研究团队于2018年12月21日联合举办了"'一带一路'视域下斯拉夫国家语言文化及发展战略研究生论坛"，来自北京外国语大学、上海外国语大学、黑龙江大学、东北师范大学、青岛科技大学、哈尔滨理工大学、齐齐哈尔大学、牡丹江师范学院、黑龙江外国语学院、哈尔滨师范大学等高校的近百位青年学子及教师参加了论坛，多位博士研究生和硕士研究生进行了主旨发言，并接受了由校内外专家共同组成的评委会进行的点评，现场学术交流气氛异常热烈。语言组、国别组、文学文化组三个分论坛分别由研究生主持，并由校内外专家共同担任点评嘉宾，既锻炼了研究生的组织能力，也达到了研讨、交流和提高的目的。

本次论坛经过遴选，将优秀论文结集出版。论文内容具有如下两大特点：

一是聚焦"一带一路"，增强了时代意识。在遴选的论文中，题目中明确标明"一带一路"字样的论文有多篇，其他论文均直接或间接地服务于"一带一路"建设。通过对斯拉夫国家语言、文学、国别、文化等领域的问题进行探讨，论文将斯拉夫国家的面貌呈现在读者面前，有助于读者加深对斯拉夫国家的了解，为中国与斯拉夫国家进行全方位合作提供借鉴。

二是题材广泛，学风严谨，实证性强。论文涉及斯拉夫语言、文学、文化等诸多领域，以斯拉夫民族的整合研究为主，同时涉及国别研究。语言学研究紧密结合语言认知范式，语法学、认知语义学、词典学、模糊语言学、翻译学等方面均有涉猎；文学研究彰显了跨学科的特点，与历史学、艺术价值观等紧密结合；国别文化研究关注斯拉夫国家的语言政策、语言意识、民族问题、高等教育、婚姻家庭等诸多领域，以揭示斯拉夫国家和民族的社会现实和人文景观为主旨，力图深化读者对斯拉夫国家的认识，准确把握相关问题。

论文文风踏实，研究思路清晰，以数据和实例支撑论点，体现了科研工作者应当具备的专业素养和学术品格。

当前正是人类文明互通、互融、互鉴的新时代，加强国别和区域研究是搭建“民心相通之桥”的重要基础，是时代赋予的使命。斯拉夫国家在“一带一路”建设中占有举足轻重的地位，而斯拉夫学研究的欠缺成为中国与斯拉夫国家全方位合作的掣肘。青年学子们在这方面的研究尚显稚嫩，但并不能妨碍他们在斯拉夫学研究领域的创新。感谢外研社的支持，经重重遴选将该选题列入出版计划。作为一家有国际声望的出版社，外研社高瞻远瞩，在聚焦语言服务的同时，对“一带一路”相关研究也给予了足够的关注，真正起到了“沟通世界文化”的作用。希望本书的问世能够让更多有识之士关注斯拉夫学，推动斯拉夫学的学科发展，助力“一带一路”建设。

由于水平和时间所限，疏漏、不当之处在所难免，诚请各位读者和专家同仁批评指正。

编者

于哈尔滨师范大学斯拉夫国家研究中心

2021 年 5 月 20 日

目 录

上篇 | 语言 · 文学

下篇 | 国别・文化

上篇

语言 · 文学

汉、俄名词回指对比与翻译*

陆 持

内容提要： 回指是语篇衔接的重要手段，名词回指即以名词或名词短语来代替前文中的话题指称。本文从形式和意义两个视角出发，对汉、俄名词回指词进行分类。通过实例分析，论证了名词回指词在篇章中发挥的功能，如：衔接上下文，易于找回所指，增强言语表现力，凸显交际的“经济”原则等。对比汉、俄名词回指词的译文后我们发现，转换为代词回指或零形回指是其共性。在译文中保留回指词的名词词性，往往需要增补指示代词，明确所指内容；在进行俄语翻译时，指示代词可以省略。

关 键 词： 汉语和俄语；名词回指；译文对比

一、引言

构成篇章的句子并非杂乱无章、任意堆砌，而是借助衔接手段将一些意义密切相关的句子进行有机结合，以达到特定的交际目的。作为话语衔接手段，回指（anaphora）在学界具有悠久的研究历史，于20世纪80年代成为语言学家们探讨的热点话题。学界对回指现象的研究大致包含以下三类：

其一，划分类型。例如：廖秋忠将回指划分为同形表达、局部表达及异形表达式；[①] 陈平（1987）把汉语中的回指分为零形回指、代词回指及名词回指。[②]

其二，研究某一类型的回指词（anaphor）。例如：徐赳赳探讨了代词回指词“他”在语篇中的制约因素；[③] 许余龙基于认知语言学，分析了零形代词回指在汉语中的运用。[④]

* 本文系上海外国语大学第二届导师学术引领计划项目（项目编号：2017003）的阶段性研究成果。

① 廖秋忠：《廖秋忠文集》，北京语言学院出版社1992年版，第45—61页。
② 陈平：《汉语零形回指的话语分析》，载《中国语文》，1987年第5期，第363—378页。
③ 徐赳赳：《叙述文中“他”的话语分析》，载《中国语文》，1990年第5期，第325—337页。
④ 许余龙：《语篇回指的认知语言学研究与验证》，载《外国语》，2003年第2期，第17—24页。

其三，对比汉外回指。例如：史铁强通过实例，发现同义词替换在俄语中的运用比汉语更广泛；[①]崔卫指出，俄语中可以借用多种回指方式作为复指手段，而汉语大多数采用名词回指、代词回指和零形回指；[②]许余龙对比分析了英、汉语篇回指与话题引入的关系；[③]李春蓉通过分析具体数据，探讨了名词回指在俄、英、汉三种语言中运用的异同及影响因素。[④]俄罗斯语言学家 Ю.Д. Апресян 指出，采取不同方式陈述同一观点的能力体现了说话者对词义的掌握程度，而对受话人来讲，则表现为根据外部不同形式的语言词汇来领悟其中的语义；[⑤]Л.М. Лосева 提出，下文对上文词汇的重复，实为一种对信息的强调和对读者注意力的吸引。[⑥]

一些学者对名词回指词进行了划分：徐赳赳将首次出现在篇章中的名词称为“先行词”；[⑦]在陈平和廖秋忠在名词划分原则的基础上以先行词为参照；徐赳赳、史铁强和安利将名词回指词分为同形、局部同形、同义、上下义及比喻等类型；[⑧]徐赳赳将名词回指划分为同指回指和联想回指，同指回指包括同形回指和异形回指，联想回指则分为上下义回指和关联回指。[⑨]“Словарь русского языка”一文将 повторять（重复）定义为“Сказать, исполнитьилисделатьещёразтожесамое”，意思是“做同样的事情”。[⑩]也就是说，“重复”就是“再现已发生的事情或行为”。名词回指（nounanaphora），即以名词或名词组合来代替前文中的先行词，再现话题指称。因此，我们可将名词回指视为一种重复话题指称的特殊方式。本文以回指词与先行词之间的关系为参照，从形式和意义两个角度划分名词回指的类型，探讨其在篇章中发挥的功能，对比分析汉语名词回指俄译及俄语名词回指汉译的异同。

---

① 史铁强：《俄汉语篇衔接对比》，载《中国俄语教学》，1997 年第 1 期，第 35—39 页。

② 崔卫：《俄汉话语零形回指之比较》，载《中国俄语教学》，1998 年第 2 期，第 1—4 页。

③ 许余龙：《话题引入与语篇回指——一项基于民间故事语料的英汉对比研究》，载《外语教学》，2007 年第 6 期，第 1—5 页。

④ 李春蓉：《俄英汉名词回指对比研究》，载《外语学刊》，2015 年第 4 期，第 16—21 页。

⑤ Апресян Ю.Д. Экспериментальное исследование семантики русского глагола, 1966, с. 57-63.

⑥ Лосева Л.М. *Как строится тест*, 1980, с. 45.

⑦ 徐赳赳：《叙述文中名词回指分析》，载《语言教学与研究》，1999 年第 4 期，第 93—109 页。

⑧ 史铁强、安利：《语篇语言学概论》，外语教学与研究出版社 2012 年版，第 72 页。

⑨ 徐赳赳：《现代汉语篇章语言学》，商务印书馆 2010 年版，第 330—334 页。

⑩ Российская академия наук, институт лингвистических исследований. Словарь русского языка (том III),с.163.

二、汉、俄语言中名词回指词的类型

（一）从形式角度划分

1. 完全同形

词汇是语篇衔接的重要手段。同形回指，即回指词的形式与先行词完全相同。汉语中的同形回指较为常见，请看例（1）和例（2）：

（1）买好了它们，我去了下一条街的古董店，给我的老朋友**店主**看，**店主**是个识货的……（三毛，《项链》）

无论是古代的雄辩术，还是现在的功能语体学说，都要求俄语在语篇构建的过程中力求避免单纯的词汇再次出现。[①]然而，有时为了强调话题指称，也可采取重复手段来回指先行词。例如：

（2）**Старик** притворился, будто бы не слышал моего вопроса, и продолжал пошептом читать мою подорожную... Я не ошибся: старик не отказался от предлагаемого стакана.（А.С. Пушкин, *Станционный смотритель*）

2. 部分同形

在汉语中，回指词和先行词有时表现为部分同形。例如：若先行词为人名，下文可取其姓或名，构成形态变体，表现为局部同形，请看例（3）和例（4）：

（3）这是我托杭州的**陈紫荷**先生代写的一副给志摩的挽联。**陈**先生当时问我和志摩的关系，我只说他是我自小的同学……（郁达夫，《志摩在回忆里》）

（4）那是我初次见到茅庐的主人——**陈信学**。第二天，去搬石磨的时候，**信学**的太太跑了出来，大家叫她小琪。（三毛，《初见茅庐》）

俄语属于屈折语，词形变化丰富，回指词形态多变，同一词在相同语境中未必同形，从而构成丰富的代换资源。[②]请看例（5）和例（6）：

（5）— Что это они делают? спросил я у **кузнеца**, остановившегося рядом со мною.

— Татарина горянют за побег, сердито сказал **кузнец**, взглядывая в дальний конец рядом.（Л.Н. Толстой, *После бала*）

（6）Вынувши шинель, он весьма гордо посмотрел и, держа в обеих руках, набросил весьма ловко на плеча **Акакию Акакиевичу**; потом потянул и осадил её сзади рукой книзу; потом драпировал ею **Акакия Акакиевича** несколько нараспашку. **Акакий Акакиевич**, как человек в

---

① 史铁强：《俄汉语篇衔接对比》，载《中国俄语教学》，1997 年第 1 期，第 39 页。
② 赵红：《俄语语篇中话题指称的回指与翻译》，载《外语教学》，2010 年第 4 期，第 107 页。

летах, хотел попробовать в рукава...（Н.В. Гоголь, *Шинель*）

在例（5）中，回指词为原型，回指前文中的名词。例（6）中三次出现 Акакию Акакиевичу（阿卡基·阿卡基耶维奇），名词回指词 Акакия Акакиевича 受 драпировать 制约，表示客体意义；Акакий Акакиевич 作为原型回指，表示主体意义。

（二）从意义角度划分

回指关系实为一种语义参照关系。采用同义词或近义词指代前文出现的话题指称，这种情况在汉语和俄语中屡见不鲜。描述同一人或同一事物，说话人倾向于运用不同的词汇。回指词和先行词的语义关系呈现多样化。表示绰号、职业、人物关系、本体和喻体、上义和下义、整体和局部等方面的词汇，均为常见的回指词。

1. 绰号

请看例（7）和例（8）：

（7）回国后接到太太的信，才知道小姐有点儿喜欢**凯德**这个“坏蛋”，她还跟他来往着……她的命绝不能交到一个**“坏蛋”**手里。（朱自清，《房东太太》）

（8）Он даже название дал **Беликову** “глитай абож паук”. И, понятно, мы избегали говорить с ним о том, что сестра его Варенька собирается за **“абож паука”**.（А.П. Чехов, *Человек в футляре*）

例（7）和例（8）是以先行词的绰号作为回指词。在例（7）中，前文陈述了“凯德”具有“坏蛋”的特征，在下文以此为称号，代指凯德。在例（8）中，前文交代了他（科瓦连科）给别里科夫取了一个绰号“毒蜘蛛”，下文以这个绰号回指先行词“别里科夫”。

2. 职业

请看例（9）和例（10）：

（9）**表哥**是一个紫色脸膛的人，是个守碉堡的战兵……**这个战兵**在苗乡有点儿势力，能喊叫一些苗人。（沈从文，《我读一本小书，同时又读一本大书》）

（10）В это время доложили ему, что пришёл какой-то **Башмачкин**... Но при всём том, однако же, велел он **чиновнику** подождать, чтобы показать приятелю, человеку давно не служившему и зажившему дома в деревне, сколько времени чиновники дожидаются у него в передней.（Н.В. Гоголь, *Шинель*）

例（9）和例（10）是以人物的职业作为回指先行词。例（9）描写了“表哥”的面容特征及身份，下文以其职业——“战兵”回指先行词“表哥”，并增添指示代词“这”，表示特指。例（10）以职业 чиновник 回指作为表示人名的先行词 Башмачкин。

3. 人物关系

请看例（11）和例（12）：

（11）那时候**荷西**也跟上来了，拉着我的手……**先生**和我拔了营就要跟着去那个人的家——当然是一个帐篷。（三毛，《第一次做小学生》）

（12）Прости, милая **Иринка**, нахамил я тебе... Вот что это означает — иметь **умную жену-подругу**.（М.А. Шолохов, *Судьба человека*）

例（11）和例（12）以表示家庭成员间关系的词语作为回指词，指代前文中的人物。例（11）以“（我的）先生”回指“荷西”。例（12）中以 умная жена-подруга 回指先行词 Иринка。

4. 本体和喻体

请看例（13）和例（14）：

（13）**那些花儿**真好看……真像嘻嘻哈哈的**小姑娘**，真像凝妆的**少妇**……那丰姿更是撩人：云哟，霞哟，**仙女**哟！（朱自清，《一封信》）

（14）Откуда ни возьмись, по сугробам летит **стрелой заяц** ... Дед не может чтоб не крикнуть: — Держи, держи... держи! Ах, **куцый дьявол**!（А.П. Чехов, *Ванька*）

在例（13）中，前文是对“那些花儿”的描绘，将其喻为小姑娘、少妇和仙女，以此作为回指。在例（14）中，抓住野兔的典型特征，以 куцый дьявол 回指 стрелой заяц。同义名词回指词，是最为繁复多变的回指手段，人的绰号、职业、年龄、性别、家庭或社会成员间的关系以及人或物的典型特征等，构成了丰富的回指资源。

5. 上义和下义

名词回指词与先行词的语义关系还蕴含了上义和下义之间的关系，即意义确切的词“内包”于意义概括的词之中。这类回指存在下列两种情形：先行词为上义词，回指词为下义词；回指词为上义词，先行词为下义词。请看例（15）至例（18）：

（15）是香港广播电台邀我去录音的，我得答应去，里面暗藏着私心——去了可以看见**金庸夫妇**，还有倪匡……我不敢说他们请得到**金庸**……（三毛，《广东来的老茶壶》）

（16）... а я и старуха Изергиль остались под густой тенью виноградных лоз и... глядя, как тают в голубой мгле ночи силуэты тех **людей**, что пошли к морю.

Они шли, пели и смеялись; **мужчины** — бронзовые, с пышными, чёрными усами и густыми кудрями по плеч, в которых куртках и широких шароварах; **женщины и девушки** — весёлые, гибкие, с тёмно-синими глазами, тоже бронзовые.（М. Горький, *Старуха Изергиль*）

（17）早就知道**潭柘寺**、**戒坛寺**……后来不断地听人说起**这两座庙**……（朱自清，《潭柘寺，戒坛寺》）

（18）Купил ему **штанишки суконные**, рубашонку, сандали и картуз из молчалки. Конечно, все это оказалось и не по росту, и качеством никуда не годное. За **штанишки** меня хозяйка даже разругала.（М. А. Шолохов, *Судьба человека*）

例（15）至例（18）属于上义和下义之间的回指。例（15）先行词"金庸夫妇"为上义词，回指下义词"金庸"。例（16）先行词 люди 为上义词，回指词 мужчины 和 женщины и девушки 为下义词。例（17）以指示代词"这"加上义词"两座庙"，回指作为下义词的先行词"潭柘寺，戒坛寺"。例（18）以上义词 штанишки 回指下义词 штанишки суконные。

6. 整体与局部

上下义词是概念上的"内包"关系，整体与局部的关系属于实体上的"内包"关系。① 例（19）至例（22）为整体与局部之间的双向回指：

（19）我们上**船**的时候，天色还未断黑，那漾漾的柔波是这般恬静、委婉……我们坐在**舱**前，因了那隆起的**顶棚**，仿佛总是昂着首向前走着……（朱自清，《桨声灯影里的秦淮河》）

（20）Пассажиров было много, **пароход** — знаменитая "Атлантида" — был похож на громадный отель со всеми удобствами... до одиннадцати часов полагалось бодро гулять по **палубам**, дыша холодной свежестью океана...（И.А. Бунин, *Господин из Сан-Франциско*）

（21）男人个子很高，**肩**宽腿长，走起路来目不斜视，胯以上直至**脖颈**挺直不动，他的妻子攀了他一条**胳膊**走，也不能使他的**上身**稍有松懈。（史铁生，《我与地坛》）

（22）... ему делали одну за другой пластические операции, восстановили и **нос**, и **губы**, и **веки**, и уши. Через восемь месяцев, когда были сняты повязки, он взглянул на своё и теперь не на своё **лицо**.（А.Н. Толстой, *Русский характер*）

在例（19）中，以局部"（船）舱""顶棚"回指整体"船"。在例（20）中，以局部 палуба 回指作为整体的名词 пароход。在例（21）中，"上身"包含了"肩""脖颈""胳膊"，因此回指词"上身"与先行词"肩""脖颈""胳膊"实属整体与局部的"内包"关系。在例（22）中，回指词 лицо 包含了先行词 нос、губы、веки 等，以整体回指局部。

---

① 胡壮麟：《语篇的衔接与连贯》，上海外语教育与研究出版社 1994 年版，第 122 页。

三、汉、俄名词回指词的功能

作为前文话题指称的复现，名词回指词在上下文中发挥着至关重要的作用。基于以上例句，下文探讨汉、俄名词回指词在篇章中的若干功能。

（一）衔接上下文

篇章的内容结构包括水平、垂直和纵深三个维度，篇章连贯性属于水平维度的研究范畴。语句间的形式联系即"衔接"，是篇章水平结构的构成要素之一，可以通过多种语言手段来实现，如重复、替代词等。[①]回指是一种语言工具，说话人利用它向听话人发出指令，目的在于引导听话人继续保持先前已经形成的关注焦点，即保持原有的注意力。[②]名词回指词为读者再次找到关注的焦点提供了更高效、更快捷的途径。尽管名词回指词的使用可能标志新话题的开始，但该话题通常是由旧话题延伸出来的，或以全新视角围绕已有所指展开论述。名词回指词与先行词之间的索引关系，增强了语篇的紧密度。在语篇中，内指照应具备篇章衔接的功能。回指属于内指照应，回指成分预设了回指对象的存在，只有将回指对象作为参照，才能阐明回指成分本身的内涵。回指信息的出现，促使读者或受话人在上下文中搜寻并辨识回指对象，该行为贯穿于理解篇章的整个过程，确保了上下文的紧密衔接。

（二）易于找回所指

使用与先行词同形或部分同形的名词来指代先行词，降低了歧义出现的概率，减少了读者在阅读过程中的认知障碍，易于找回所指。在例（1）和例（2）中，"店主"和"старик"被引入篇章之时，就在读者脑海中塑造了对应的人物形象，当在下文中该角色再次被提及时，读者不自觉地将其与上文的人物相联系，视作同一人（除非同一语境中存在另一位"店主"和"старик"，此时需要增加其他信息作为补充，以明确所指）。重复，能够明示句与句之间的意义联系，是最严谨的衔接手段。名词属于"可及标识"，当语篇中的某个指称对象不明确或难以找回时，叙述者倾向于利用名词，重新唤起读者对指称对象的回忆。[③] McKoon 和 Ratcliff 在 1980 年做了一项关于"读者找回先行词"的实验，结果表明，采用同形名词回指词更易于找回

---

① 杨仕章：《俄语篇章连贯性翻译研究》，上海译文出版社 2012 年版，第 7 页。
② 崔卫：《俄汉话语零形回指之比较》，载《中国俄语教学》，1998 年第 2 期，第 2 页。
③ 王灿龙：《人称代词"他"的照应功能研究》，载《中国语文》，2000 年第 3 期，第 229 页。

先行词。McKoon 和 Ratcliff 认为，名词回指词和先行词之间“特征重叠”（featuraloverlap）数量的多少，在很大程度上决定了读者是否能迅速找回话题的指称。[①] 与其他回指形式相比，与先行词同形的回指词和先行词之间的“特征重叠”最多，因此，原词复现有利于加快找回话题所指的对象。

（三）增强言语表现力

著名翻译理论家科米萨罗夫曾说，任何文本都是为了完成特定交际功能而存在的，抒发情感是其中一项重要的功能。[②] 有时，作者为了表达特定的情感或增强话语表现力，不得不放弃“同词替代”的回指词，转而采用不同词汇进行代换。例如：例（7）以“坏蛋”指代凯德，透露出说话者对凯德的厌恶以及对小姐和凯德来往的反感与不满；在例（8）中，作者用别里科夫的绰号 абож паука 指代别里科夫，而非直呼其名，通过该绰号，科瓦连科对别里科夫的极度厌恶之情跃然纸上；例（10）以 职业 чиновник 代指 Башмачкин，揭示了“将军”的傲慢以及对“小人物”——巴什马奇金的不屑与冷漠；在例（12）中，安德烈·索科洛夫将自己与伊琳娜之间的关系作为叙述基础，故在下文中以 умная жена-подруга 回指伊琳娜，表达了说话者对拥有伊琳娜这样一位温柔、体贴、贤淑、明理的好妻子而感到无比幸运和欣慰，字里行间透露出他自己对伊琳娜的愧疚，映射出索科洛夫内心的善良及其身上彰显的“俄罗斯军人的特质”；在例（14）中，抓住野兔的特征——尾巴短小、动作敏捷，以 куцый дьявол 回指 стрелой заяц，使读者感受到说话人（万卡的祖父康斯坦丁·玛卡雷奇）对野兔的喜爱，并刻画出一位可爱、灵活的小老头形象。众多的“同义不同词”现象，增添了篇章的文采，既丰富了语篇的衔接手段，又注入了新的语义内容，避免了因词汇贫乏而造成的苍白无力之感。

（四）凸显交际的“经济”原则

人类的言语行为受“经济”原则制约。在交际过程中，人们尽量选取少量且省力的语言单位，降低信息传递导致的能量损耗。为提高交际的时效性，确保言语交际的顺利进行，在不改变交际内容的前提下，简约的表述方式更易被人接受。上义词具有综合和归类的作用，例如：例（17）和例（18）分别使用上义词“这两座庙”和 штанишки，回指下义词“潭柘寺、戒坛寺”和 штанишкисуконные，言简意赅；在例（22）中，首先描述 лицо 的组成部分——

---

① 徐赳赳：《叙述文中名词回指分析》，载《语言教学与研究》，1999 年第 4 期，第 102 页。

② Комиссаров В.Н. *Теория перевода (лингвистические аспекты)*, М., Высшая школа, 1990, с. 51.

нос、губы、веки 等，下文以整体 лицо 作为回指词，避免了话语的繁冗。

四、译文对比

汉语和俄语各自拥有一套独特的语法系统和语言规则。在翻译名词回指词时，通常需要根据俄、汉语言结构的规约性和强制性特征做出相应的调整和改变，以符合翻译规范。

（一）俄译汉

1. 增添指示代词（demonstrativepronoun）

俄语名词具有性、数、格等形态变化，重复先行词本身便可表示特指意义，而其汉译需要增加“这”“那”等表示特指意义的指示代词。例如：

（23）Она заставала его веселым и восхищенным своею, в самом деле, великолепною **картиной**... Ольга Ивановна ревновала Рябовского к **картине** и ненавидела её, но из вежливости простаивала перед картиной молча минут пять и, вздохнув, как вздыхают перед святыней, говорила тихо...（А.П. Чехов, *Попрыгунья*）

译文：当她遇上他时，他心情很好，正欣赏他自己那幅的确很出色的**画**……奥莉加·伊凡诺芙娜妒忌并且憎恨里亚博夫斯基的**这幅画**，但出于礼节，她还是在画前默默地站立了五分钟左右，然后就像人们在圣物前叹息那样叹了一口气，并小声地说……

原文中的名词 картина 作为回指词的功能不言自明，不用借助指示代词进行确指。若将其汉译为名词“画”，则指代不明，读者无法得知奥莉加·伊凡诺芙娜嫉妒和憎恨里亚博夫斯基的哪一幅画。在译文中加上具备指示功能的代词“这”，凸显所指事物的唯一性。

（24）**Шамету** повезло. В Вера-Курс он заболел тяжёлой лихорадкой··· **Больного солдата**, не побывавшего ещё ни в одной настоящей перестрелке, отправили обратно на родину.（К. Паустовский, *Золотая роза*）

译文：沙梅很幸运。他在维拉克鲁斯得了很重的热病。于是，**这个害病的士兵**还没真正打过一次枪就被送回国内了。

俄语原文中，回指词 больной солдат 作为特指，替代先行词 Шамет，若汉译为“**沙梅**很幸运。他在维拉克鲁斯得了很重的热病。于是，**害病的士兵**还没真正打过一次枪就被送回国了”，回指词“害病的士兵”有可能指代包括沙梅在内的其他某个或多个士兵，导致所指不明，会有歧义。因此，汉译时务必加上指示代词“这个”，凸显“害病的士兵”在该语境中的唯一性。

2. 转换为代词回指（pronominal anaphora）

我们先看下面的例句：

（25）Оставшись в отведенной комнате, лежа на пружинном тюфяке, подкидывавшем неожиданно при каждом движении его руки и ноги, **Левин** долго не спал. Ни один разговор со Свияжском, хотя и много умного было сказано им, не интересовал **Левина**…（Л. Толстой, *Анна Карелина*）

译文：在单独给的房间里，躺在自己的手和脚一碰就会突然蹦起来的弹簧床垫上，**列文**久久不能入睡。在与斯维亚什斯基的谈话中，他说的话虽然也很不错，但没有一句是**自己**感兴趣的……（靳戈 译）

原文中的名词回指词 Левин 并未在汉译中译出，而是借助反身代词“自己”，与先行词构成代词回指形式。

3. 转换为零形回指（zero anaphora）

有时，在译文中可省略俄语原文中的名词回指词，形成译文回指词空缺，构成零形回指。零形回指也是一种惯用的翻译策略。例如：

（26）И **Степан Аркадьич** улыбнулся. Никто бы на месте **Степана Аркадьича**, имея дело с таким отчаянием, не позволил себе улыбнуться…（Л. Толстой, *Анна Карелина*）

译文：奥勃朗斯基微微一笑。要是换了别人，谈到这种绝望的事是不会笑的……（草婴 译）

汉译文中省略了回指词“奥勃朗斯基”，消除了名词的重复现象，保持了篇章的简洁与连贯。

（二）汉译俄

1. 省略指示代词

由于俄语名词本身已具有特指意义，汉语名词回指词前的指示代词俄译时可省略，多数情况下将名词或名词短语译出，方可达意。例如：

（27）她……好像没有回答，只是一遍遍地用**刷子**刷手。**那刷子**好像是新换的……（谌容，《人到中年》）

译文：Она, кажется, промолчала в ответ, продолжая сосредоточенно тереть руки **щёткой**. **Щётка**, видно, была новая…（史铁强 译）

（28）**孙主任**查病房来了。穿白大褂的各级大夫跟了一大群。病人怀着急切的心情，都早早地坐在床上，翘首盼望**这位有名的教授**给自己看一下病情。（谌容，《人到中年》）

译文：Сунь Имынь в сопровождении свиты врачей в белых халатах делал обход. Больные, каждый на своей койне, с нетерпением ожидали консультации **знаменитого профессора**.（史铁强　译）

2. 转换为代词回指

俄语代词具有性、数、格等曲折多变的形态变体，本身已具备辨义功能。因此，代词回指在俄语中的使用频率要高于汉语。很多汉语篇章中不得不采用的名词重复的回指方式，在翻译时往往转换为代词回指词。例如：

（29）**老周**家的猪这几天不爱吃食，**老周**媳妇愁得到处找人给猪打针……（迟子建，《亲亲土豆》）

译文：В последние дни свинья **Лао Чжоу** отказывается есть, **его** жена тревожится, хочет найти кого-нибудь, чтобы сделал ей укол.（程秀秀等　译）

（30）每点一个名，同学答一声“到”，**马中**点一下头。点完名，**马中**做了总结……（刘震云，《塔铺》）

译文：Услышав своё имя, ученик выкрикивал “Есть!”, а **Ма Чжун** одобрительно кивал головой. После переклички **он** подвел итог…（郑紫帆　译）

3. 转换为零形回指

俄语词汇具备丰富的形态变化，已使句子的语法、语义关系不言自明。因此，有时将汉语名词回指词译为俄语中的零形回指，并不会造成歧义或语义模糊。例如：

（31）**大帽盒**在她手中那些袋子的最前方，就像是**帽盒**引领着她向前走。（铁凝，《伊琳娜的礼帽》）

译文：Эта коробка находилась с краю сумок в её руках и как будто вела вперёд.（陶丽娇等　译）

五、结语

本文简述了学界对篇章衔接手段——回指的研究概况，从形式和意义两个视角，分析了名词回指词与先行词的关系，对汉、俄名词回指词进行了分类。通过实例分析发现，汉、俄名词回指词在篇章中发挥如下功能：衔接上下文，易于找回所指，增强言语表现力，凸显交际的“经济”原则。翻译汉、俄名词回指词时，转换为代词回指或零形回指是汉语和俄语的共性，差异在于：若在译文中保留回指词的名词词性，俄语名词回指词进行汉译时，需要在名词回指词前增添指示代词以明确所指；汉语名词回指词前面的指示代词在俄译时，可以省略。名词回指词是篇章的重要组成部分，对比研究汉、俄名词回指词的类型、功能及翻译，对篇章分析和翻译教学都具有一定的指导意义。

* 参考文献

[1] 崔卫：《俄汉话语零形回指之比较》，载《中国俄语教学》，1998 年第 2 期。

[2] 陈平：《汉语零形回指的话语分析》，载《中国语文》，1987 年第 5 期。

[3] 胡壮麟：《语篇的衔接与连贯》，上海外语教育与研究出版社 1994 年版。

[3] 李春蓉：《俄英汉名词回指对比研究》，载《外语学刊》，2015 年第 4 期。

[4] 廖秋忠：《廖秋忠文集》，北京语言学院出版社 1992 年版。

[5] 史铁强：《俄汉语篇衔接对比》，载《中国俄语教学》，1997 年第 1 期。

[6] 史铁强、安利：《语篇语言学概论》，外语教学与研究出版社 2012 年版。

[7] 王灿龙：《人称代词“他”的照应功能研究》，载《中国语文》，2000 年第 3 期。

[8] 徐赳赳：《叙述文中“他” 的话语分析》，载《中国语文》，1990 年第 5 期。

[9] 徐赳赳：《叙述文中名词回指分析》，载《语言教学与研究》，1999 年第 4 期。

[10] 徐赳赳：《现代汉语篇章语言学》，商务印书馆 2010 年版。

[11] 许余龙：《语篇回指的认知语言学研究与验证》，载《外国语》，2003 年第 2 期。

[12] 许余龙：《话题引入与语篇回指——一项基于民间故事语料的英汉对比研究》，载《外语教学》，2007 年第 6 期。

[13] 杨仕章：《俄语篇章连贯性翻译研究》，上海译文出版社 2012 年版。

[14] 赵红：《俄语语篇中话题指称的回指与翻译》，载《外语教学》，2010 年第 4 期。

[15] Апресян Ю.Д. *Экспериментальное исследование семантики русского глагола*, М., Наука, 1966.

[16] Комиссаров В.Н. *Теория перевода* （*лингвистические аспекты*）, М., Высшая школа, 1990.

[17] Лосева Л.М. *Как строится тест*, М., Просвещение, 1980.

[18] Российская академия наук, институт лингвистических исследований. *Словарь русского языка* （*том III* ）, М., Русский Язык, 1999.

（作者单位：上海外国语大学）

基于语料库的汉语动结式“V 着 / 动”俄译研究*

崔玉飞

内容提要： 动结式是现代汉语的特有语法结构，且具有很高的使用频率。因为俄语语法中没有动结式，在线翻译难以对其进行准确分析和识别，所以经常出现误译现象。“着”和“动”是现代汉语虚义结果补语的重要组成部分，具有重要的研究意义和应用价值。本文基于现代汉语语料库搜集“V 着 / 动”的相关语料，借用 Google 和 Yandex 两款在线翻译软件进行误译分析，并尝试找出正确的俄译方式，旨在提高在线翻译的准确性，促进翻译教学。

关 键 词： 动结式；着；动；俄语；在线翻译

动结式也称述结式，最早见于吕叔湘先生主编的《现代汉语八百词》。它是一种由动词和结果补语组成的句法结构，如“打破”“喝醉”“洗干净”等。动结式是汉语特有的语法结构，且具有很高的使用频率。① 在汉语学界，众多学者诸如王力、宋文辉、熊成儒、朱德熙等，分别从不同角度对动结式进行研究，取得了很多成果，但与该结构相关的俄译研究少有涉及，仅徐涛曾在《汉语动补结构的俄译思考》一文中研究过动结式的俄译问题。文中指出，汉语中动补结构的补语一般是对动词的行为进行补充和说明的，而俄语中由于没有这种特殊的句法结构，就需要借助其他手段来表达。这些手段包括构词手段、词汇手段、语法手段（主要是动词的“体”范畴）甚至句法手段（主要指词组或句子）等。② 现代汉语有六个意义比较虚化的动结式，即“V 了 / 着 / 动 / 得 / 成 / 好”。“着”和“动”是现代汉语虚义结果补语的重要组成部分，具有重要的研究意义和应用价值。本文着重研究“V 着 / 动”不同义项的俄译情况。

本文在前人成果的基础上，采用文献分析法、对比分析法和语料库分

---

* 本论文系黑龙江省哲学社会科学研究规划项目“大数据分析视阈下‘V 透 / 穿 / 破 / 通’的俄译研究”（项目编号：18YYB168）及“黑龙江省普通高校基本科研业务费专项资金资助”（项目编号：LGYC2018JC066）的阶段性成果。

① 高京京：《近五年动结式研究综述》，载《语文学刊》，2012 年第 6 期，第 41—42 页。

② 徐涛：《汉语动补结构的俄译思考》，载《中国俄语教学》，2012 年第 3 期，第 90—91 页。

析法对汉语动结式"V 着 / 动"的俄译情况进行研究。大致的步骤为：先在现代汉语语料库中选取"V 着 / 动"不同义项的句子，然后分别用 Google 和 Yandex 翻译软件进行翻译，对比分析两种译文，指出误译原因，最后总结"V 着 / 动"的俄语表达式，希望有助于机器翻译的改进和完善，并为实现中华文化"走出去"助力。

一、动结式"V 着 / 动"在线翻译误译分析

当前，机器翻译工具每天为全球 2 亿多人提供 10 亿余条翻译。[①]随着计算机行业的发展和大数据时代的到来，在线翻译技术愈加成熟，在线翻译的使用越来越普及，但译文的准确性还有待提高。目前，国际上广泛采用的在线翻译工具是 Google，国内使用较多的是百度，俄罗斯常用的翻译工具是 Yandex。在汉译俄的过程中，由于汉语的复杂性，有时同一个字、同一个词语也常有多种意思或多种词性，尤其是汉语的独特语法现象，如动结式、动趋式等，机器本身很难对其进行正确解码或编码，从而出现误译现象。本文将运用 Google 和 Yandex 两款在线翻译软件对带动结式"V 着 / 动"的句子进行翻译和对比分析。

（一）"V 着"误译分析

现代汉语中"着"是多音多义词，在句子中充当的成分也不相同。作为虚义结果补语的"着"读作"zháo"，有 4 个义项：①接触到，如"被子太小，盖不着脚"；②到手或达到目的，如"他搞着了一百公升汽油"；③应该，如"我没犯规，你警告不着我"；④幸运或受损程度深，词头写作"~着了"，如："真疼！这一脚可踩着我了。"[②]据此，以下将"V 着"划分为："V 着$_1$、V 着$_2$、V 着$_3$和 V 着$_4$"。

1. V 着$_1$：接触到。

例 1：推行着的自行车无意中**碰着**了当道的水果摊。[③]

Google 翻译：Внедренный велосипед непреднамеренно **врезался** в плоскую подставку.

---

① 王悠然：《机器翻译难以替代人工翻译》，载《中国社会科学报》，2015 年 4 月 30 日第 3 版，第 1 页。
② 孟琮等：《汉语动词用法词典》，商务印书馆 2003 年版，第 12—13 页。
③ 《现代汉语语料库》，http://ccl.pku.edu.cn:8080/ccl_corpus/index.jsp?dir=xiandai，访问日期：2018 年 11 月 11 日。

Yandex 翻译：**Проводил** с велосипедом нечаянно **задел**, когда дорога фруктами в палатках.

例 1 中的汉语动结式是由“碰 + 着”构成，是肯定句。Google 用 врезаться во что（闯入，冲入，钻入，插入）表示“碰”的动作，用未完成体动词过去时来表示“碰着了”，指出动作曾经发生过，勉强符合汉语原文所要表达的意思。Yandex 用的是 задетьза что（触摸某物，紧贴某物），符合汉语原文，动词选择正确，但存在语法错误。

2. V 着 ₂：到手或达到目的。

例 2：从那以后，我再也**找不着**他的踪迹了。

Google 翻译：С тех пор я больше **не мог найти** его.

Yandex 翻译：С тех пор, я **не найти** его след.

例 2 是否定句，Google 用 не мочь найти 来表达原文中的“找不着”，не мочь 的本意为“不能，没有能力”，用在这里很恰当，符合语境。Yandex 用 не найти（即“не+ 完成体动词不定式”）来表示“做不了某事，不可能做成某事”，结构相当于“не мочь+ 完成体不定式”。但是，“не+ 完成体动词不定式”仅用于无人称的句子中，而这里用的是人称代词 я 的第一格形式，所以该句子语法上是错误的。

3. V 不着 ₃：不需要，不应该。

例 3：国民党也**用不着**党外人士替他辩护。

Google 翻译：Гоминьдану также **не нужны** внешние стороны для его защиты.

Yandex 翻译：Националисты также **не должны** партии аутсайдеры для своей защиты.

“V 着 ₃”一般用于否定结构。例 3 中“用不着”构成了动补结构，意为“不需要”。Google 中的 не нужны 用词正确，但语法有误。Yandex 用的是 не должны，должен 用作谓语（接动词不定式），意为“应该，应当；一定”。但是，其短尾形式应与动词不定式搭配使用，直接和名词搭配不符合语法规则。

例 4：天降大雾，**怨不着**机场、航空公司，但他们应该未雨绸缪，早作应急准备。

Google 翻译：**Трудно жаловаться** на аэропорты и авиакомпании, но они должны принять меры предосторожности и подготовиться к чрезвычайным ситуациям.

Yandex 翻译：День падения тумане настоящего. не аэропорта, авиакомпании, но **они должны планировать** заранее, уже в готовности к чрезвычайным ситуациям.

例 4 中“怨不着”意为“没有理由去埋怨”“不应该埋怨”，Google 使用 трудно жаловаться（难以抱怨），与原文中的“怨不着”所要表达的意思不同。Yandex 并未对动补结构“怨不着”进行翻译，出现漏译现象。

4. V 着$_4$：幸运或受损程度深。

例 5：我把她**吓着了**。

Google 翻译：Янапугалее.

Yandex 翻译：Янапугалее.

例 5 的“着”表示受损程度深。Google 和 Yandex 的翻译是一致的，使用动词完成体 напугать 的过去时，表示过去的一次行为。译文选词准确，符合语法规则，能使读者明白原文所表达的意思，但词序不当，原句应译成“Я ее напугал.”。

（二）“V 动”误译分析

“V 动”有两个义项：①表示移动，如“这块大石头我搬了几次都没有搬动”；②有无能力进行，如“白天干了一天活，晚上就赶不动路了”。[①]

1. V 动$_1$：移动

例 6：她 7 岁那年，**搬动**了 40 公斤重的大磨盘……

Google 翻译：В возрасте 7 лет она переместила тяжелый шлифовальный диск на 4. кг ...

Yandex 翻译：Она 7 лет, перемещая вес 4. кг. большой диск...

例 6 中“搬动”构成了动补结构，这里的“动”是“移动”的意思。Google 用的是及物动词 переместить 的过去时，其本意为“移动，移置，搬移，挪动”，用在此处可以对应原文中的“搬动”，译文准确。Yandex 的选词是正确的，用的是及物动词 перемещать 的副动词，其本意同 переместить，但不应使用副动词形式。

例 7：数十名礼仪小姐**摇动**手中的鲜花，热情欢呼。

Google 翻译：Десятки церемоний **раскачивают** руки цветов с энтузиазмом радуются.

Yandex 翻译：Десятки хостес **пожать** руки цветы, теплое настроение.

例 7 的“摇动”构成了动补结构，Google 使用的及物动词 раскачивать，意为“使摇晃起来，使摆动起来”，语义上符合原文语境，语法上也没有错误。Yandex 使用及物动词 пожать，意为“轻轻地压，轻轻地按，握一握”，与原文中“摇动”的意思不相符，Yandex 选择的动词不正确。

---

① 孟琮等：《汉语动词用法词典》，商务印书馆 2003 年版，第 13 页。

2. V 动$_2$：无能力进行

例 8：那个女孩儿看到小鼠就**走不动**了。

Google 翻译：Девушка **не могла ходить**, увидев мышку.

Yandex 翻译：Эта девушка **увидела** мышка на прогулке.

“V 动$_2$”一般用于否定结构。例 8 中“走 + 动”构成了动补结构，Google 译为“走，走动”，动词是 ходить，并使用结构“否定词 не+ 情态动词 мочь+ 未完成体动词 ходить”来表达“走不动”的意思，同时句子使用过去时，表示动作已经完成。Yandex 译文在语法上没有错误，但语义为“这个女孩在闲逛时见到老鼠”，与原文相差甚远，所以 Yandex 翻译不正确。

例 9：车头装有发动机，没有发动机的火车当然**跑不动**了。

Google 翻译：Передняя часть оснащена двигателем, и поезд без двигателя **не может работать**.

Yandex 翻译：Автомобиль оснащен двигателем, а не двигатель поезда и не более.

例 9 中的“不动”表示“无能力进行”。Google 译为 не мочь работать，работать 有“（机器，设备等）运转，工作”的意思，语义上符合原文中“跑”的意思。Yandex 译文未能表达出“跑不动”的意思，且从语法角度看，句子中既没有主语，也没有谓语，所以翻译不正确。

二、动结式“V 着 / 动”的俄语表达式

（一）“V 着”的俄语表达式

1. V 着$_1$：接触到

赵伟指出，此时“着”对动词的要求是动作发生的瞬间性，表示“终点”的空间意义，即人或物随着动作到达或接触的空间位置，这里所谓的空间可以是具体的空间，只是要求动作接触到某物，有实在的接触意义。施事和受事的接触是直接的、实在的、可以看到的。[①] 例如，“脚挨着地”“我打着自己”“踩着”“碰着”等，此类汉语动结式的俄语表达式应满足两点要求：①选择对应的俄语动词能够体现出动作发生的瞬间性。俄语中完成体动词经常用来表示一次或瞬间完成的行为；②“着”表示“接触到”的意思时，要求动作必须包含“接触到某物”之意，此时施事和受事同时存在，并且二者

① 赵伟：《现代汉语“V 着(zhao)”结构研究》，上海师范大学硕士学位论文，2006 年，第 7—10 页。

有直接接触，通常使用对应俄语中的及物动词来体现这一点。因此，句子时态应为过去时（表示动作已经发生）或将来时（表示动作将要发生）。

例 10：**我切着**了手。

译文：**Я порезал** свою руку.

此时“切”这个动作已经发生，并且其结果依然存在。这里的施事是“我”，受事是“手”，施事和受事是同时存在，并且有直接接触。所以，应该使用及物动词的完成体；同时考虑到此处“了”用在动词后，表示动作已经完成，所以相对应地，译文句子时态应为过去时。

若句子语境中表现的是一种动作发生的可能性，或者是否有能力完成该动作，即在汉语动词前加上“能，可以”“会”等词，之后的意思与原来的意思相同，此时汉语动结式的俄语表达式应为“（не）мочь/（быть）всостоянии/（быть）всилах/способный（短尾形式）+ 相应的动词完成体的不定式”。表达的意思是：有（或没有）能力完成或实现某个行为动作。

例 11：他的脚尖能**够着**地面。

译文：Пальцы его ноги **могут достать** землю.

此时句子表达能否完成“够”这个动作，使用表达式为“мочь/（быть）в состоянии/（быть）в силах/способны + 相应的动词完成体的不定式”，也就是“могут достать， в состоянии/в силах/способны + достать”。

2. V 着$_2$：动作达到目的

“V 着$_2$”与“V 着$_1$”不同的是，“V 着$_1$”前出现的动词多具有抽象的获得义，即通过语言、思维、视线来获得或者其他看不到的方式来获得。表示其前接的动词表达的动作所包含的某种愿望或目的有了着落。“V 着$_2$”更强调动作的目的是否达到，动作的影响性较大，结果意义具有主观性，使得“着”所代表的结果意义显得空泛、含糊，意义已抽象化、泛化。[①]据此，该类动结式只要求翻译出动词的意思，因为动结式的另一组成结果补语“着”并无实义，只强调结果，表示动作已完成，达到目的。因此，“V 着$_2$”的俄语表达式应为完成体动词。

例 12：牛奶公司今年是一分钱也**赚不着**了。

译文：В этом году молочная компания **не может заработать** ни копейки.

此处的“着”与动词“赚”搭配使用，表示“赚”这个动作的目的有了结果，“着”强调“赚”的目的已经达到。根据语境，“赚”的动作在说话时刻并未发生，整个句子表示一种猜测，未来很可能是要发生的，因此，句子应为将来时态。

---

① 赵伟：《现代汉语“V 着（zhao）”结构研究》，上海师范大学硕士学位论文，2006 年，第 10 页。

3. V 着$_3$：应该

“V 着$_3$”大多用于否定结构，即“V 不着”，如“管不着”“用不着”“怪不着”等。“管不着”可以理解成“不该管”，“用不着”可以理解成“不应该”或“不需要”，“怪不着”可以理解成“不该怪”。相应地，俄语表达式中的动词可以是及物的，也可以是不及物的，由此得出“V 着$_3$”的表达式应为：не надо/нужно+ 动词不定式。

例 13：他根本**用不着**担心。

译文：Ему совсем **не надо беспокоиться**.

这里“用不着”是“不需要”的意思。整个句子的意思可以转换成“他根本不需要担心”。这里的“担心”对应的是俄语的不及物动词 беспокоиться。

4. V 着$_4$：幸运或受损程度深

“着”表示“受损程度深”时，表示动作完成后的结果状态，例如“闪着了腰”“吓着了”“踩着了”等，所以对应的俄语表达式应为完成体动词的过去时。

例 14：她铁青的脸吓着了她的父母。

译文：Её темносинее лицо **напугало** ее родителей.

（二）“V 动”的俄语表达式

1. V 动$_1$：移动

该结构中与“动”搭配的动词本身就有“移动”之意，如“移，抬，推，摇”等。因“动”的“移动”意思已经被与其搭配的动词所涵盖，所以直接翻译出动词就可以。因此，其俄语表达式是动词的相应形式。

例 15：顿时，大地剧烈**震动**。

译文：Внезапно земля сильно **затряслась**.

根据语境，时态可以使用现在时，表示“大地在剧烈震动”；也可以使用过去时，描述的是过去发生的事。

2. V 动$_2$：有能力进行

动词与表示“有能力进行”的“动”进行搭配，综合得到动结式的俄语表达式为“（не）мочь/（быть）всостоянии/（быть）всилах/способный（短尾形式）+ 动词不定式”。

例 16：可刚刚上了不到两年学，父亲见她长到已经可以**提动**一桶水的年纪了，就不再让她上学念书了。

译文：Еще не доучившись во втором классе, её отец увидел, что она **смогла/была в состоянии/ была в силах/способна поднять** ведро с водой и больше не разрешил ей ходить в школу учиться.

三、结语

由于在线翻译软件一般都是按照固定算法和平行语料库构建出来的翻译模型，所以它对一些约定俗成的专业术语进行翻译时有着得天独厚的优势，往往能给出准确的译文。然而，由于在线翻译是机械的，其本身并不具有识别理解语言的能力，在翻译一些独特句式结构的语言时会出现很多错误；再者，翻译不仅仅是将两种语言中的单词进行一一对应，还要体现两个国家的语言差异和不同的历史背景，这就需要译者结合所学知识对原文本进行分析，才能进行准确、恰当的翻译。

对比 Google 和 Yandex 在线翻译译文，可以得到以下结论：第一，有些译文能准确、完整地还原原句的意思，但在理解上还存在一些问题，导致选词不恰当，尤其是动结式中动词的选择不够准确，词不达意；第二，有些译文的句子结构不完整，往往缺少主要的句子成分，导致翻译出来的句子是病句；第三，总体而言，Google 的译文比 Yandex 的译文更准确。

动结式“V 着 / 动”的俄译，首先要求选词准确，其次是动词的时态形式要正确，在表示“有能力进行”时往往采用“（не）мочь+ 动词不定式”的形式。此外，翻译时对原句的语法分析很重要。总的来说，译文的选词要准确，语法要合乎规则。因为本文所举例子分析还不够充分，所以对动结式“V 着 / 动”的俄译研究还需进一步总结和验证。

* 参考文献

[1] 高京京：《近五年动结式研究综述》，载《语文学刊》，2012 年 3 月。

[2] 孟琮等：《汉语动词用法词典》，商务印书馆 2003 年版。

[3] 王悠然：《机器翻译难以替代人工翻译》，载《中国社会科学报》，2015 年 4 月 30 日第 3 版。

[4] 《现代汉语语料库》，http://ccl.pku.edu.cn:8080/ccl_corpus/index.jsp?dir=xiandai，访问日期：2019 年 11 月 11 日。

[5] 徐涛：《汉语动补结构的俄译思考》，载《中国俄语教学》，2012 年第 3 期。

[6] 赵伟：《现代汉语“V 着（zhao）”结构研究》，上海师范大学硕士学位论文，2006 年。

（作者单位：哈尔滨理工大学外国语学院）

语句“Где ему в институт!”的多维结构分析

尹东露

内容提要： 本文以语句“Где ему в институт！”为分析对象，从语调、句法、交际、语义四个层面分析该句的结构，通过对比揭示这四个层面之间的对应关系，并尝试找出其音、形、义之间相互制约的内在规律。

关 键 词： 结构分析；语调；句法；语义；交际

语句“Г де ему в институт!（他哪能考上大学！）”是句子模式“Гдекому-чему+ 动词不定式”的变体，是一个特殊的句子结构模式。本文从语调、句法、语义、交际结构四个层面，对语句“Где ему в институт! ”的结构进行多维分析和比较，进一步揭示这四个层面的关系，并将分析结果扩展至类似的句式，探究该类句子模式的结构及存在规律，探究音、形、义之间相互制约的规律。

一、语调结构

语调（интонация），即说话人的腔调，是言语中表情达义的手段，任何一句话说出来都带有一定的语调。语调是由音高、音强、音长和音色构成的，它们之间相互变化、相互配合。① 语调是交际双方在语流中区分语句，使语句按陈述、祈使、疑问等话语意图构成对立，并表达对语句内容主观态度的语音手段。② 赵作英认为，语调是语言有声手段的体系，这些手段主要包括调型的各种实体、调心的移动、语段的切分和停顿。每种调型都具有“表义”功能和“辨义”功能。③ 勃雷兹贡诺娃提出了七种调型的分法，还提出了“语段”和“语调手段”的概念，将语调和语句相结合，认为语段切分、调型、调核位置

① 张学曾：《俄语应用语音学纲要》，北京师范大学出版社 1990 年版，第 169 页。
② 张家骅：《新时代俄语通论》（上），商务印书馆 2006 年版，第 265 页。
③ 赵作英：《俄语实践语音语调》，外语教学与研究出版社 1985 年版，第 229 页。

是俄语的基本语调手段，"这些手段是一个统一的整体：语流的切分本身就意味着同时形成某种语调结构类型，而每个语调结构类型都有自己的调核"。[①]

对语句"Где ему в институт! "语调结构的分析主要从调型角度进行。语句"Где ему в институт!（他哪能考上大学！）"主要使用"调型—7"。"调型—7"是用于含有代词的感叹句，表示强烈的否定，并包含一定的感情色彩。此句可能是"Говорят, что он поступит в институт?"的答句，但在不同的语境，意思可能也会不同。例如：

（1）Где ему в институт! В лучшем случае в училище. 他哪考得上！能考个中专就不错了。（听说他能考上大学？）

（2）Где ему в институт! Давно он решил идти на работу. 他才不考大学哩，他早就想上班了。（听说，他要考大学？）

"调型—7"的语音特征是调首的音调波动集中在音域的中段，调心元音用升调，水平高于调首，元音以声门闭合收住（用"T"形线表示），因而有别于"调型—3"。[②] 通常一个调型可分为调心前部、调心、调心后部，有的句子可能只有调心，有的句子只有调心前部和调心，有的句子只有调心和调心后部。"Где ему в институт! "属于具有调心前部、调心、调心后部的句子，该句的调心为где，表示否定态度。调心具有辨义功能，因此可以区分各个调型结构。除了调心这个重要的区分手段外，重音和语境也是区分各个调型的重要因素。

二、句法结构

分析一个句子的句法结构时，最主要的两个因素是主语和谓语。主语是谓语特征的持有者，俄语句子中的主语不仅可以用主格形式充当，而且可以用间接格的形式充当。[③] 谓语则是句子中体现"述谓性"特征的成分。对句子句法结构的分析，首先要找到主语和谓语，通过主语和谓语确定句子的类型和模式，比如：是疑问句、陈述句还是感叹句，是人称句还是无人称句。所谓主语，就是形式结构的构成要素，与谓语共同组成句子的核心。所以，包括

---

① 张家骅：《新时代俄语通论》（上），商务印书馆 2006 年版，第 268 页。
② 信德麟等：《俄语语法》，外语教学与研究出版社 1990 年版，第 87 页。
③ 孙夏南：《主语、主体、主位一写在张会森同志"论主语"一文之后》，载《中国俄语教学》，1984 年第 4 期，第 21 页。

主、谓语在内的主要成分是句子的特征——述语性的担任者。[①]传统的句法学一直认为，主语和谓语是句子结构的主要构成要素，也就是主要的句子成分；而定语、补语、状语则是句子的次要成分。现代句法学研究中，建构最小单位名称是生成意义完整句子的基础。凡是进入句子最小单位名称的成分，无论是补语还是状语，都被视为必要的句子成分。[②]

从句子成分角度分析，“Где ему поступить в институт.”为“无主句”，где 为语气词，ему 为全句的限定词，поступить в институт 则是谓语部分，核心成分由动词不定式充当。但在日常言语中，这个动词是可以省略的。“Где кому-чему+ 动词不定式”是一个特殊的句子结构模式。在该句中，疑问副词 где 已经转变了词性，用作语气词；кому-чему 接动词不定式常与 уж、там、тут 等词连用，表示否定、疑问，语义为“哪能，怎能，岂能”。在句子“Где ему в институт！”中，省略了动词 поступить，即省略了谓语，где 由疑问副词用作语气词，ему 为人称代词形式，винститут 为地点状语。如果结合具体的语境对该句做进一步分析，意义则更加明确。例如，“Где ему в институт! У него одни тройки!（他哪能考上大学！他全都考了 3 分！）”，表示说话人对这件事情强烈的否定态度，甚至包含蔑视态度，认为“他”不努力学习，考试都是勉强及格，哪能考得上大学。

如果从句子成分角度分析，这里的 где 和 в институт 为必要成分，而 ему 和 уж、там、тут 则是可有可无的成分。整个句式可以概括为“где（кому）（уж/там/тут）P.”。其中，P 代表前文语句中的重复内容，可以包括任何词类或短语。例如：

（1）A：Он поступил в аспирантуру?（他考上研究生了？）

B：Где там в аспирантуру! Давно работает.（他哪能考上研究生呢！他早都工作了。）

（2）A：Он, наверно, уже женат.（他已经结婚了吧。）

B：Где женат, еще холостой.（他哪能结婚呢，还是一个单身汉呢！）

三、语义结构

句子的语义结构与句法结构是密切相关的。在语义结构中有两个重要的因

---

① 孙夏南：《主语、主体、主位——写在张会森同志“论主语”一文之后》，载《中国俄语教学》，1984 年第 4 期，第 22 页。

② 杜桂枝：《再论动词语义配价、支配模式与句子题元结构》，载《中国俄语教学》，2018 年第 3 期，第 13 页。

素即主体和客体，类似于句法结构中的主语和谓语，是两个相对的概念，但句法结构中的主语不能等同于语义结构中的主体。下面主要从语义配价和句法题元、预设和陈说以及全句限定语的角度来分析句子“Где ему в институт!”。

“配价”源于拉丁语，这一概念最早由苏联著名语言学家卡茨涅里松（С.Д. Кацнельсон）于1948年引入语言学，用于表示一个词与其他成分建立句法联系的能力。随后这一概念被法国语言学家泰尼耶尔引入西欧语言学中，用来表示词汇的搭配能力。[①]本文中的配价主要是指语义配价，必须体现情景参与者在相应的谓词语义结构中对应的抽象语义参数（施事、受事、工具、手段等）。[②]语义配价通常以谓语动词为中心，语句“Где ему в институт!”中缺少谓语动词，但仍然具有配价结构。该句中ему为消极主体。所谓的消极主体，指的不是行为的发出者、状态的持有者，而是行为或者状态的消极承受者。[③]情景参与者主要有主体ему和地点институт，所以语义配价数为“二价”。谓词语义单位的深层语义配价在表层结构中一般通过句法题元体现出来。“题元”与“配价”是两个密切相关又完全不同的概念。句法题元是语义配价的表层结构的形式，如果不通过句法题元体现出来就无法理解句子的意思。但是，也存在一些特殊的句子，语义配价不能通过句法题元的形式体现出来。“Где ему в институт!”正是这种类型的句子，即使缺少谓语动词，但句子的意思仍然完整，语义配价不通过句法题元体现出来，但仍然可以理解。

“预设”和“陈说”也是一组相对的概念。陈说是语句的核心部分，当一个句子被否定时，否定的是陈说，而不是预设。在句子“Где ему в институт!”中，虽然不存在否定词语，如не、нет等，但该句用“调型—7”表达，表示说话人强烈的否定态度。根据上下文语境，预设成分可能是“存在一个人（他）”“有人认为他想考大学”“有人认为他考得上大学”等，而陈说则是“（我认为）他不想大学”“（我认为）他考不上大学”等。该句的否定形式为“Не верно, что он поступит в институт.”，意思是“他想考/考得上大学，这不对”，相当于对原陈说的否定。陈说由全句呈现，预设则是隐含的意思部分。

语句的语义内容与其所属的句子结构模式紧密相关。苏联科学院1980年出版的《俄语语法》中，单句模式里有一个“全句限定语（детерминанты）”的概念，即句中与全句限定发生联系而不与其中个别或一些成分有联系的扩展成分。从形成语义结构的观点看，全句限定语可分为三类：第一类，表

---

① 杜桂枝：《再论动词语义配价、支配模式与句子题元结构》，载《中国俄语教学》，2018年第3期，第8页。
② 张家骅：《新时代俄语通论》（上），商务印书馆2006年版，第32页。
③ 张家骅：《新时代俄语通论》（下），商务印书馆2006年版，第241页。

示主体和客体的语义要素，或兼有两者以及兼含各种限定意义的基本语义要素；第二类，表示各种限定意义者，即只构成非基本语义要素；第三类，表示模糊语义要素的全句限定语。[①] “Где ему в институт! ”中疑问副词 где 已经转变了词性，用作语气词，кому-чему 接动词不定式，常与 уж、там、тут 等词连用，指明整个语句的主体。в институт 是对前文内容的呼应，属非固定语义部分，却承载了语句的核心意义。

四、交际结构

句子的实义切分（即实际切分）可溯源于布拉格学派的马泰修斯，是布拉格学派对语言研究的重大贡献。实义切分是从句子的交际结构功能角度来分析句子的结构形式，或者说，句子的形式怎样表现信息的起止流程。[②] 句子的交际结构切分也称句子的实际切分。作为交际结构单位的语句，实际切分包括主位和述位两个部分。主位是句子传达实际信息的出发点，一般由上文设定，是将句子与上下文衔接起来的部分。[③] 语调是句子实际切分的重要表达手段之一。每种调型都有各自实际切分的原则。还需指出的是，句子有可切分句和不可切分句。可切分句是指可切分为主位和述位的句子；不可切分句是指不可以切分主位和述位的句子，或者说，只包含述位的句子传统上被称为不可切分句。[④] 有的可切分句的实际切分情况是述位在前，主位在后，与客观词序相反；还有一部分可切分句遵循客观词序原则，主要是根据调型和说话人的意图进行实际切分。例如，“Где ему в институт! ”表达的意思是“他哪能考上大学！”，表示说话人对这件事情持否定态度。“Где ему в институт! ”是一种特殊句式，是无人称单句，属于零主位，交际上属于不可切分的句子，整个句子为述位。一般情况下，这个句子在日常口语中使用，使用“调型— 7”，表达说话人强烈的否定态度，所说事实与实际不相符。不可切分句一般只有语境独立形式，句子的语境独立形式在交际结构上不受语境因素制约，或者制约的程度极小。[⑤] 那么在进行实际切分时，既要考虑“调型— 7”本身的语音特征，又要考虑说话人的意图，这样才能达到交际目的。

对句子进行实际切分，除了需要“主位”和“述位”这对概念以外，还涉

---

① 信德麟等：《俄语语法》，外语教学与研究出版社 1990 年版，第 545 页。
② 蒋国辉：《论实义切分的理论基础》，载《中国俄语教学》，1992 第 2 期，第 1 页。
③ 张家骅：《新时代俄语通论》（下），商务印书馆 2006 年版，第 284 页。
④ 靳铭吉：《俄语语句交际结构的多维研究》，黑龙江大学硕士学位论文，2003 年，第 18—19 页。
⑤ 靳铭吉：《俄语语句交际结构的多维研究》，黑龙江大学硕士学位论文，2003 年，第 20 页。

及“已给”和“新给”，这对概念由张家骅首先提出。“已给”和“新给”与“主位”和“述位”并非一一对应。一般来说，主位作为传达实际信息的出发点，常常表示已给的信息，句子的语境从属形式尤其如此。[①]假定语境为“Где ему в институт! У него одни тройки!（他哪能读大学！他考了3分！）”在前一个语句中，没有主位，只有述位，为交际上不可切分句，所包含的“已给”就是：有一个学生在所有考试中得了3分，而他还想考大学；“新给”是：说话者对这件事持有否定的态度，甚至是包含一定的蔑视色彩，认为这个学生不努力学习，各科考试仅得3分，是考不上大学的。

语调作为句子实际切分的重要手段之一，对交际目的的实现有很大影响。在句子的交际结构中，重音和主位、述位上的调型尤为重要。当然，除了语调以外，实际切分的手段还有词序、句法构造和词汇等。通过对语句“Где ему в институт!”的分析，我们发现，调型对于交际结构的重要意义。实际上，每个句子都涉及三个相对独立的层面，即句法结构、语义结构和交际结构，每个层面涉及的问题都不同，有不同的研究对象。任何句子都有句法结构和语义结构，但并不是任何句子都有交际结构。语言是句子的集合，包括已经说出的句子和还未说出的句子。[②]因此，对交际结构的分析具有特殊性，尤其是“Где ему в институт!”这样的句子结构模式，它的交际结构要比句法结构和语义结构更有特点，表达的交际目的很明确，通常用于口语当中，表达的感情色彩更加浓厚。

五、结语

语句“Где ему в институт!”属于特殊句式，是一类固定模式的句子，使用“调型—7”来表示说话人强烈的否定或疑问的态度。这类句式无主语，有谓语，有状态主体，无主位，整个句子为述位，交际上不可切分。该句缺少形式上的谓语，但句意表述仍然完整，具有述位结构，可以完整地表达说话人的意图。该类句子通常用于口语中。口语中有些句子成分并不凸显，但仍然可以达到交际的目的，所以了解这类语句对语言的理解和应用大有裨益。

---

① 张家骅：《新时代俄语通论》（下），商务印书馆2006年版，第299页。
② 蒋国辉：《论实义切分的理论基础》，载《中国俄语教学》，1992年第2期，第6页。

* 参考文献

[1] 杜桂枝：《再论动词语义配价、支配模式与句子题元结构》，载《中国俄语教学》，2018 年第 3 期。

[2] 蒋国辉：《论实义切分的理论基础》，载《中国俄语教学》，1992 年第 2 期。

[3] 靳铭吉：《俄语语句交际结构的多维研究》，黑龙江大学硕士学位论文，2003 年。

[4] 孙夏南：《主语、主体、主位——写在张会森同志“论主语”一文之后》，载《中国俄语教学》，1984 年第 4 期。

[5] 信德麟等：《俄语语法》，外语教学与研究出版社 1990 年版。

[6] 张家骅：《俄罗斯当代语义学》，商务印书馆 2005 年版。

[7] 张家骅：《新时代俄语通论》（上），商务印书馆 2006 年版。

[8] 张家骅：《新时代俄语通论》（下），商务印书馆 2006 年版。

[9] 张学曾：《俄语应用语音学纲要》，北京师范大学出版社 1990 年版。

[10] 赵作英：《俄语实践语音语调》，外语教学与研究出版社 1985 年版。

（作者单位：哈尔滨师范大学斯拉夫语学院）

基于语言世界图景理论的俄汉词组型工科术语语义的认知阐释*

郑杨彤　　闫　蕾

内容提要： 语言世界图景是客观世界在人类语言中的映像，体现各民族的语言世界观。术语是由人创造出来的用于专门领域的词汇，是折射人类思维的一面镜子。俄汉词组型工科术语在工科术语中占比较大，其语义构成反映着俄、汉民族不同的语言世界图景和认知思维差异。

关 键 词： 俄语和汉语；语言世界图景；词组型工科术语；语义认知

术语是折射人类思维进化的一面镜子。[①]术语是人类对世界的概念范畴化，是主观创造的产物，也是最能体现人类感知世界的形式之一，具有规范性和标准性。术语学作为一门跨学科的研究，形成于20世纪30年代，近年来兴起的“认知术语学”将术语学研究提升到了一个全新发展阶段，它给术语学带来的变化是革命性的。语言世界图景是人对现实世界的认知模式之一，术语在一定程度上反映着不同民族语言使用者的语言世界图景，体现了各民族的语言世界观。

一、语言世界图景与认知术语学

（一）语言世界图景概说

世界图景以人类感知为基础，是人类对世界的认知表达模式。语言则是人类用来表达对世界的理解和认知的最重要手段，体现了每个民族特有的思维模式、世界观、价值观，以及每个民族对同一个世界的不同理解和感知。

* 本文系国家社科基金项目“认知术语学视角下俄汉术语语言世界图景表征对比研究”（项目编号：16BYY191）的阶段性成果。

① 郑述谱：《术语是折射人类思维进化的一面镜子——<比亚韦斯托克宣言>阅读笔记》，载《中国科技术语》，2007年第5期，第10页。

语言世界图景是世界图景最为重要的一部分。语言世界图景理论通常被认为源起于德国语言学家洪堡特提出的著名假说，即“每一种语言都包含着一种独特世界观”。[①] 俄罗斯学者 В.А.Маслова 认为，“语言世界图景是刻录在词汇、熟语、语法中的关于世界的知识的总和”。[②] 语言世界图景是世界图景在语言中的语言化、符号化、语义化表达，它是历史形成的、某一语言社团对外部世界的观念认识的总和。语言世界图景是人们对现实世界的一种认知模式，是世界多样性在语言中的体现。[③] 语言世界图景的核心是强调人类在认识活动中的中心地位，一个民族的语言世界图景体现了该民族的世界观、价值观、时空观、思维观等方面的内容。[④]

（二）认知术语学：术语研究的新范式

术语学兴起于 20 世纪 30 年代。认知术语学是随着认知科学的迅猛发展，由认知语言学与术语学融合而形成的交叉学科，于 20 世纪八九十年代逐步形成。从认知术语学角度来审视术语，其概念的内涵获得了与以往不同的解释。М.Н.Володина 指出：“术语除表达专业概念外，还能够记录、保存专业知识。它在概念系统中具有自己的特殊价值。从这个意义上来说，术语是一种汇聚人类在长期发展历史中积累的以具体语言形式表达行业科学知识的认知信息结构。”这样一来，术语本身就变成了知识工具，在储存信息内容的同时，使知识得以概括和传递。

俄罗斯著名术语学家 С.В.Гринев 认为，认知术语学是术语研究领域最重要的研究方向，认知术语学“不仅是为了研究科学知识发展的特殊性，也是为了将人类文化发展的方式和文明作为一个整体来研究”。[⑤] О.Г.Козловская 指出：“认知术语学的发展不仅对研究科学知识的发展特征、民族心理特征，甚至是密切相关的语言的词汇系统的差异，以及联想人类思维的共同特征，而且对研究整个人类文化和文明的发展方式都很重要。至少在 21 世纪上半叶，它将成为术语科学的主导方向之一。”[⑥] В.М.Лейчик 更是将认知术语学看作为术语研究的第五个阶段，是世纪之交的引领学科。[⑦] 随着认知术语学的发展，概念化、范畴化、隐喻化、认知模型等认知

---

① [德] 洪堡特：《论人类语言结构的差异及其对人类精神发展的影响》，姚小平译，商务印书馆 2000 年版，第 70 页。

② Маслова В.А. *Лингвокультурология*, М., Академия, 2001. с.66.

③ 吴国华等：《论语言世界图景作为语言学的研究对象》，载《外语与外语教学》，2003 年第 5 期，第 5 页。

④ 彭文钊：《试论象征及其语言的世界图景》，载《中国俄语教学》，1999 年第 1 期，第 32 页。

⑤ Володина М.Н. *Когнитивно - информационная природа термина,* М., 2000, с.26.

⑥ Гринев С.В. *Терминоведение на пороге третьего тысячелетия*,Научно-техническая терминология,2000, с. 33.

⑦ 吴哲：《俄罗斯认知术语学研究管窥》，载《中国俄语教学》，2013 年第 8 期，第 19 页。

策略（或称认知工具）越来越多地用于解释术语的生成、理解、语义等。术语是人类主观创造的知识产物，是以“人为中心的”，由人主观控制，是人类思维有意识的思考的产物，表达传递贮存知识，术语是对认知活动高度抽象的成果体现，是最能直接表达概念的形式。[①] 因此，术语具有认知性，也是概念化、隐喻化、范畴化的产物。术语所反映的语言世界图景正是对人类认知世界的折射，是人类整体语言世界图景中不可分割的一部分。

二、对俄汉语词组型工科术语的界定

《现代汉语词典》中对“工科”的释义为：“教学上对有关工程学科的统称”。[②] 其中关键词“工程”在该词典中有 2 个义项：“①土木建筑或其他生产、制造部门用比较大而复杂的设备来进行的工作，如土木工程、机械工程、化学工程、采矿工程、水利工程等。也指具体的建设工程项目。②泛指某项需要投入巨大人力和物力的工作，如菜篮子工程。”[③] 显然，其中的第一个义项是“工程”一词的基本含义，也可理解为“工科”一词中“工”的含义。所谓工科，可以指以实用工程技术科学为主要研究对象的学科，如计算机、信息、通信、电子、水利、汽车等，又称之为工程学。我国对工学的学科分类包括力学、机械工程、建筑学、航空航天学与技术、核科学与技术、光学工程、信息与通信工程、交通运输工程等 32 个一级学科，包括物理电子学、通信与信息系统、工程热物理、动力机械及工程等 11 个二级学科，约有 170 个专业。因此，“工科”概念的外延较为宽泛，涉及多个领域。

俄语中“工科术语”用 политехническийтерминllke 表示。Политехнический 为复合词，其中的 поли 来自希腊语，表示“多”的意思，техника 表示“技术”，如对 политехнический 进行形态语义解读，意为“多种技术的”。我们查阅了几部俄语词典，其中 политехнический 的相关释义大同小异，具体如下表所示：

① 陈雪：《认知术语学概论》，商务印书馆 2017 年版，第 129 页。
② 中国社会科学院语言研究所词典编辑室：《现代汉语词典（第 5 版）》，商务印书馆 2010 年版，第 469 页。
③ 中国社会科学院语言研究所词典编辑室：《现代汉语词典（第 5 版）》，商务印书馆 2010 年版，第 468 页。

俄语词典中 политехнический 的释义

序号	作者 / 出处	释义	时间
1	Д.Н.Ушаков Толковый словарь русского языка	Прил., по знач. связанное с изучением и применением различных отраслей техники. П. институт. П. музей. Прил. к политехнизм （нов.）.	1935 — 1940 年
2	А.П. Евгеньева Словарь русского языка: В 4-х т.	Связанный с изучением и применением различных отраслей техники. Политехнический институт. Политехнический музей. Основанный на политехнизме. Политехническое образование. Политехническое обучение.	1999 年
3	С.А.Кузнецов Большой толковый словарь русского языка Кузнецова	к Политехнизм. П-ое образование, обучение. Связанный с изучением и применением различных отраслей техники. П. институт. П. музей.	2000 年
4	Т.Ф.Ефремова Толковый словарь русского языка Ефремовой	прил. Связанный с изучением и применснисм различных отраслей техники.	2009 年
5	С.И.Ожегов Толковый словарь русского языка	1.относящийся к различным отраслям техники П. институт. 2.основанный на разностороннем знакомстве с техникой Политехническое обучение.	2011 年
6	И.Е.Андреевский Энциклопедический словарь. т. 29	1. Относящийся к различным отраслям техники. П. институт. 2. Основанный на разностороннем знакомстве с техникой. Политехническое обучение.	2012 年

几部词典中，该词释义的核心部分都是“Связанный с изучением и применением различных отраслей техники（与各技术领域的研究学习和使用相关的）”，可见，политехнический 的意思与汉语的“工科”是基本对应的：其一，二者均是从教学、研究角度对专业领域进行的划分；其二，二者均涵盖与技术、工程相关的多个相关学科。因而，“工科术语”似可界定为：工程技术学科中使用的术语。

工科术语与其他学科术语相比，具有更高的准确性、科学性和规范性。从构成角度看，术语有单词型术语与词组型术语之分。词组型术语是按照句法形式构成的术语，而“句法构成方式是扩充术语词汇最为能产的手段”。[①]无论在俄语还是汉语中，词组型术语（包括双成分术语、三成分术语和多成分术语等）都占有较大比重。我们对 А.Ю.Ишлинский 主编的“Новый политехнический словарь（《新工科词典》）”[②]进行了统计，其中词组型术语约有 4615 个，占总数的 50.72%。与单词型术语相比，词组型术语体现了所命名概念的种属关系及范畴类别，也更能体现不同民族的语言世界图景观。

以下俄语工科术语语料来源于“Новый политехнический словарь”。由于汉语中还没有以“工科”或“工科术语”命名的词典，故依据与俄语词典中专业领域基本对应的原则，选取顾柏林等编著的《汉俄科技词典》[③]作为汉语语料的来源。

三、俄汉语词组型工科术语的语言世界图景表征

（一）俄语词组型工科术语的语言世界图景表征

世界图景是建立在人类对世界认知的基础之上，而语言作为人类认知世界、勾勒世界的工具，必然体现了该民族的世界观、价值观、时空观、思维观等方面的内容。因此，我们尝试从民族语言的思维观、时空观、价值观等角度来阐释俄语词组型工科术语特有的语言世界图景。

从民族语言的思维观来看，在俄语词组型工科术语中，很多构词方式体现出俄罗斯民族特有的思维形式和独特的认知方式。“每一种文化本质上都是以非常独特的方式看待自然界和认识自然界的，或者说，每一种文化都有自己独特的‘自然界’，这个‘自然界’是别的文化的人不可能拥有的。”[④]例如，汉语中的“船头”，我们用人身体上部最重要的部位“头”来代指船的前端，而在俄语中则是用 нос судна，即“鼻子”，在俄罗斯民族语言意识中，鼻子为人身体中最为突出的部位，而船最为突出的部位则为船的前端，因此，俄语用 нос 来代指船的前端。两个民族“称名方式”上的差异，体现出对同一事物不同的认知特点，即不同的语言世界图景观。再如，головной телефон（耳机）、грузовая стрела（货物起重臂）、зрительная труба（望

① 吴丽坤：《俄罗斯术语学探究》，商务印书馆 2009 年版，第 183 页。

② Ишлинский А.Ю. *Новый политехнический словарь,* М., науч. изд. “Большая российская энциклопедия», 2000.

③ 顾柏林等：《汉俄科技词典》，商务印书馆 2009 年版。

④ Шпенгер О. *Закат Европы*, Новосибирск, 1993. с. 198.

远镜）、сверлильная головка（毡帽）等，也属于此类情况。俄语中词组型术语 дорожная одежда 指公路车行道上用多层结构铺设的路基，意为“路面”或“道路面层”。俄语中对多层结构的表达选用了 одежда 一词，原意指“衣服”，用“衣服”来代指“路面”是汉语中不存在的表达方式，体现了语言的民族性和该语言操纵者思维的独特性。类似的例子还有：вторичный эталон（参考标准），дефектоскопный вагон（探伤车），диалоговое окно（对话框），длинная линия（长输电线），коммунальные машины（公用卫生器械），короткое замыкание（短路），коробка скроностей（变速箱），марки углубления（吃水标志），основные цвета（原色），песочные часы（沙漏），пожарный рукав（消防水龙带），последовательное соединение（串联），пропуская способность（通话能力），солнечные часы（日轨），измерительный магазин（计量箱），мёртвая зона（盲区）等。

任何一个民族都会以独特的思维方式来感知世界，用特有的语言形式来反映世界。语言作为一种世界图景的表达方式，本质上体现着人对客观世界的理解与认知，是民族文化观念的载体。时间和空间作为一种综合的认知范畴，它既是观念范畴，又是语言范畴，既是认知范畴，又是文化观念。因此，民族文化观念在一定时间与空间的交叉影响下形成了特有的语言符号来表征世界。“事实上，几乎没有哪一种文化标志能够像时间一样描绘文化特征，像时间一样体现文化，像时间一样与时代、人的认知、行为、生活节奏以及对事物的态度紧密关联。”① 在俄语工科术语中，很多词组型术语以独特的时空观来反映人们对客观事物的认知。例如，俄语中用 временное сопротивление 来指称 предел прочности，译为“极限强度”，指物体在外力作用下破坏时出现的最大应力，也可称之“破坏强度”或“破坏应力”。其中，временное 为 время 的派生词，指“临时的、暂时的”，由于时间是由点集合而成的线，因此在俄语中用时间的点来指称“事物承受最大应力时的界限”，而在汉语中则是用表达程度的词“极限”来指称该界限。在空间维度中，俄罗斯民族通常由上而下看待事物。例如，второедно 指“船的内底”，用 второе，即“第二层”来定位该空间，汉语中则是“内底”。换言之，俄罗斯民族看待事物的角度是“由上到下”，而汉语则是“由外及里”。再如，высокая печать（凸版印刷）、грунтовые воды（地下水）、дорожный просвет（离地距离）等，也属于此类情况。由此可以看出，语言体现了俄罗斯民族特有的时空观及世界图景观，而术语作为人有意识创造的语言符号，必然承载着人对客观世界的认知元素。

---

① Гуревич А.Я. *Категории средневековой культуры*, М., Искусство, 1984. с. 103.

除世界观、思维观之外，不同民族看待同一事物的价值观也有所不同。以 горный хрусталь（水晶）为例，俄罗斯人从事物的构成元素来修饰客体，горный 体现此事物由“矿物”构成，或认为此事物来源于山区，单从词义来看，并未体现其特有的价值。但在汉语中，则是用事物的表面形态来修饰事物，即水一样晶莹剔透的物质，体现出其特有的价值，类似词语还有 жидкое стекло（水玻璃）、идеальная жидкость（纯液体）等。

（二）汉语词组型工科术语的语言世界图景表征

从民族语言的思维观来看，社会文化经验是影响人类认知事物的重要因素。科技事物与现存事物相似或相关程度在不同的社会文化经验中必有不同。同一科技现象的同一属性在不同文化认知中可能有不同的认知方式和认知角度。在汉语工科词组型术语中，很多构词方式或构词模式体现出了汉语这门语言持有者所特有的认知范式，如动宾结构、述补结构、动结式结构和主谓结构。在俄语中，没有上述的四种结构，尤其是主谓结构。在俄语中通过主语和谓语构成的为句子，并非词组，句子和词组之间有严格的区分，而在汉语中句子和词组的界限则相对较小。此外，汉语中存在一种汉语特有的“动结式”构成模式。所谓动结式词组是指由一个动词和另外一个动词或形容词的搭配组合，如“分散指挥”“化合反应”等。在俄语词组型术语中，动词和形容词搭配不能直接构成相应的词组，二者没有构词搭配的能力。需要指出的是，动词和形容词搭配在构成俄语复合术语时只是“形 + 动”结构，并非“动 + 形”结构，且复合术语中的形容词和动词仅是表示具有形容词和动词词类属性的动名词，并非是真正的形容词和动词。

社会文化经验同样会影响人类对事物的语义认知，同一科技现象在不同民族科技文化经验中拥有不同的转喻和隐喻方式。以汉语的“船首垂线”与俄语的 носовой перпендикуляр 为例，汉语是“首”，即“头”与“船”搭配，组成“船首”来指称船的某一位置，即以人为源域进行投射，为典型的隐喻范畴，并通过与“垂线”一词搭配来构成偏正词组。俄语则是以形容词 носовой 来代指“船首”，首先通过 нос судна 来获得隐喻认知，然后以形容词 носовой 代指整个词组，并与 перпендикуляр 搭配构成词组，来指称这一概念。再如，汉语术语“地下水均衡”与俄语术语 баланс грунтовых вод，汉语为以事物相对于地表所处位置进行表义，即“水”相对于地表，处于地下为地下水。俄语则是以事物所处环境进行表征，即“水”所处的物质“土壤”。

汉语复合术语有一种较为典型的结构，即“式”字词组，也就是以“式”为中心词构成的名词性词组。通常而言，此种词组一般有两种结构形式：其一，“人名＋概念”，一般把某一科学理论的发明者的名字或名字的缩写当成词组的第一部分，然后结合其他词构成的词组，如“埃氏杯突深度值”“布尔登管式压力计”“布鲁氏菌”“布式螺纹”“布式硬度”等。其二，表示某种类型、功能的工具，如“按键式调谐装置”“暗室式照相机”“摆式风速计”“摆式压力机”“表面式冷气器”等。

四、结语

语言世界图景是语言映照下的世界，是以语言符号为介质对世界“模式化”的结果，每种语言都能体现出该语言使用者对世界的独特看法和视角。科学是民族文化不可分割的一部分，而术语是科学世界图景最重要的构成成分。人们对某个专业领域的独特感知需要用特定的语言来表达，最终形成术语。在科学世界图景中认识术语，对解释包括词组型术语中的诸多问题具有积极意义。

* 参考文献

[1] 陈雪：《认知术语学概论》，商务印书馆 2017 年版。

[2] 顾柏林等：《汉俄科技词典》，商务印书馆 2009 年版。

[3] [德]洪堡特：《论人类语言结构的差异及其对人类精神发展的影响》，姚小平译，商务印书馆 2000 年版。

[4] 彭文钊：《试论象征及其语言的世界图景》，载《中国俄语教学》，1999 年第 1 期。

[5] 吴丽坤：《俄罗斯术语学探究》，商务印书馆 2009 年版。

[6] 吴国华等：《论语言世界图景作为语言学的研究对象》，载《外语与外语教学》，2003 年第 2 期。

[7] 吴哲：《俄罗斯认知术语学研究管窥》，载《中国俄语教学》，2013 年第 8 期。

[8] 郑述谱：《术语是折射人类思维进化的一面镜子——<比亚韦斯托克宣言>阅读笔记》，载《中国科技术语》，2007 年第 5 期。

[9] 中国社会科学院语言研究所词典编辑室：《现代汉语词典(第 5 版)》，商务印书馆 2010 年版。

[10] Володина М. Н. *Когнитивно - информационная природа термина и терминологическая номинация*, М., МГУ, 1998.

[11] Гринев С.В. *Терминоведение на пороге третьего тысячелетия // Научно-техническая терминология*, 2000, Вып. 1.

[12] Гуревич А.Я. *Категории средневековой культуры*, М., Искусство, 1984.

[13] Ишлинский А.Ю. *Новый политехнический словарь*, М., нау. изд. “Большая российская энциклопедия», 2000.

[14] Козловская О.Г. *Когнитивный подход к исселедованию термина как инструмента познания//Научно-технический вестник Санкт-Петербурского Государственного Университета информационных технологий, механики и оптики*, 2006（24）.

[15] Маслова В.А. *Лингвокультурология*, М., Академия, 2001.

[16] Шпенгер О. *Закат Европы*, Новосибирск, 1993.

（作者单位：哈尔滨师范大学）

俄、汉电信词汇隐喻现象的认知解读*

车力木格　　吴　哲

内容提要： 隐喻不仅是语言的有机组成部分，而且是人类的重要认知手段之一。隐喻可以帮助人们利用已知事物来理解未知事物，也可以帮助人们重新理解已知事物。本文试从认知语言学角度来分析俄、汉电信词汇的隐喻现象及其产生动因，旨在进一步阐明如下观点：隐喻是人类通过事物之间的相似性，用某一领域的经验来说明或理解另一领域的经验性认知活动。本文通过对俄、汉电信词汇隐喻现象的对比分析，进一步加强对两个民族不同的语言观、认识观和世界观的认识和了解。

关 键 词： 认知；隐喻；相似性；电信词汇

一、引言

自公元前300多年开始，隐喻研究已有2300多年的历史。西方的隐喻研究可以分为三个时期，即隐喻的修辞学研究（从公元前300多年到20世纪30年代）、语义学研究（从20世纪30年代至20世纪70年代）及隐喻的多学科研究（从20世纪70年代至今）。在很长一段时间里，隐喻被认为是一种纯粹的语言现象，是一种辞格或语义引申的手段。然而，随着近几十年来隐喻多学科研究的发展，尤其是认知语言学的兴起，隐喻的本质被重新理解和认识，隐喻不仅是一种语言现象，也是人类的重要认知方式。莱考夫（G. Lakoff）和约翰逊（M. Johnson）指出，隐喻是一种认知思维方式。他们认为，人类思维倾向于以熟知的、有形的、具体的事物为参照来认识抽象的概念，从而形成一种不同概念域之间相互关联的认知方式。隐喻概念在一定的文化体系中又成为一个统一的整体，即隐喻概念系统，成为人们认知、思维、经验乃至行

* 本文系国家社科基金一般项目“认知术语学视角下俄汉术语语言世界图景表征对比研究”（项目编号：16BYY191）的阶段性成果。

为的基础，在人们认识客观世界的过程中起着主要的和决定性的作用。[①]所以，隐喻表达式只是一种表层的现象，真正对认知起推动作用的是我们认知体系背后的隐喻概念。隐喻是人类将某一领域的经验用于说明或理解另一类领域的经验的一种认知活动，换言之，隐喻在本质上是人类理解周围世界的一种感知和形成概念的工具，是人类开展认知活动的工具。

隐喻的普遍性已经获得大量验证。事实上，“电脑”“菜单”“桌面”“鼠标”等专业领域词汇的大量存在表明，隐喻在科学技术领域中也是普遍存在的，在人类的科学探索过程中起着非常重要的作用。隐喻是人们认识抽象概念系统的一种强有力的认知工具，是人类了解、认识世界的一种重要的思维方式。

二、电信词汇的隐喻现象

（一）“电信”的概念界定

电信业是关乎国民经济命脉和社会进步的重要产业，正如 L.H. Roller 和 L.Waverman 所言，一国经济总量当中至少有 30% 可归因于电信行业的发展。[②]电信行业的发展不仅可以促进经济增长，而且给人们的日常生活带来了诸多便利。那么，何为“电信”？请看如下界定：

电信是以电子、电磁信号或脉冲的形式传输文字、声音、图像或数据的活动集合。

——国际电信联盟

电信是以物理介质（如电缆）或电磁传播为基础的通讯服务。

——世界贸易组织《服务贸易总协定》

传统的电信行业主要集中在语音通话、短信收发以及与之相关的基础设施领域，但随着电信技术的进步，电信行业概念在不断扩充，如电信广播、广播电视、有线电视，卫星电视、传真机、移动电话及计算机网络等逐步成为电信服务的主要形式，并出现了大量的电信词汇。专业词汇是某一专业知识领域中所使用的词汇单位，其重要组成部分是术语。由此，我们试将“电信”定义为电信行业使用的词汇单位，其中既包括术语，又包括部分尚未术语化

① [美] 乔治・莱考夫等：《我们赖以生存的隐喻》，浙江大学出版社 2015 年版，第 12 页。
② Roller L.H, Waverman L, T*elecommunications Infrastructure and Economic Development: A Simultaneous Approach*, American Economic Review, 2001,No.4,p. 909-923.

的通用词。本文基于沈庆鉴主编的《俄汉汉俄电信词汇》中收录的近 2 万个电信领域最新词汇，从认知角度研究该领域的术语以及专业词汇的隐喻现象，验证隐喻在术语的命名、构成、阐释过程中所起的重要作用。

（二）电信词汇隐喻类型

根据莱考夫、约翰逊对隐喻的分类，我们从实体隐喻、方位隐喻和结构隐喻三个方面来考察俄、汉电信词汇的隐喻现象。

1. 实体隐喻

实体隐喻是隐喻的主要方式。人在感知外部世界的过程中，通常以有形的具体的事物来理解无形的抽象的概念，因为由近及远、由实体到非实体、由简单到复杂、由具体到抽象等认知规律是人类认知世界的基础。人类生活在同一个物质世界，共同的生活经历和感受使人类对自身、对外界产生某种程度上的共识。然而，因认知主体所处的地域、环境、文化、宗教等因素不同，用于理解生命现象的认知模式也会不同。俄、汉电信词汇中基于功能、外形、特征等方面的实体隐喻十分常见。

（1）功能相似

① вирус ——病毒：病毒是一种可以在生物体间传播并感染生物体的比病菌更小的病体。在电信领域，病毒则专指一种有害的起破坏作用的程序。二者的相似之处在于：给物体或用户带来不好的影响。

② база данных ——数据库：用于储存东西的地方称之为“库”。存放在计算机存储器中，按照一定格式编成的各种数据的集合则是“数据库”。二者都有存储功能。

③ меню ——菜单：菜单是饭店、餐馆为方便顾客点餐所准备的印有菜肴名称的单子。在电信领域，菜单指由若干可供选择的项目组成的表。二者的相似之处均在于：方便用户快速做出选择。

④ системазащитыдоступа ——防火墙：汉语中的“防火墙”，本义是建筑物中用于防止火灾的墙。在电信领域，它用来表示计算机和用户设备之间的一种安全设施。通过识别和筛选，它可阻止外部未被授权的访问。它是根据功能来确定的术语，而俄语中的 системазащитыдоступа 不是隐喻性词汇。

（2）外形相似

① гофрированнаятрубка ——波形管：管道的外形像波纹，所以命名为波形管。

② древовиднаясеть ——树形网：网络的形状像一棵倒置的树，并且顶端有树根，树根带分支，分支带小分支。

③ звездообразнаясеть——星状网：网络中各节点通过一个网站集中连接在一起，各节点呈现星状分布形式。

④ мышь——鼠标：它是计算机的一种输入设备，因形状像老鼠而得名。

（3）特征相似

① бутылочноегорлышко——网络瓶颈：俄、汉语中将影响网络传输性能及稳定性的重要因素称为网络瓶颈。

② опорнаяпромышленность——支柱产业：俄、汉语中均把在国民经济中起着重要作用的产业称为支柱产业。

③ подменю——子菜单：子菜单是主菜单的下一级选项。

④ центральнаястанция——母局：母局通常指办公人员所在的局，也是总配线所在的局。一个母局下面会有很多模块局。

由上述例子可以得出以下结论：首先，俄语电信词汇和汉语电信词汇的隐喻模式有相同之处，如基于外形相似特征的隐喻认知。其次，俄语电信词汇和汉语电信词汇的隐喻模式都有自身特点。比如：俄语用 под（在下面）来表示下级单位，而汉语则用"子"来强调下级单位；俄语用 центральный（中心的）来表示重要性，而汉语用"母"来强调重要性。相比之下，汉语电信词汇的喻体选择以及本体和喻体之间的相似性具有鲜明的中国传统文化特色，更注重家庭伦理关系。

2. 方位隐喻

方位隐喻是指参照空间方位而组建的一系列隐喻概念。人类对空间方位的感知来自人类与大自然的相互作用，空间方位是较早产生的可以直接被理解的概念，是人类赖以生存的基本概念。[①] 在俄、汉语电信词汇中，有许多词汇是借助空间方位隐喻来表达的，如：внешняя линия（外线），внутренний телефон（内部电话），метка нижнего регистра（下标），вход в интернет（上网），задняя рамка（后机框），передняя насадка（前顶盖）等。

可以看出，空间方位感知能力是人类最基本的能力之一，不同民族对方位词的感知具有共同的特性。[②] 但是由于认知主体受地域、环境、文化等因素影响，他们对事物的理解和认知模式也存在差异，如俄语用 вход（进入）、выход（离开）分别表示"上网""下线"，而汉语则用"上""下"来表示。

3. 结构隐喻

结构隐喻是指以一个概念的结构来构造另一个概念，使两个概念相叠

① 赵艳芳：《认知语言学概论》，上海外语教育出版社 2009 年版，第 107 页。
② 陈雪：《认知术语学概论》，商务印书馆 2017 年版，第 166 页。

加，将谈论一个概念的各方面的词语用于谈论另一个概念。[①]例如，以“时间是金钱”为例，人们通常将“钱”的表述映射到本体“时间”的描述上，从而使人们在头脑中产生了“时间像金钱一样宝贵”的认知。这种以具体的熟悉的概念去理解抽象的陌生的概念无处不在。电信领域也经常会将人们熟知的事物或现象与描述对象联系起来，以加深人们对描述对象的认识。例如：

（1）把移动设备（主要指电子产品）比喻成人

人们常把电子产品视作有生命的物体，从而电信领域出现了大量的隐喻性词汇，如 слух（听觉）、времяжизни（寿命）、потеряконтроля（失控）、обрабатывающаяспособность（处理能力）、адаптируемость（适应能力）、серцебит（心跳）、запоминающаяспособность（记忆能力）等。

（2）把电子计算机比喻成社区

人们把电子计算机比喻成社区，出现的隐喻性词汇有：пользовательинтернета（网民）、абонент（用户）、электроннаяпочта（电子邮箱）、служебнаяобласть（服务区）、рабочаястанция（工作站）、торговыйрайон（商业区）等。

我们不难看出，俄、汉民族对电信领域事物的认知具有相同或相似之处。同时，隐喻作为人类特有的认知思维方式，在不同民族、不同文化背景下具有一定的差异性。

三、电信词汇隐喻现象产生动因

隐喻的产生具有多种原因。束定芳认为，隐喻的产生主要有三大原因：认知原因、语言原因和社会原因。[②]电信词汇产生隐喻现象的根本原因也离不开以上三点。以下分别从语言内因素和语言外因素两个方面进行解读。

（一）语言内因素

随着人类对社会和自然的认识不断深入，人们要认识和描写未知的事物，就必须依赖已知的概念及其语言表达方式，由此及彼，由表及里，同时需要发挥惊人的想象力，这个过程便是隐喻过程。人们把熟悉和不熟悉的事物并列思考，从而加深对陌生事物的认识。因为人脑的认识和储存能力是非常有限的，这就要求语言必须以最少量的符号传递最大的信息量。所以，所

---

① 赵艳芳：《认知语言学概论》，上海外语教育出版社 2009 年版，第 106 页。
② 束定芳：《隐喻学研究》，上海外语教育出版社 2000 年版，第 91 页。

有领域的隐喻术语及专业词汇的出现都源于“语言贫困”。所谓的“语言贫困”是指在现有的词汇中没有合适的词来表达某一特定的概念或某个新概念。[1]这种情况下，人们往往需要通过借用现成的词语来表达这一新的概念。因此，当在某种语言基本词汇中找不到恰当的同义形式时，借用已有的词汇便成为一种切实可行的方法，如 ток（电流）、информационный поток（信息流）、вирус（病毒）、путь（路由）、мусорник（回收站）、паз（槽）、адрес（地址）等。

（二）语言外因素

1. 认知原因

由近及远、由实体到非实体、由简单到复杂、由具体到抽象的认知规律是人类认识世界的基础，所以人类在感知外部世界的过程中，通常是以有形的具体的事物来理解无形的抽象的概念。举个简单的例子，人类对自身活动及身体构造了如指掌，因此人类以自身作为参照物，创造的隐喻词汇不胜枚举，如山腰、山脊、船头、门面、桌腿等。电信领域也不例外，比如：汉语中的“页眉”“页脚”“尾注”“文件头”“耳机”“耳蜗”“网眼”“瓶颈”等；俄语电信词汇中也有此类术语，如 ручная электродрель（手电钻）、бутылочное горлышко（瓶颈）、головка записи（记录头）、головной телефон（头戴式受话器）、наушники（耳机）等。

2. 文化原因

隐喻和文化是联系在一起的，隐喻的使用是一种文化行为。如果不考虑社会文化因素的影响和作用，我们便无法理解隐喻涉及的两个不同事物如何在人们的观念之中联系起来，也无法解释人们使用和理解隐喻的深层机制。由此可见，人们的认知模式必然受社会、历史、政治等因素影响。例如，汉语电信领域的“子系统”“子菜单”“父节点”“母局”等隐喻词汇的生成，充分体现了中华民族重亲情的传统，而俄语电信词汇中，一般用 под（在下面）来表示下一级单位，如 подзаголовок（子标题）、подзона（子区段）等，与传统文化缺少内在联系。

---

① 孙淑芳等：《俄汉语义对比研究》，商务印书馆 2015 年版，第 143 页。

四、结语

在科学认知活动中，隐喻不仅是一种描述科学理论的语言手段，更是认识和探索客观世界的工具。它具有组织人类概念系统和发展人类认知的功能，能够为人认识事物提供一种重组世界的新方法。简而言之，作为一种人类认知工具及思维方式，隐喻是观察世界的新途径，也是看待事物的新视角。它是从已知向未知过渡，认识、理解未知世界的桥梁。在专业词汇语义生成及理解、阐释过程中，隐喻同样发挥着巨大的作用。

* 参考文献

[1] 陈雪：《认知术语学概论》，商务印书馆 2017 年版。

[2] 乔治·莱考夫等：《我们赖以生存的隐喻》，浙江大学出版社 2015 年版。

[3] 沈庆鉴等：《俄汉汉俄电信词汇》，黑龙江大学出版社 2016 年版。

[4] 束定芳：《隐喻学研究》，上海外语教育出版社 2000 年版。

[5] 孙淑芳等：《俄汉语义对比研究》，商务印书馆 2015 年版。

[6] 赵艳芳：《认知语言学概论》，上海外语教育出版社 2009 年版。

[7] Roller L.H, Waverman L. *Telecommunications Infrastructure and Economic Development: A Simultaneous Approach*, American Economic Review,2001.

（作者单位：哈尔滨师范大学斯拉夫语学院）

俄、汉语言中隐喻性判断句语义认知价值取向对比分析

张　晗

内容提要： 语言是思维的载体，判断是思维的产物。在人与客观外部世界进行互动的过程中，不同层次的概念经过人脑的抽象加工，通过言语转化为判断。而隐喻作为认知和思维的基本方式，是认知活动的工具和结果。由于隐喻具有主观性，所以不同国家、不同民族的人在认知过程中，难免会有认知价值取向上的差异。本文是对句法、语义、认知三者之间的互动关系研究的尝试，旨在通过范畴映射和理想化认知模型来对比分析俄、汉语言中隐喻性判断句在语义认知价值取向上的异同。

关 键 词： 隐喻性判断句；语义；认知价值取向；俄汉对比

莱考夫（G. Lakoff）和约翰逊（M. Johnson）于 1999 年出版的《体验哲学：体验心智及其对西方思想的挑战》一书中明确提出体验哲学的三条基本原则：心智的体验性、认知的无意识性和思维的隐喻性。体验哲学强调人类与客观现实之间的互动性，通过互动体验，人类划分范畴，形成概念，理解意义。在这一过程中，隐喻推理发挥作用，使得大部分的抽象思维转化成为具体概念。概念和意义在语言层面上体现为语义。隐喻通过范畴映射实现语义的生成，其基本结构外显为本体与喻体同现的判断句。刘佳等提出“隐喻语义认知价值取向”这一概念，是因为隐喻最能反映出语言中的人本因素，隐喻语义的认知具有主观因素，并通过判断实现隐喻语义认知的价值取向。① 我们认为，所谓隐喻语义认知价值取向，即隐喻映射过程中人主观地对语义进行凸显、补充以及删减，使得语义显现出正负价值的趋向。本文将隐喻的句法和语义整合为“隐喻性判断句”，旨在通过对比俄、汉两种语言隐喻性判断句中本体的语义变化，分析两种语言基于隐喻性判断句结构的语义认知价值取向上的异同，挖掘形成语义认知价值取向的人本因素。

① 刘佳等：《基于判断构式分析的隐喻语义认知价值取向》，载《解放军外国语学院学报》，2018 年第 1 期，第 49 页。

一、对隐喻性判断句的界定

语言是思维的载体，判断是思维的产物。我们通过最基本的判断对现实场景及实物进行识别，这一过程在语言中表现为判断句，它将离散化的两事物间的静态关系用语言包装了起来。吕叔湘给判断句下的定义是：判断句——解释事物的含义或判辨事物的异同。在判断句里，主语和谓语都是名词。[①] 判断句的用途有两个：一是说明解释，二是申辩是非。其结构为："A+判断词+B"，该结构通过A和B的语义对比关系来表达判断。

判断词是判断的标志。汉语中该判断词为"是"，俄语中的判断词为быть 和 являться。系词连接异质实体——所指对象及其意义。[②] 逻辑学界最早从事"系词（判断）"研究的是亚里士多德，他的思想反映在形式上就是句子结构的三分格局：主词（项）—系词—宾词。[③] 之后语言哲学兴起，人们将"是"的意义分为四种：存在、等同、类属关系和本体属性关系。目前，学界对判断句的研究集中在系词"是"的意义和"是"字结构的句法、语义、分类、用法等方面。

在判断句"A是B"中，A是被判断的对象，B是对A作出的判断，其内容可以是描述性的，也可以是隐喻性的。描述性判断句即一般判断句，在这类判断句中，A、B之间的语义关系可能是等同关系、分类关系、存在关系、诠释关系和合适关系。[④] 例如：

(1)《阿Q正传》的作者是鲁迅。（等同关系）

(2)王教授是我们学校的老师。（分类关系）

(3)村子的前面是一大片水田。（存在关系）

(4)我们的任务是优先发展教育。（诠释关系）

(5)这场雨下得正是时候。（合适关系）

我们所说的隐喻性判断句不符合上述寻常的逻辑关系。在隐喻性判断句中，A、B两者跨越一般逻辑及分类框架的鸿沟，用系词"是"搭起桥梁，在两个平行的概念之间创造联系。有学者将这种判断句视为语义特异判断句或非逻辑判断。我们得出隐喻性判断句的原型结构为"A+系词+B"（A、B为名词或名词性词组，二者归属不同范畴，并且两者在某一语境中具有某种联系。）例如：

---

① 张和友：《"是"字结构的句法语义研究》，北京大学出版社2012年版，第2页。
② 李洪儒：《系词——人在语句中的存在家园》，载《外语学刊》，2006年第2期，第30页。
③ 张和友：《"是"字结构的句法语义研究》，北京大学出版社2012年版，第4页。
④ 石毓智：《汉语语法》，商务印书馆2010年版，第460页。

（1）人类的脑子是个无尽的宝藏。

（2）Время — деньги.（时间就是金钱）。

应该注意的是，汉语判断句中判断词“是”不可替代、不可省略。俄语判断句的表现形式可以省略判断词，使用标记性符号“——”来代替判断词，或者是无判断标记的简单句形式。

二、隐喻性判断句的语义认知价值取向生成机制

近年来，语言学界对隐喻的主观性给予了充分关注。魏在江从隐喻表达说话人的情感、隐喻表达说话人的视角以及隐喻表达说话人的认知这三个方面论述了隐喻的主观性。[①]徐盛桓等通过构建“意识感受性”理论模型，描述了隐喻的思维过程。他提出了隐喻的“悖理性”概念，即隐喻不可能存在于客观世界中，但会存在我们的描述世界里。[②]隐喻作为人类认识世界的一种基本工具，将分属不同范畴的两种事物基于某种相似性连接在一起，借喻体感知本体。这种相似性不一定是客观层面的相似，如形状相似、功能相似、整体相似和部分相似等，还有可能以认知主体的心理体验为基准，即主观层面的相似性，如心理相似和创造相似。其中，心理相似是指由于文化、思维、心理体验等因素，使人认为某些事物之间存在某些方面的相似性。我们把隐喻的这种人本主观性和本体与喻体间的相似关系视为隐喻性判断句的语义认知价值取向的生成机制。

三、俄、汉语言中隐喻性判断句的语义认知价值取向对比及认知阐释：以本体为“семья（家）”的隐喻性判断句为例

莱考夫于 1987 年在其专著《女人、火与危险的事物：范畴所揭示的心智奥秘》中提出理想化认知模型（ICM），ICM 是指在特定的文化背景中说话人对某一领域中的经验和知识进行的抽象的、统一的、理想化的理解。这是建立在许多认知模型（CM）之上的一种复杂的模型结构。ICM 包括四种认

① 魏在江：《隐喻的主观性与主观化》，载《解放军外国语学院学报》，2017 年第 1 期。
② 徐盛桓等：《隐喻“意识感受性”理论模型》，载《外语学刊》，2010 年第 5 期。

知模型：命题模型、意象图式模型、隐喻映射模型、转喻映射模型。[①] ICM 的形成基于互动体验，必然惯用隐喻模型。隐喻映射模型是指一个意向图式或命题原型可从一个认知域映射到另一个认知域中相应的结构上，该模型可用于对更多事件（特别是抽象事件）的概念化，进行推理和理解，从而进一步扩大认识范围。束定芳（2004）认为，"隐喻的理解过程实际上是源域事物特点向目标域事物映射的过程"。[②]

（一）俄语中以 семья 为主项的隐喻性判断句的语义认知价值取向

乌沙科夫主编的"Толковый словарь русского языка"（《俄语详解词典》）中，семья 的释义为：由父母、孩子、孙子和近亲组成的，生活在一起的一群人。[③] 奥热果夫主编的"Словарьрусскогоязыка"（《俄语词典》）中，семья 的释义为：①生活在一起的近亲；②由有共同的目标或利益的人组成的集体（转义）；③生物群体。[④] 维基百科中对 семья 的描述为：建立在夫妻婚姻关系以及未成家的孩子们基础之上的一个团体。这个团体因精神、共同的生活习惯和彼此的道德责任感紧密相连。家建立在婚姻、血脉、收养的基础之上，同时建立在一些不违反法律和社会道德底线的基础之上。[⑤] 根据俄语词典对 семья 的定义以及维基百科中的解释，我们可以确定 семья 的 ICM 至少由以下部分组成：①由婚姻关系组成的集体；②因血缘关系组建而成的集体；由没有血缘关系的人组建而成的集体；④受共同的生活习惯、责任感、道德和法律法规制约的群体。这四个模型均有命题意义，属于命题模型。

我们在俄罗斯国家语料库上共搜集到了 112 条主项为 семья 的判断句，其中隐喻性判断句共 14 条。我们选取了其中 5 个有代表性的例子进行分析。具体如下：

（1）Семья — это был институт воспитания нравов и обучения навыкам подрастающего поколения.（家是培养正在成长的一代人的性情和习惯的学校。）

（2）Семья — это крепость.（家是堡垒。）

（3）Семья — это маленькое предприятие.（家是小型企业。）

（4）Семья — это цепь браков и разводов с одним и тем же человеком.（家是与同一个人结婚和离婚的枷锁。）

---

① 王寅：《认知语言学》，上海外语教育出版社 2006 年版，第 206 页。

② 束定芳：《隐喻与换喻的差别与联系》，载《外国语》，2004 年第 3 期。

③ Ушаков Д.Н. *Толковый словарь русского языка*, М., Гос. ин-т "Сов. энцикл."; ОГИЗ; Гос. Изд. иностр. и нац. слов., 1935-1940. (4 т.)

④ Ожегов С.И. *Словарь русского языка*, М., изд. Мир и Образование, Оникс, 2011.

⑤ *Семья*，https://ru.wikipedia.org/wiki，访问时间：2018 年 11 月 20 日。

（5）Семья—это маленькая лодочка, плывущая в бурю по необозримому океану.（家是一条在海上风暴中航行的小船。）

例（1）中把 институт（学校）的凸显特征“教书育人的场所”映射到 семья（家）上，得出“家是培养孩子的场所”，其语义认知价值取向趋向于正向。例（2）将 крепость（堡垒）的凸显特征“坚固和防御作用”映射到 семья 上，即“家是稳定的坚不可摧的集体”。该语义认知价值取向趋于正向。例（3）中 предприятие（小型企业）与 семья 构成映射关系，对 семья 的语义进行了“家是需要经营的”这一认定，语义认知价值取向趋于正向。例（4）将 семья 比作 цепь，认为 семья 具有制约性和束缚性，其语义认知价值取向趋于负向。例（5）与例（2）相对，将 семья 比作 маленькая лодочка, плывущаявбурюпонеобозримому океану（一条在海上风暴中航行的小船），凸显其不稳定性，语义认知价值取向趋于负向。经过分析，我们得到了俄语 семья 的几个隐喻模型：①家是培养孩子的场所；②家是稳定的坚不可摧的集体；③家是需要经营的；④家具有制约性和束缚性；⑤家具有不稳定性。

（二）汉语中以“家”为主项的隐喻性判断句的语义认知价值取向

《现代汉语词典》中对名词“家”的释义有：①共同生活的眷属和他们所住的地方；②家庭所在的地方；③掌握某种专门学识或有丰富实践经验的人；④学术流派。[①]《辞海》中对名词“家”的释义为：①眷属共同生活的场所；②学术流派；③经营某种行业或具有某种身份的人；④尊称学有专长或有专门技术的人；⑤自称或称呼别人；⑥古代大夫所统治的政治区域；⑦私有财产；⑧姓。[②]除此之外，汉语中的“家”通常包含家庭之意，即一种以婚姻、血缘、收养或同居等关系为基础而形成的共同生活单位。根据词典释义，我们可以确定的家（家庭）至少由以下几个方面组成：①共同生活的眷属和他们所住的地方；②以婚姻、血缘、收养或同居等关系为基础而形成的共同生活单位；③掌握某种专门学识或有丰富实践经验的人；④古代大夫所统治的政治区域；⑤私有财产；⑥姓；⑦自称或称呼别人。这几个模型具有命题意义，属于命题模型。我们在北京大学 CCL 语料库上共搜集到了 48 条主项为“家”的判断句，其中隐喻性判断句共 8 条。我们选取了其中 5 个有代表性的例子进行分析。具体如下：

（1）家是避风的海湾。

（2）家是坚实的靠山。

---

① 中国社会科学院语言研究所词典编辑室：《现代汉语词典（第 6 版）》，商务印书馆 2012 年版。

② 上海辞书出版社：《辞海（第 6 版）》，上海辞书出版社 2009 年版。

(3)家是温床，是爱巢，是安乐窝。

(4)童稚时代，家是“磁铁”。

(5)家是一部最真实的电影。

例(1)、例(2)和例(3)属于一类，家分别与“避风的港湾”“坚实的靠山”“温床、爱巢和安乐窝”构成映射关系，含有主观色彩，凸显了家的温暖、舒适与保护性，其语义认知价值取向趋于正向。例(4)将“磁铁”的凸显特征“具有磁性”映射到“家”上，凸显了家具有吸引力的特性，其语义认知价值取向趋于正向。例(5)将“家”比作“电影”，将电影剧情跌宕起伏的特点映射到家上，凸显了家庭生活的不稳定性，其语义认知价值取向趋于负向。因此，我们得到了“家”的几个隐喻模型：①家是温暖、舒适与有保护性的地方；②家对其成员来说具有吸引力；③家是不稳定的。

(三)俄、汉语言中主项为“семья(家)”的隐喻性判断句的语义认知价值取向的异同

通过对比，我们发现基于隐喻性判断句的俄语和汉语中对“семья(家)”的语义认知价值取向具有共性，即都是主观的认知结果，并且多趋向正向价值。然而，两者具体的补充语义存在明显的差异性。表达同一补充语义使用的语言手段不同，比如，同样是补充“家的不稳定性”，在俄语中使用的是“лодочка(船)”，在汉语中使用的是“电影”，这与两国的国情、文化、历史以及民族观念等密切相关。正如莱考夫所说的那样：“基于人类的认知体验性特点，不同文化类型中势必有着相同的体验，而不同的文化也会导致人类体验存在差异性。”[①]但是，在同一语言社会群体内部，语言表达式可直接与理想化认知模型建立联系来获取话语意义，而这种意义的核心便是说话人的主观意向。[②]

四、结语

隐喻性判断句是人类对语义进行认知时采用的最基本的语言手段，反映了人类认识的主观性。所谓隐喻性判断句的语义认知价值取向，即在一个完整的句子框架内，人类对语义进行凸显、补充以及删减，使语义显现出正、负价值趋向。通过对以本体为“семья(家)”的隐喻性判断句的语义认知

① 王寅：《认知语言学探索》，重庆出版社2005年版，第140页。
② 束定芳：《认知语义学》，上海外语教育出版社2008年版，第80页。

价值取向的对比分析，我们得出结论：在俄、汉语言中，隐喻性判断句的语义认知价值取向既存在共性，又存在差异，这与两国的国情、文化、历史以及民族观念等因素密切相关。

* 参考文献

[1] 李洪儒：《系词——人在语句中的存在家园》，载《外语学刊》，2006 年第 2 期。

[2] 刘佳等：《基于判断构式分析的隐喻语义认知价值取向》，载《解放军外国语学院学报》，2018 年第 1 期。

[3] 徐盛桓等：《隐喻“意识感受性”理论模型》，载《外语学刊》，2010 年第 5 期。

[4] 束定芳：《认知语义学》，上海外语教育出版社 2008 年版。

[5] 束定芳：《隐喻与换喻的差别与联系》，载《外国语》，2004 年第 3 期。

[6] 上海辞书出版社：《辞海（第 6 版）》，上海辞书出版社 2009 年版。

[7] 石毓智：《汉语语法》，商务印书馆 2010 年版。

[8] 王寅：《认知语言学》，上海外语教育出版社 2006 年版。

[9] 王寅：《认知语言学探索》，重庆出版社 2005 年版。

[10] 魏在江：《隐喻的主观性与主观化》，载《解放军外国语学院学报》，2017 年第 1 期。

[11] 张和友：《“是”字结构的句法语义研究》，北京大学出版社 2012 年版。

[12] 中国社会科学院语言研究所词典编辑室：《现代汉语词典（第 6 版）》，商务印书馆 2012 年版。

[13] Ожегов С.И. *Словарь русского языка*, М., изд. Мир и Образование, Оникс, 2011.

[14] Ушаков Д.Н. *Толковый словарь русского языка*, М., Гос. ин-т “” Сов. энцикл."; ОГИЗ; Гос. Изд. иностр. и нац. слов., 1935-1940.（4 т.）

[15] Семья，https://ru.wikipedia.org/wik，访问日期：2018 年 11 月 20 日。

（作者单位：哈尔滨师范大学斯拉夫语学院）

转喻理论视域下俄、汉语"глаз（眼）"的词义引申对比*

姜 凯 吴 哲

内容提要： 转喻不仅是一种语言现象，更是一种思维方式。人类常用自己最熟悉的身体部位去认识客观世界。本文从转喻理论角度分析俄、汉两种语言中"глаз（眼）"的意象图示及其各个义项的引申路径，通过对比分析，揭示两民族在认知模式上存在的共性及差异。

关 键 词： 转喻理论；глаз（眼）；词义引申

传统语言学中把转喻视为一种辞格，认为转喻是一种修饰语言的手段，属于修辞学、文学和文体学研究的对象。从 20 世纪 80 年代开始，随着认知语言学的发展，转喻研究突破了原有界限，进入了新的阶段。转喻是以事物之间的联想为基础，在同一认知域内用易感知、易记忆、易辨认的整体代替部分，对事物的指称是转喻的主要功能。① 与隐喻一样，转喻也被认为是人类的重要思维和认知方式之一，在人类认知世界、表征世界的过程中发挥着重要作用。

认知语言学的哲学基础是体验哲学。人在感知体验周围世界的事物时，最先依据的就是对人自身的认知，因此，人体词汇在人类与周围世界相互作用下起到重要作用。在人类身体部位中，眼睛是最重要的器官，大脑中大约有 80% 的知识和记忆都是通过眼睛获取的，眼睛是我们获取大部分信息的器官。本文从转喻的角度，系统探讨俄、汉语言中名词"глаз（眼）"的语义引申，具体考察"глаз（眼）"的转喻投射范围、共性、个性及其内在依据。

* 本文系国家社科基金项目"认知术语学视角下俄汉术语语言世界图景表征对比研究"（项目编号：16BYY191）的阶段性成果。

① 刘玉君：《转喻对词义演变的认知阐释》，载《淮阴工学院学报》，2012 年第 2 期，第 36 页。

一、“глаз（眼）”的转喻投射共性分析

在不同的语言文化中，眼睛发挥着相同的作用，人类用眼睛来看世界，获取外界信息。所以，尽管汉语和俄语是两种不同语系的语言，我们仍然可以在两种语言中找到类似的表达。

（一）“глаз（眼）”指代“目光，能力”

人类通过“глаз（眼）”的目光运动分辨颜色、形状、大小等，因此“глаз（眼）”又进一步被指代为某种能力。俄、汉语言中都有此类表达。例如，俄语中有 строгие глаза（严厉的目光）、отвести глаза от чего（把目光从……上移开）等；汉语中有“目光，目不暇接，目击，眼尖，手疾眼快”等。在指代“能力”时，俄语有 верный глаз（准确的眼力）、глаз знатока（内行的眼力）、острый глаз（锐利的眼力）等。相比之下，汉语中的“眼”除了能像俄语那样表示欣赏能力和鉴别能力外，还喻指更多方面的能力。例如，“有眼不识泰山”表示“认识能力低”，“目光远大，目光如炬，好眼力，火眼金睛”等表示“认识能力高”。在范畴和属性的转喻认知内，有关眼睛的能力转喻词语还有不少，如“精明眼，锐眼，鬼眼，魅眼，霹雳眼，圣眼”等。没有特殊能力的眼睛则是“凡眼，俗眼”；“心眼”和“眼色”可分别喻指“聪明机智”和“见机行事”的能力，“慧眼”则指具有高超的见解，能力非凡。由此可见，汉语中的“眼”投射到能力方面的词汇更多，在语义表达层面也比俄语丰富得多。此类词义的延伸路径为：

$$\text{глаз（眼）} \xrightarrow{\text{功能}} \text{目光} \xrightarrow{\text{功能}} \text{能力}$$

（二）“глаз（眼）”指代“思维（观点、见识、见解、判断等）”

通过眼睛“看”，属于视觉域和人类身体经验范畴。在视觉经验的积累下，人类通过大脑的判断进行综合推理，因此，“看”是理解的基础。看得少则寡闻，见多则识广。因此，“глаз（眼）”经常被用来指代“观点、见识、见解、判断”等认知域的概念。俄语中有 глаз 表示“看法”“眼光”的转喻用法，如：в глазах чьих（在……看来），на глаза чьи（按……的看法），на сегодняшний глаз（按今天的眼光来看），смотреть одним глазом（照……的眼光看待）等。汉语中此类转喻用法最具典型的是“眼光”，如“目光远大，目光短浅，专家的眼光，哲学家的眼光，独到的眼光”等。于是“眼里，眼界，

明眼人，心明眼亮，擦亮眼睛，眼高手低”等中的“眼”被直接赋予思考和理解的意义。此类词义的延伸路径是：

$$\text{глаз（眼）}\xrightarrow{\text{感知}}\text{思维}$$

（三）“глаз（眼）”指代“情感”

眼睛经常和心灵相提并论。人们常说“眼睛是心灵的窗户”，由于感觉的会出现联觉现象，人们用眼睛观察事物时，所持的态度和情绪也会通过眼睛流露出来。因此，人们在语言中也常借助眼睛的各种变化来表现情感。俄语中这种转喻投射的用法也有，但不太多，如：глаза горят у кого на что（看……眼红），смотреть большимиглазами（瞪大眼睛，吃惊）等。汉语中则多用“眼”与不同的动词、形容词搭配起来表达各种情感，如“傻眼，顺眼，碍眼，丢人现眼，眉开眼笑，悦目，横眉怒目，伤心惨目，白眼，青眼，眼热，眼红”等。这些表达法均属于“属性代替范畴”的转喻认知框架，基于“眼”的功能特征，把对眼睛这一实体的认知和体验投射到了抽象的情感领域，使“глаз（眼）”成了“喜怒哀乐”的标识。此类词义的延伸路径为：

$$\text{глаз（眼）}\xrightarrow{\text{功能}}\text{情感}$$

（四）“глаз（眼）”指代“注意力，观察”

人们关注某事时，一般都会“注目察看”，看得专注时会“目不转睛”；对某事不关心则往往“闭眼不看”或“视而不见”。因此，“眼”常被用来喻指对事物的关注和重视。汉语中有“显眼，耀眼，扎眼，打眼，刺眼，抢眼，惹眼，夺目，醒目，炫目，刮目相看”等词汇，而俄语中由眼睛的此种基本功能直接指代“看，观察，判断”等动作，如：глаза не видали кого-чего（看了使人讨厌），глаза не отрываются от кого-чего（凝视）等。此类词义的延伸路径为：

$$\text{глаз（眼）}\xrightarrow{\text{感知}}\text{注意力，观察}$$

二、俄、汉语“глаз（眼）”的转喻投射个性分析

上述的分析讨论表明，“眼”在俄、汉两种语言中存在着多个相同的隐喻投射，反映了两个民族在对眼睛的特征和功能的认识存在许多共同之处，

并且都把这些特征与功能投射到相似或相同的概念中去。但是，不同民族对同一事物的观察角度以及对该事物不同侧面的关注程度又不尽相同，在选择事物特征和功能投射到别的事物时也会表现出一定的差异，因此就会产生各具特色的转喻投射。

（一）汉语中“眼”特有的转喻投射

1. “眼”指代人

汉语中有“眼线，耳目，眼目”等词语，指代暗中察看情况并通风报信的人。眼睛的主要功能是观察事物，收集信息，所以它被用来指代打听信息、收集情报的人。基于眼睛的主要功能，“眼”被用来指代“人”，属于“部分代替整体”。其认识方式如下：

功能

眼 ——→ 人

2. “眼”用来量化物体

汉语可用“眼”所表现的整体形貌特征来量化物体，可作量词，如“两眼井，一眼泉”等。其认知方式如下：

形貌特征

眼 ——→ 量

“转眼”“眨眼”是以明显的转喻为基础的隐喻。它们以与眼有关的身体体验为基础，表示需要的时间极短。类似这种用法的词语还有“眨眼间”“一眨眼的工夫”等。此类词义的延伸路径为：

感觉体验

眼 ——→ 时间范畴

（二）俄语中 глаз 特有的转喻投射

1. глаз 指代“照顾；监管”

人们在照顾或监管某人或某物时，一般都要将对象置于自己的视线范围之内，一旦发生异常情况就会采取措施加以处理。① 因此，在俄语中 глаз 常可指“照看，监管”，例如 хозяйский глаз（主人的照顾）。例句如下：

За детьми нужен глаз да глаз.（孩子们需要时时刻刻照料）。

У семи нянек дитя без глазу.（虽然家中有七个保姆，但孩子没人管。意即：三个和尚没水吃。）

上面两个例句中的 глаз 有“照顾”之意，其引申路径如下图所示：

---

① 覃修桂：《“眼”的概念隐喻——基于语料的英汉对比研究》，载《外国语》，2008 年第 5 期，第 41 页。

动作

глаз ——→ 照顾

2. глаз **指代身体状态**

当人的身体处于某种状态下时，人体会通过眼睛表现出这种状态。因此，俄语中有用“眼睛”来代指身体状态的转喻机制，如 с безумных глаз（由于发疯），с пьяных глаз（由于喝醉）等。人在发疯时眼神是不聚焦的，喝醉时眼神是迷离的，精神是涣散的。用眼睛的状态来指代人整个身体的状态，词义引申路径如下图所示：

机理反应

глаз ——→ 身体状态

三、对比分析

从上述分析中我们可以看出，“眼”在俄、汉两种语言中一共有 9 种转喻投射，归纳如下：

第一，有 4 种转喻投射是两种语言所共有的，即：（1）指代“目光、能力”；（2）指代“思维（观点、见识、见解、判断）”；（3）指代“情感”；（4）指代“注意力，观察”。

第二，有 3 种转喻投射是汉语特有的，即：（1）指代人；（2）用来量化物体；（3）指代时间范畴。

第三，有 2 种转喻投射是俄语所特有的，即：（1）指代动作“照顾；监管”；（2）指代身体状态。

这些投射都是以眼的结构、功能、活动方式以及与外界事物的关系为基础的，比如，“打听信息之人，关注，能力”等转喻义建立在眼睛观察事物、收集信息这一功能的基础上；“情感，看法，看问题的角度”等则是眼睛活动方式投射的结果；“照顾，监管，厌恶之人”是以眼睛与其他事物的关系为基础的。也就是说，“眼”的转喻投射是有据可依的。由于人的眼睛在结构、功能以及活动方式等方面的共性，不同民族通过眼睛所获得的体验也基本相似，因此俄、汉两种语言中产生了诸多相同的转喻投射。但是，不同民族对眼睛的各个方面的认识以及关注的程度又不尽相同，在特征的选择和投射的目标域上会存在差异，所以会产生不同的转喻投射，即便是基本相同的转喻投射，其转喻意义也表现出细微的差别，折射出各自不同的文化色彩。

从整体上审视“глаз（眼）”在俄、汉两种语言中的转喻投射，我们可以将投射的范围大致归纳为四个方面的经验域：（1)知识/智力，如“打听信息之人”“注意、关注”“看问题的角度”“观察鉴别事物的能力”“见识”等；（2）情感/态度，如“情感”“愿望”“态度”以及“厌恶之人”等；（3)社会/事物关系，如“照顾”“监管”等；（4)时间，如“转眼”“眨眼间”等。显而易见，“глаз（眼）”作为始源域，主要投射到认知与情感态度域，也就是说，从人的外部感觉经验域投向人的内在心智与情感域。“眼”除了能投射到心智与情感域外，还能投射到社会和物理等外在经验域，引申出“照顾”“监管”“眨眼”等转喻义。由此，转喻投射并不总是从外在的经验域朝向内在的经验域。很多时候，具体的外在经验域也投射到其他更为抽象的外在经验域。

四、结语

本研究揭示了在俄、汉两种语言中“глаз（眼）”的转喻投射既存在着诸多共性，同时也存在不少差异。但是，不管是相同还是不同的转喻投射，它们都是以眼睛的结构、功能、位置、活动方式等特征为基础的，是以体验为依据的。任何原始概念都是下一级新生概念的起点，而不是概念衍生的终点。只要有人类社会的存在，人体词的词义引申就不会停止。以“глаз（眼）”为原型向其他认知域映射而获得抽象意义的转喻认知机制，揭示了认知思维和语言表达之间最本质的联系，既为词汇教学提供了新思维、新角度、新方法，也对其他词类词义的研究有很大的借鉴意义。

* 参考文献

[1] 刘玉君：《转喻对词义演变的认知阐释》，载《淮阴工学院学报》，2012 年第 2 期。

[2] 覃修桂：《“眼”的概念隐喻——基于语料的英汉对比研究》，载《外国语》，2008 年第 5 期。

（作者单位：哈尔滨师范大学斯拉夫语学院）

基于统计分析方法的《俄语详解词典》释义元词研究

彭 蔚

内容提要： 本文基于元语言理论和词典定量释义思想，采用统计分析方法对 Н.Ю.Шведова 主编的《俄语详解词典》（2007 年版）中的释义元词进行研究。本文展示了《俄语详解词典》释义元词的提取路径和统计方法，分析了释义元词的使用频率分布及高频释义元词的词类分布情况，指出其规模过大、低频词数量过多、意义存在一定重复等缺点，并提出相关改进措施，试图为优化词典释义及构建俄语释义元语言词汇系统提供借鉴。

关 键 词： 元语言理论；统计分析方法；释义元词

一、词典学视角下的元语言问题

"元语言"最早由哲学界提出，并用于解决悖论问题，而后引入语言学界，主要用于解决释义问题。与哲学界由人工符号构成的元语言相比，语言学界的元语言是由对象语言（自然语言）的简单词汇和句法构成，"是对象语言中通用、高频、中性的那一部分"。[①]词典中的释义被认为是自然语言中元语言的一种，"辞书中解释词条的语言，是元语言之一。这种元语言的整体观包括元语言的整体简化，即只使用民族共同语的有限的常用词"。[②]早在 20 世纪初期，词典释义元语言便引起了学者的注意，出现了一系列采用定量释义原则编纂的词典，如奥格登（C.K.Ogden）和理查兹（I.A.Richards）主编的"General Basic English Dictionary"（《通用基础英语词典》，1932 年出版），法国学者古根海姆（G. Guggenheim）主编的《基础法语词典》（1958 年出版），韦斯特（M. West）主编的"The New Method English Dictionary"（《新方法英语词典》，1961 年出版）等。其中最具代表性的是"Longman Dictionary of Contemporary English"（《朗曼当代英语词典》，1978 年出

① 苏新春：《汉语元语言释义研究》，上海教育出版社 2005 年版，第 5 页。
② 张志毅等：《词汇语义学》，商务印书馆 2001 年版，第 346 页。

版），该部词典用2000个释义词解释了56000个词条，之后在1987年、1995年、2003年分别再版。定量词释义思想一直是该部词典的基本原则。“词典释义词均来自‘the defining vocabulary（定义词汇表）’”，该词汇表由2000个意义相对简单，使用相对高频的词汇组成。显然，“the defining vocabulary”还不是真正意义上的元语言，因为元语言不仅包括词汇层面。还包括语法层面，也就是说，还应指出可以用来释义的句法和语法形式。但不可否认的是，“元语言是对象语言的简化标准形式”这一理念在《朗曼当代英语词典》（2003年版）中得到体现。[①] 根据莫斯科语义学派 Ю.Д.Апресян 的元语言理论，“元语言词汇由两部分构成：语义单子（семантические примитивы）和过渡性词汇单位（промежуточные слова）”。[②] Апресян 把自己的元语言理论应用于词典编写实践，编纂了一系列新型词典，如“Новый объяснительный словарь синонимов русского языка”（《最新俄语同义词详解词典》，2003年出版）和“Активный словарь русского языка”（《最新俄语积极词典》，2014年出版）。然而，Апресян 并未详细指出其使用的释义元词筛选标准及过程，也没有具体论述俄语释义元语言词汇的具体构成。本文借鉴国内学者安华林、苏新春等人的研究方法，从统计分析详解 Н.Ю.Шведова 主编的《俄语详解词典》的释义入手，试图勾勒出该部词典的释义面貌，以期为后续俄语释义元词的确定提供借鉴，为词典释义的优化工作提供思路。

二、《俄语详解词典》释义元词的提取

作为一部规范的权威的详解语文词典，《俄语详解词典》的释义元词对构建俄语元语言词汇系统具有重要的借鉴意义。释义元词需要经过一定的技术手段提取出来，以便进行下一步研究。

（一）《俄语详解词典》简介

本文选取 Н.Ю.Шведова 主编的“Толковыйсловарьрусскогоязыка”（《俄语详解词典》）作为研究语料，主要基于以下两点考虑：

⑴该部词典收录词汇全面，能真实反映现代俄语词汇的总体构成。该

① Апресян Ю. Д. *Проспект активного словаря русского языка*, М., Языки славянских культур, 2010. с. 21.

② Апресян Ю.Д. *Исследование по семантике и лексикографии*, М., Языки славянских культур, 2009,с. 14.

部词典建立在常用俄语词汇的基础上，囊括了8.2万个词汇和成语表达，其中包含大量的成语、习语和词源信息。除了收录通用词汇外，该部词典还收录了其他详解词典缺少的词汇，如：广泛使用于社会、政治、经济、文化、体育和高新技术领域的专业词汇，近十年来广泛使用并渗透标准语体系的口语、俗语词汇等。总而言之，这部详解词典内容详细，总体上反映了现代俄语的基本面貌和词汇体系的总体使用及演变情况。研究其释义元语言特点，能够为俄语元语言系统的构建提供借鉴。

(2)词典释义具有准确性和权威性。与其他释义活动(如日常生活中的释义活动、教学过程中的释义活动等)相比较，词典中的释义，尤其是《俄语详解词典》这样一部权威的词典的释义，经过了历代语言专家的仔细推敲，内容更加准确。

(二)《俄语详解词典》微观结构

“词典的微观结构指的是条目中经过系统安排的全部信息，也可称作词条结构。在词典学中，对这一术语的使用初见于法国词典学家雷伊·德布芙(J. Rey-Debove)的著作。”① 词典的微观结构是词典的主要部分，负责向读者提供所需信息，其中就包括释义。因此，为了研究词典的释义元语言，我们首先要了解词典的微观结构。下面以 ад 为例，介绍词典的微观结构。

“**АД,** *-а, об аде, в аду, м.* **1.** В религиозных представлениях: место, где души грешников после смерти предаются вечным мукам. *Муки ада* （также перен.）. *Благими намерениями вымощенадорога в ад* （афоризм о том, что хорошие намерения часто забываются, уступая место недобрым делам; книжн.）. **2.** *перен.* Невыносимые условия, тяжелейшее состояние; хаос и ужас, царящие где-и. *Ад в душеАд на поле сражения.* ♦ **Все круги ада пройти** （книжн.）— испытать все возможные муки страдания. ‖ *прил.* адский, -ая, -ое （к 1 знач.）. *Адские муки.*

· Восх. к греч. hadSs, haides — букв, ‘невидимое’ < а... ‘не’ + eido ‘вижу’.”

词条中被释词采用大写加粗的书写方式，并用逗号进行区分，其后紧跟单词的语法信息。如果被释词是名词，则通常用小写斜体形式给出名词的词性、变格形式，动词则主要给出变位形式和动词的体。如果被释词有明显的修辞色彩，通常还会标出词的修辞特征。词的各个义项前标有序号，释义后

① 黄建华：《词典论》，上海辞书出版社1987年版，第49页。

用斜体字书写例句，例句后面也会给出解释。在符号“♦”后面给出了与被释词相关的熟语及其解释。符号“||”后面是被释词的派生词及其语法特性，有时还会附有相关例句。符号“ • ”后面则是被释词的词源信息。可见，该部词典的微观结构内容十分丰富，包括了词形、词性、释义、词例、成语、词源、派生词等信息，证实了该部词典可以充分反映现代俄语词汇面貌。本文的研究集中于微观结构中的义项释义部分，不包括词例和熟语的释义。

（三）释义元词提取思路

《俄语详解词典》共 1138 页，对其释义部分的提取是一项浩大的工程，需要有切实可行的方法和必要的工具。具体的提取步骤如下：

第一步，制作电子版《俄语详解词典》。先将纸质版本的词典逐页扫描成 PDF 格式，然后使用转换软件“ABBY Finereader 12”将文件转换为 Word 格式。由于《俄语详解词典》中文字符号种类繁杂、字体大小不一，在格式转换过程中可能会出现差错，因此有必要将 Word 电子文本同纸质原版进行逐页校对，确保内容完全正确。

第二步，提取释义内容。由于本文的主要研究材料为词典中的释义部分，为了排除干扰，需要将文件中非释义部分删去。这一工作由于资源及技术有限，只能采用人工方法进行。在提取工作结束后，再次进行校对。

第三步，对释义内容进行分词与统计。分词是指利用分词软件将上一步提取的成句释义分解为一个个孤立的单词原型，比如将释义“Невыносимые условия, тяжелейшее состояние.”分解成以下单词：невыносимый, условие, тяжелый, состояние。该分词软件可以自动识别同一个单词的不同语法形式，并自动将名词、形容词转换为一格，动词转换为不定式，最后还会对分词结果出现的频率进行统计。经过软件分词统计后，我们就可以得到初步的释义元语言词频表。需要注意的是，由于软件分词十分机械，分词结果依然存在部分问题，比如：无法准确识别一些同形异义词，无法将一些派生前置词拆分识别等，因此需要进行人工校对和纠正，使分词结果更科学、更可靠。

三、释义元词相关统计数据及其分析

（一）使用频率

经过校对和纠正的释义元词频率表显示，《俄语详解词典》共使用了 28705 个释义元词，释义元词总使用数为 353762 个。释义元词数和释义元词总使用数之比为 1 : 12，即平均每个释词使用 12 次。使用频率归纳总结如下：

1. 释义元词虽然数量众多，但是高频使用的释义元词数量很少。使用频率大于 10% 而小于 49% 的释义元词的数量甚至达不到释义元词总数的四分之一，使用频率大于 100% 的释义元词数量更是微乎其微。释义元词在词典释义中的使用频率可以反映其释义能力的强弱。尽管使用频率为 100 的词未必比频率为 99 的词更具解释力，但是量变引起质变，使用频率为 100 的释义元词的释义能力必然比使用频率为 1 的释义元词强。[①]正因为如此，Апресян 鉴别语义单子的原则之一就是“重复出现在大量词汇语义单位的释文中”。因此，尽管《俄语详解词典》释义元词数量众多，但是真正具有较强释义功能的释义元词数量并不多，其释义具有较大的优化空间。

2. 释义元词的使用频率分布不均衡，频差较大，释义元词的释义能力差异较大。例如，释义元词 в 的使用频率最高，为 12192 次，而大量释义元词的使用频率仅为 1。

3. 释义元词数和词条数之比为 35 : 100，而采用了定量词释义原则的《朗曼当代英语词典》的释义元词和词条数之比为 35 : 1000，这一数据的巨大差异说明《俄语详解词典》在编纂过程中并没有依据元语言释义原则，而是采用了基于经验的随机释义方法。

（二）词类分布

根据李葆嘉的 5 级频度划分法[②]，本文剔除了使用频率低于 10 的罕频词，对余下的约 4700 多个释义元词进行了词类划分。划分结果显示，释义元词的词类涵盖了名词、形容词、动词、前置词、代词、语气词和数词，不包含感叹词。从词类分布来看，释义元词的词类分布也不均衡。释义元词中名词数量最多，其次是动词和形容词。其中，名词、动词、形容词数量的比例为 2 : 1 : 1，三者总和占释义元词总数量的 93%。在俄语词汇体系中，名词形容词和动词的数量就占据绝对优势。在使用总频率方面，最高的有名词、形容词和动词，数词词类使用频率最小。在平均使用频率方面，连接词的平均使用频率最高，达到 1141；动词平均使用频率最低，仅为 34。九大词类的平均使用频率的平均值为 357.11，实词类中除了代词，其他词类的平均使用频率均远远低于这一平均值。语气词中使用频率最高的词为 же，其使用频率为 3576，这与词典中广泛采用的同义释义方式“то же, что”有关，如“ГАЗАВА'Т, -а, м. То же, что джихад.”等。

---

① 张家骅：《Ю.Д. Апресян/Anna Wierbicka 的语义元语言（一）》，载《中国俄语教学》，2002 年第 4 期，第 3 页。

② 苏新春：《汉语元语言释义研究》，上海教育出版社 2005 年版，第 5 页。

四、《俄语详解词典》释义优化思路

《俄语详解词典》的释义元词规模庞大，这无疑会给词典使用者造成困扰。要想读懂释义，词典使用者需要掌握大量的词汇，这显然与词典编纂的初衷相悖。仔细探究《俄语详解词典》释义元语言词汇表便可发现，造成其规模庞大的原因主要有以下两点：第一，存在大量词义复杂且释义能力较弱的词；第二，存在意义重叠现象，即一个词义在释义元语言词汇表中有多个词汇可以表达。针对上述两个问题，我们根据词典定量释义思想和 Апресян 的语义单子筛选原则，可以从以下角度来优化《俄语详解词典》的释义：

（一）同义替代

对于二级语义类下的意义重叠现象，应当采取同义替代的方式对相同词义释义元语言词汇进行筛选，筛选的原则是基于词汇的使用频率，保留使用频率较高的释义元语言词汇。这一原则的依据是：释义元词在词典释义中的使用频率可以反映其释义能力的强弱。例如，специалист 的使用频数为 461，знаток 的使用频数为 10，那么在表示“专家”时，специалист 更为常用，因此应当保留 специалист，删去 знаток。“职业”义类中 работник 的使用频数为 221，рабочий 的使用频数为 127，二者意义等同，均表示“工人”，但是 работник 的使用频率更高。此外，рабочий 还可以当形容词用，表示“工作的，处于工作状态的”。如果选择 рабочий 来表示“工人”，容易造成混淆，因此应当在该义类中删去 рабочий，保留 работник。这一现象不仅仅局限于“人”这一义类，在其他义类也广泛存在。例如，“抽象事物”下的“社会活动”类中的 лингвистика（使用频率为 10）和 языкознание（使用频率为 69）均表示“语言学”；“具体事物”下的“植物”类中的 отросток（使用频率为 17）和 почка（使用频率为 13）都表示“芽”。

（二）删去意义较为狭窄的释义词，保留意义较为宽广的释义词

意义较为宽广的释义词与具有更强的解释力，因此为了控制释义元语言词汇的数量，保证释义语言的可读性，可以在同类意义的词汇中保留意义较为宽广的释义词，酌情删去意义较为狭窄的释义词。例如，артист 在表示“演员”时指所有的演员类型，如歌唱类、表演类等，而 актёр 在表示“演员”时仅指表演类的演员，因此可以只采用 артист 一词；单词 ученик 指“中小学生”，студент 指“大学生”，而 учащийся 泛指在教育机构求学的人，包

含中小学生、大学生、技校生等，所以在表示“学生”时，选择词义较为宽广的 учащийся。

（三）保留修辞较为中性的释义词，删去具有明显修辞特征的释义词

释义元语言词汇应当使用修辞较为中性的词，删去同类意义中具有明显修辞特征的词。词典释义中具有修辞特征的释义词主要体现为一些“指小形式”。例如，шарик 是 шар 的“指小形式”，具有口语特征，应当删去；зверёк 是 зверь 的“指小形式”，应当删去 зверёк，保留 зверь；волосок 是 волос 的“指小形式”，应当删去。болтовня 一词在“Толковый словарь Ожегова”（《奥热果夫详解词典》）中的释义为“（разг.）. Бессодержательные разговоры, пустословие.”。可见，该词具有鲜明的口语修辞特征，可以用中立的词组 бессодержательные разговоры 进行替代。

（四）部分意义可以分解的释义词，可以酌情删去

Апресян 的元语言观点认为，仅用元素单位进行释义，会导致释义内容变得冗长拖沓，难以理解。所以，过渡性语义单位的数量应当得到控制，否则，大量的语义较为复杂的过渡性语义单位，必然会影响释义语言的明晰性，读者需要更多的词汇储备才能读懂释义。它还会导致“由繁释简”现象的发生，违背词典编纂的初衷。因此，可以酌情删去同类释义词汇中语义较为复杂的释义词，尤其要删去使用频率较低的复杂的过渡性语义单位。例如“抽象事物”下的“社会活动”类中 молотьба（打谷，脱粒）的使用总频率仅为 10，完全可以在释义中对该意义用其他频率较高、意义较为简单的词汇阐释，例如，词典中的相关词条“МОЛОТИЛКА：Сельскохозяйственная машина（или часть машины）для молотьбы.”[①] 可改为“Сельскохозяйственная машина（или часть машины）дляотделениязерён от сельскохозяйственного растения.”。显然，更改后的释义一方面由于意义较为简单，使用频率较高的释义元语言词汇更易被读者理解；另一方面，则避免了一定程度的循环释义，比如，原释文中包含了被释词 молотилка 的同根词 молотьба。

---

① Шведова Н.Ю. *Толковый словарь русского языка*, М., Издательский центр«Азбуковник», 2007. с. 457.

五、结论

通过对《俄语详解词典》释义元词进行统计分析可知,《俄语详解词典》中释义元词数量众多,但是其中具有较强释义能力的词所占比重并不大,释义元词的释义能力差距也较大。词典中释义元词的词类分布和俄语的词汇构成和句法特点相一致:名词、动词和形容词数量最多,连接词等虚词使用频率最大。《俄语详解词典》的释义元语言词汇具有较大的优化空间,可以采用的优化方式主要有:同义替代,删去意义狭窄词和部分意义复杂的过渡性语义单位,删去具有修辞色彩的词,等等。

* 参考文献

[1] 黄建华:《词典论》,上海辞书出版社 1987 年版。

[2] 苏新春:《汉语元语言释义研究》,上海教育出版社 2005 年版。

[3] 张家骅:《Ю. Д. Апресян/Anna Wierbicka 的语义元语言(一)》,载《中国俄语教学》,2002 年第 4 期。

[4] 张志毅等:《词汇语义学》,商务印书馆 2001 年版。

[5] Апресян Ю.Д. *Проспект активного словаря русского языка*, М., Языки славянских культур, 2010.

[6] Апресян Ю.Д. *Исследование по семантике и лексикографии*, М., Языки славянских культур, 2009.

[7] Ожегов С.И., Шведова Н.Ю. *Толковый словарь русского языка*, М., Издательский центр “Азбуковник” ,2010.

[8] Шведова Н.Ю. *Толковый словарь русского языка*, М., Издательский центр«Азбуковник», 2007.

(作者单位:黑龙江大学俄语学院)

文化素理论视域下《中国民俗节日辞典（汉俄对照）》的设计与编纂*

白　璐　　张金忠

内容提要： 随着“一带一路”的建设与发展，诸多国家的学习者学习汉语的热情高涨。在对外汉语教学与中华传统文化传播工作中，需要处理因文化差异而引发的诸多问题。本文依据文化素理论，对《中国民俗节日辞典（汉俄对照）》的设计与编纂进行探讨，并介绍了文化差异词俄译问题的处理方法。

关 键 词： 文化素理论；民俗文化；辞典编写

一、引 言

随着“一带一路”建设的持续推进，我国不断加强对外文化交流与合作，创新人文交流方式，丰富文化交流内容，提高文化交流水平，通过多种途径坚持“走出去”和“引进来”双向发力，重点支持汉语、中医药、武术、美食、节日民俗等代表性项目“走出去”。本文试图依据文化素理论，探讨《中国民俗节日辞典（汉俄对照）》（以下简称《辞典》）的设计与编纂，希望对同类辞典的编纂提供一些参考和借鉴。

二、《辞典》的设计与编纂

（一）《辞典》的定名

早在20世纪八九十年代，我国学者就已开始探讨“辞典”与“词典”的异同。林贻俊认为，语文词典以“词典”命名为宜，百科性质的专业辞典称“辞

* 本文系2019年度黑龙江省经济社会发展重点研究课题（外语学科专项）“文化强国语境下《中国民俗节日辞典（汉俄对照）》的设计与编撰”（项目编号：WY2019047-B）的阶段性研究成果。

典”为好；[①]杨祖希认为，辞书包括辞典和百科全书，辞典包括语文辞典、专科辞典、双（多）语辞典、综合性辞典和特种辞典，从这个观点出发，他更倾向于用“辞典”一词；[②]杜永道在人民日报海外版的一篇报道中讨论了“辞典”“词典”“辞书”的不同，认为“词典”是指语词类工具书，“辞典”则多用来指专科或百科类工具书；[③]董秀梅和孙剑艺认为，“词典”的字面意思太窄，无法容纳那些比“词”大的语言形式，以“词”为主就用“词典”，反之用“辞典”。[④]

综上所述，《辞典》将节日名称作为条目，与传统以字、词为收录对象的语文词典有所不同，并且词条释义不仅从音、形、义等方面进行编纂，其内容和形式更加贴近百科性专业辞典的形式，所以我们认为选用“辞典”一词更为准确。

（二）《辞典》的使用群体

专科辞典的读者对象，以专业工作者为主。[⑤]《辞典》主要用户是俄语国家汉语及中国文化的学习者，可用作俄语国家孔子学院汉语及中国文化教学的参考用书。目前，俄罗斯及中亚五国（即哈萨克斯坦、吉尔吉斯斯坦、塔吉克斯坦、乌兹别克斯坦和土库曼斯坦）都是“一带一路”沿线的重要俄语国家。在这些国家当中，共有30所孔子学院和24个孔子课堂。随着汉语及中国文化在全球的普及，俄语国家的汉语及中国文化教学开展得如火如荼，《辞典》编纂完成后将以纸质书、电子书等形式面向俄语国家的孔子学院学生。因此，我们在其条目设计与安排中，应该考虑对外汉语教学工作。

（三）《辞典》的类型

《辞典》收录的条目词并非某一学科的专业术语，而是以节庆条目词为主要收录对象，从时间、活动、食俗、意义等多方面进行释义，因此从辞书类型划分角度，我们将《辞典》确定为专科辞典。

杨祖希、徐庆凯在《专科辞典学》一书中对专科辞典简史、专科辞典学性质、专科辞典学分类、专科辞典编纂等问题进行了系统、全面的介绍。[⑥]2005年，徐庆凯对《专科辞典学》和《辞书学词典》中有关专科辞典分

---

① 林贻俊：《“词典”和“辞典”》，载《辞书研究》，1982年第6期，第123页。
② 杨祖希：《辞书的类型和辞书学的结构体系》，载《词典和词典编纂的学问》，上海辞书出版社1985年版，第6页。
③ 杜永道：《“辞典”“词典”“辞书”的不同》，载《人民日报海外版》，2014年3月29日第006版。
④ 董秀梅等：《关于“词典”与“辞典”的规范》，载《语文建设》，1988年第1期，第7页。
⑤ 杨祖希：《专科词典编纂法初探》，载《辞书研究》，1981年第2期，第100页。
⑥ 杨祖希、徐庆凯：《专科辞典学》，四川辞书出版社1991年版，第16页。

类问题进行了反思与更正，并提出新的分类方法，认为专科辞典可以分为学科辞典、专题辞典、术语辞典和专名辞典。2016年，徐庆凯在《再论专科辞典类型》一文中又一次表示："按专科辞典所收词目的类型将其分为学科辞典、专题辞典、术语辞典和专名辞典……所收条目词为特定专题（专题指不构成学科的知识体系）范围内的术语。"①中国民俗节日是不构成学科的知识体系，《辞典》则属于专科辞典下的专题辞典。

（四）《辞典》的收词立目原则

收词工作是决定一部辞典质量高低的第一个关键。词目选得好，再加上释文写得好，辞典的质量就高了。②收词是一部优质辞典的关键步骤。在确定收词范围时，参考多渠道的语料来源。《辞典》在编纂阶段共收集整理300多个节日条目，最终选取其中200多条民俗节日作为收录对象。

汉外翻译辞典与汉语辞典一样，以词（包括单音词和复音词）为基本词目单位，兼收常用的单字（词或词素）和词组（成语、熟语、词组性术语）。③《辞典》主要以约定俗成的民俗节日名称进行立目，如中秋节、夏至、妈祖节、纳顿节等。在双语专科辞典的立目方面有两个问题应该特别注意：一是规范词与变体词（或异体词）的处理问题；二是同音词与多义词的处理问题。④《辞典》以约定俗成的民俗节日名称进行立目，因而需要处理好同音词的问题。我们收录了中国56个民族的民俗节日，因宗教信仰、地域等问题，出现了相同节日名称的情况。因此，我们在立目时要按照民族进行划分，将节日区分开。

词目排列有序是辞典的重要特征之一，一般而言，辞典的词目排序有音序排序法、形序排序法和义序排序法三类。⑤因《辞典》主要服务于"一带一路"沿线俄语国家，考虑到使用群体的需要，故选择音序排序法：中文拼音排序与俄文字母排序，为使用者提供多种查询渠道。

（五）《辞典》条目设计

20世纪80年代初，俄罗斯语言学家卡拉乌洛夫（Ю.Н.Калаулов）提出"辞典编纂参数化（лексикографическаяпараметризация）"的问题，该理论可以适用于各类辞典编纂理论研究和实践活动。⑥《辞典》在编纂过程中，借鉴

---

① 徐庆凯：《再论专科词典的类型》，载《辞书研究》，2016年第2期，第14页。
② 杨祖希、徐庆凯：《专科辞典学》，四川辞书出版社1991年版，第51页。
③ 顾柏林：《<汉俄词典>的收词、立目问题》，载《辞书研究》，1985年第4期，第70页。
④ 王毅成：《双语专科词典的收词立目和释义》，载《辞书研究》，2002年第3期，第67页。
⑤ 徐树德等：《论多功能汉英专科词典的编纂》，载《中国科技翻译》，2010年第2期，第43页。
⑥ 张金忠：《词典编纂参数化理论与术语词典的参数分析》，载《中国科技术语》，2015年第4期，第7页。

辞典参数化理论，将每个节日条目划分为索引参数、语音参数、俄译参数、配例参数、参见参数、参考文献参数等进行研究和编纂。辞典的条目编写方式是“词目＋汉语拼音＋知识介绍＋俄语译文＋……”。例如：

【纳顿节】(nà dùn jié)：Надунцзé

nà dùn jié shì qīng hǎi shěng mín hé xiàn sān chuān dì qū tǔ zú de tè yǒu jié rì

纳顿节是青海省民和县三川地区土族的特有节日……

надуньцзе ши цинхайшэн миньхэсянь саньчуаньдицюй туцзудэ тэю цзежи

纳顿节是青海省民和县三川地区土族的特有节日……

Надунцзé: и́лиПра́здникНаду́н -э́тоспецифи́ческийпра́здникнаро́дностиТуврайо́неСаньчу́аньуе́здаМинхэ́ прови́нцииЦинха́й……

三、《辞典》俄译中的文化信息

“文化素”一词最早来源于日本。我国学者杨仕章认为，作为文化单位，文化素是指“源语中负载文化信息或需要借助文化信息方可理解的语言单位”，主要包含词语文化素、词组文化素、句子文化素、超句体文化素和文本文化素，从而构成一个层级体系。俄罗斯语言学家加克(В.Г.Гак)认为，文化是一些特殊符号的总和，文化素是一种特定的符号，可以通过语言表达出来，也可以通过非语言表达出来。一个民族的文化是由各种文化素组成。每一个文化素便是一个文化实在(реалия)，并且文化实在并不限于物品(предмет)，还包含情境(ситуация)、功能(функция)、习俗(обычай)、行为事实(факт поведения)等。①

在处理文化素翻译时，除了直接翻译其名称，还要表达其中的民族文化内涵。例如，《辞典》在处理柯尔克孜族的传统节日活动“刁羊”一词时，文字说明及俄语译文如下：

diāoyáng mǎ shàng mín zú de tǐ yù xiàng mù shǔ yú fēi wù zhì wén huà yí chǎn

刁羊（马上民族的体育项目，属于非物质文化遗产）

дяоян машан миньцзу де тиюй сянму шуюй фэйвучжи вэньхуа ичань

刁羊（马上民族的体育项目，属于非物质文化遗产）

дяоя́н: национа́льный вид спо́рта на лошадя́х, принадлежа́щий к нематериа́льному культу́рному насле́дию，как на пе́рвой карти́нке.

文化素翻译方法可分为四类：实际不等性的文化素翻译方法，形式不等性的文化素翻译方法，词义不等性的文化素翻译方法以及使用汉字不等性

① 杨仕章：《文化翻译单位研究》，载《中国俄语教学》，2015 年第 4 期，第 76 页。

的文化素翻译方法。[1]因语言之间存在差异，《辞典》编纂过程中使用了实际不等性的文化素翻译方法、形式不等性的文化素翻译方法和词义不等性的文化素翻译方法。例如：

sòng qióng xí sú jiāng jī cún de lā jī diū diào
1. 送穷习俗（将积存的垃圾丢掉）

Сунцюн сису цзян цзицуньдэ лацзи дюдяо
送穷习俗（将积存的垃圾丢掉）

Сунцю́н: лю́ди отбра́сывают нако́пленный му́сор, что символи́чески означа́ет проща́ются с бе́дностью.

tài yáng gāo yóu nuò mǐ jiā táng zhì chéng shàng miàn yìn yǒu dài biǎo tài yáng xīng jūn de gōng jī tú àn
2. 太阳糕：由糯米加糖制成，上面印有代表太阳星君的公鸡图案。

тайянгао ю номи цзятан чжичэн шанмяньиню дайбиао тайянсинцзюнь де гунцзитуань
太阳糕：由糯米加糖制成，上面印有代表太阳星君的公鸡图案。

Тайянга́о: сде́лан из са́хара и кле́йкого ри́са с изображе́нием пету́ха, представля́ющим бо́га со́лнца.

“送穷”是我国正月初五的传统习俗，在“一带一路”沿线中的俄语国家，不存在这个节日或习俗，而太阳糕是我国中和节（二月初二）的传统食物，其他地方没有这样的食物。因此，在《辞典》编纂过程中处理实际不等性的翻译时，需要将文化素的内涵进行详细解释。例如：

春节（chūn jié）：Чуньцзе́, Пра́здниквесны́

元宵节（yuán xiāo jié）：Юаньсяоцзе́, Пра́здникфонаре́й

形式不等性是指存在于译语文化圈却以另一种语言形态存在于源语文化圈的文化素。[2]上面两个例子是我国传统节日春节和元宵节，俄语中对应的名称是Пра́здник весны́和Пра́здник фонаре́й。

词义不等性的文化素翻译方法是翻译中需要注意的问题。因文化差异客观存在，词义的错用会影响读者的理解。例如，有的少数民族会在节日之际杀牛宰羊，以此方式来庆祝节日。在俄语中，与“杀”“宰”对应的动词是убивать和закалывать。对中国人来说，“杀”“宰”是一个意思；而在俄语中，закалывать更适合语境，убивать带有破坏性的消灭事物的深层次含义。

---

① 尹燕、潘慧：《中韩翻译中文化素的翻译方法》，载《吉林华桥外国语学院学报》，2016年第2期，第64页。
② 同上。

四、结语

由于中国与俄语国家之间存在文化差异，如何准确翻译文化信息词，是我们编纂《辞典》过程中的难点。本文结合实例介绍了《辞典》的编纂内容。同时，在编纂过程中我们发现，词典编纂的专业化、系列化、网络化、语料库化是当今辞书学发展的总体趋势。在大数据时代下，语料库与辞典学相互辅助，辞典的编纂可以从语料库中获取语料来源，相反语料库可以收录辞典的内容作为语料。

* 参考文献

[1] 董秀梅等：《关于"词典"与"辞典"的规范》，载《语文建设》，1988 年第 1 期。

[2] 杜永道：《"辞典""词典""辞书"的不同》，载《人民日报海外版》，2014 年 3 月 29 日第 6 版。

[3] 顾柏林：《<汉俄词典>的收词、立目问题》，载《辞书研究》，1985 年第 4 期。

[4] 林贻俊：《"词典"和"辞典"》，载《辞书研究》，1982 年第 6 期。

[5] 王毅成：《双语专科词典的收词立目和释义》，载《辞书研究》，2002 年第 3 期。

[6] 徐庆凯：《再论专科词典的类型》，载《辞书研究》，2016 年第 2 期。

[7] 徐树德等：《论多功能汉英专科词典的编纂》，载《中国科技翻译》，2010 年第 2 期。

[8] 杨仕章：《文化翻译单位研究》，载《中国俄语教学》，2015 年第 4 期。

[9] 杨仕章：《文化素翻译之学理探究》，载《中国俄语教学》，2016 年第 3 期。

[10] 杨祖希：《专科词典编纂法初探》，载《辞书研究》，1981 年第 2 期。

[11] 杨祖希、徐庆凯：《专科辞典学》，四川辞书出版社 1991 年版。

[12] 杨祖希：《辞书的类型和辞书学的结构体系》，载《词典和词典编纂的学问》，上海辞书出版社 1985 年版。

[13] 尹燕、潘慧：《中韩翻译中文化素的翻译方法》，载《吉林华侨外国语学院学报》，2016 年第 2 期。

[14] 张金忠：《词典编纂参数化理论与术语词典的参数分析》，载《中国科技术语》，2015 年第 4 期。

（作者单位：哈尔滨师范大学斯拉夫语学院）

中、俄两国汉俄词典成语条目中典故的处理对比分析*

王乐平　　张金忠

内容提要： 典故性成语作为一类具有文化特色的词语，在词典中的释义与普通语文性词语有所不同。本文以上海外国语学院《汉俄词典》编写组编纂的《汉俄词典》和牧德落夫（Б.Г. Мудров）主编的《汉俄大词典》为语料来源，采用抽样调查法，选取一定数量的具有代表性的汉语成语性条目，在对其中选取的部分条目进行直观展示后，对两部词典的释义进行对比研究，分析两部词典是如何处理典故性成语条目的，并找出该类成语的释义特点。

关 键 词： 汉俄词典；典故性成语；释义

一、引言

由牧德落夫（Б.Г. Мудров）主编的《汉俄大词典》（简称《牧典》，莫斯科现行语言出版社 2006 年出版）是一部具有一定影响力的汉、俄双语词典。正如《牧典》前言所述，这是一部供汉学工作者、翻译者、大学师生以及熟悉汉字并关心中国文化、文学和历史的人使用的双语翻译词典。由于当时社会需要，"该词典的编者充分吸收了 20 世纪 50 年代汉语词典编纂工作的经验和成果，词典保存当时中国社会文化气息"，尽可能全面展示现代汉语词汇为主要任务。① 词典所收词汇较为规范，旧词、偏词收录不多，大部分以常用词为主。《牧典》以《汉语拼音词汇》（北京文字改革出版社 1964 年版）为蓝本，收录 36 万余个条目，包括字、词、词组、成语、方言、熟语等。词典中的条目都用汉语拼音进行注音，还在括号内加注了基里尔拼音，方便俄国人阅读。条目排列方式为俄国汉学传统的笔画检字法，词典首页和封底均印有

* 本文系 2019 年度黑龙江省经济社会发展重点研究课题（外语学科专项）"文化强国语境下《中国节日民俗辞典（汉俄对照）》的设计与编纂"（项目编号：WY2019047-B）的阶段性研究成果。

① 胡俊梅：《从收词、释义看牧德落夫主编的 <汉俄大词典>》，载《中国俄语教学》，2009 年第 2 期，第 90 页。

部首检字表，方便读者进行查找。本文与《牧典》进行对比研究的双语词典是由上海外国语学院《汉俄词典》编写组编纂的《汉俄词典》（简称《上典》，商务印书馆 1992 年出版），该词典以《现代汉语词典》（简称《现汉》）为主要收词依据，共收录汉语词语 5 万余条，其中包括单字、词、词组、成语等，所收词语多为现代汉语词汇，同时十分注重语言规范。《上典》的基本词目单位为汉字，其后注有汉语拼音，词目按照汉语拼音字母的次序排列，方便读者进行检索查阅。两部词典的收词均以语词性条目为主，属于语文性工具书，条目涵盖面广，包括词义、语法注解、语体属性、修辞、注释等信息。

本文研究的主要内容是《牧典》和《上典》中带有典故的成语条目的释义，由于汉语词汇比较严谨、精炼，现代汉语中的成语大多由结构稳定的四字成语构成，因此对成语进行界定并不困难，所以本文首先就对其中蕴含的典故进行判定。

典故，始见于《后汉书·东平宪王苍传》："亲屈至尊，降礼下臣，每赐宴见，辄兴席改容，中宫亲拜，事过典故。"其中"典"意为"典制，成例"，"故"即"故事，成例"。随着时代的发展，"典故"一词已有了新的意义，如在《现汉》（第 7 版）中，"典故"的释义为：诗文等所引用的古书中的故事或词句。

典故作为经由古籍、民间传说等流传下来的被赋予一定意义的语词，其自身表现形式多样，在字数上没有限制，有时甚至以完整的一句话表达出来。许多成语与典故有着密不可分的联系，王吉辉对此类成语进行了归纳："成语中概括了典故的，如果想体现出它们的典故性特点，不妨将其称作典故性成语。"[①] 此类成语的内涵来源于典故，是对一段有出处的历史故事的总结与概括，其本质是以典故来揭示词语的丰富内涵。本文主要选取《牧典》和《上典》这两部双语词典中部分具有代表性的四字典故成语进行研究，其基本特征如《现汉》所言，必须含有被人引用过的故事。

无论在单语或双语词典的词目编排上，成语均不单独立条。《牧典》和《上典》对此的处理方法相同，选择将成语置于第一个汉字义项之后。例如，两部词典均将"草木皆兵"列入"草"的条目里。但也存在特殊情况，如《牧典》将"不辨菽麦"同时置于"不"和"菽"的义项之下，排列在"不"中符合规范，但排列在"菽"下，可能因为"菽"字在现代汉语中使用频率极低，其用法多在该成语中体现。

而对于首字为多音字的成语来说，《上典》将其置于正确的读音下，如将"调虎离山"置于"调（diào）"的条目中，由于《牧典》在条目排列中使用笔画检字法，其排列方式与音节无关，在查找中只需按照字形进行检索，这

---

① 王吉辉：《典故与成语》，载《汉语学习》，1997 年第 2 期，第 23 页。

种排列方式为母语非汉语的学习语者提供了很大的便利。

在对典故性成语进行界定后，本文将通过对《牧典》和《上典》两部词典中释义的对比分析，找出典故性成语的释义特点，并为今后的汉俄双语词典编纂提供一些可以参考的建议。

二、《牧典》和《上典》对典故性成语条目释义的处理

释义是词典编纂的重要任务，编纂词典的基本要求便是保证词典释义的准确性。双语词典通过翻译手段达成两种语言之间的平衡，对释义的处理更倾向于在目的语中找到意义相同的对应词。作为双语词典，《牧典》和《上典》在词目释义的处理上以翻译为主，试图在目的语中找到原语词汇的对应词，这种对应体现在语义、语体及语用三方面，"从符号学的角度看，一种语言中的符号和另一种语言中的符号在意义上是不完全对等的"。[①]除了部分科技词汇、国际词汇等，一般很难在目的语中寻找到完全等值的词汇，这种空缺一般是由文化差异造成的，在一定程度上阻碍了两国的文化交流。而双语词典编纂的目的之一便是跨文化交流，那么这些空缺词的翻译对文化信息的传递就起着至关重要的作用。

语言是文化的载体，不同国家在文化上必定存在一定的差异，这些差异体现在具体的文字中就会出现词汇空缺。郭爱先认为："文化方面的词汇空缺主要是指那些具有民族文化意蕴的词语或语义在另一个民族的语言中没有对应成分。"[②]典故性成语的空缺一般由两国不同的社会物质文化导致，此类成语常常蕴含着丰富的历史知识，为了避免翻译中的文化要素流失，如何在保留原语历史特性的条件下将这些成语的深层意义展现在读者面前，是编纂者的任务之一。

在双语词典的编纂中，典故性成语是具有代表性的文化空缺词。王霞指出："大多数成语具有意义的双层性特征，这在词汇学界早已达成共识。"[③]成语的字面义和实际义相辅相成，在对成语的理解上都起着重要作用。如果仅从字面义对成语进行释义，未免会使读者"知其然而不知其所以然"，但如果只对其深层意义进行解释，不对典故进行翻译，那么对不了解原语文化的读者来说，就可能造成理解上的偏差。这时，编者通常采用译文加注的方

---

① 张金忠：《俄汉词典编纂论纲》，黑龙江人民出版社 2005 年版，第 150 页。
② 郭爱先：《词汇空缺及其可译性》，载《解放军外国语学院学报》，1998 年第 5 期，第 42 页。
③ 王霞：《成语字面义在辞书释义中的呈现与隐含》，载《辞书研究》，2018 年第 2 期，第 43 页。

法对那些可能造成读者理解困难的词语进行释义，其中译文的处理方式一般为异化译法或归化译法，表达词语的实际意义，注解的表现形式则是对该成语进行字面翻译。张世挺在《成语释义略议》（1982 年版）中将成语语面还原义的解式分为两种：分解注释和整句还原。[①]《牧典》和《上典》中历史典故的释义补充信息均为整句还原，注重表达句子整体的意义，而非对其中单个字词进行解释。以下介绍几种成语条目释义的常见处理方式。

1. 异化译法 + 释义

在典故性成语的处理中大多数采取意译法或解释性描述，这种方法在词目翻译上没有强求译文与原语结构、功能上的一致，更注重语义的转达。然而，这种方法很难达到语用上的等值，更注重读者的理解，但因为无法在目的语中找到意义相同的成语或熟语，所以对这些无法在目的语中找到恰当的对应语句的典故性成语来说，编纂者一般使用异化译法对其进行处理。

例如，在《牧典》中，“杞人忧天”一词的解释内容为：“напра́сныестра́хи, необосно́ванноебеспоко́йство（букв. человекизЦиопаса́етсязане́бо）.”该词目将成语译为“不必要的忧虑”，虽然与原语成语的表达结构有所不同，但在词义的转达上并无疏漏，这种更偏向解释的翻译方法就属于异化译法。从词典释义结构来看，在对词目信息进行翻译后，《牧典》在其后又增加字面翻译“杞国有个人担忧天”对成语进行直译，将成语语面还原为完整的句子。

在《上典》中，“杞人忧天”的释义内容为：“лю́дикня́жестваЦибеспоко́ились, чтоне́бопрова́лится»; пусты́естра́хи; изли́шниеопасе́ния; необосно́ванноебеспоко́йство; беспоко́итсяпопусто́му; де́латьтраге́диюизничего́.”在典故性成语条目释义的编排中，《上典》先将注释（也就是成语的字面意义，同时也是典故信息）呈现在读者面前，即“杞国人担心天会塌下来”，然后用俄语对词目进行实际意义的翻译。

2. 归化译法 + 释义

归化译法以目的语文化为依托，试图在目的语中找到与原语文化特征相似的语句，这种翻译方法在保证语义等值的情况下更注重语用等值，使用借代等方法将词语的深层意义表达出来，同时由于归化译法所使用的目的语的语言结构更贴近目的语读者，因而可以使目的语读者在脑海中迅速构建出成语的认知网络。这种翻译方法更侧重于表达目的语文化，但不利于原语文化的保留。而且，由于两种语言的意象不同，很难使读者将其字面与实际义联系起来。所以，在译文旁对原语字面义进行翻译，不仅有助于保留原语文化特色，还可以加深读者对成语的印象。

---

① 张世挺：《成语释义略议》，载《辞书研究》，1982 年第 3 期，第 48—55 页。

例如，《牧典》中“负薪救火”一词的释义为：“обр. 1. оказáть медвéжью услýгу 2. подлúть мáсла в огóнь（букв. нестúхвóрост на пожáр）.”其中，词目的翻译采用归化译法在俄语中找到与原语意思相同、功能等效的词句，如“帮倒忙”“火上浇油”等，借用俄罗斯人熟知的意象（如 медвéдь），使目的语读者能够理解成语的意思。在对词目进行翻译后，词典编纂者又在其后加注“用干柴救火”，因为如果不对成语的表面义进行翻译，那些不甚了解中华文化的目的语读者很难将“薪”字与其古代所代表的木材联系起来，这种文化上的差异在一定程度上会造成他们对原语理解的困难。因此，使用归化译法对典故性成语进行释义是一种快速有效的方法。

《上典》对“负薪救火”的解释为：“носúть дровá（хвóрост）на пожáр; окáзывать медвéжью услýгу.”这种释义同样使用了“熊”的意象对词目进行解释。

3. 异化译法 + 归化译法 + 释义

还有部分成语在翻译中同时使用异化译法和归化译法对词目进行释义，并添加典故的注释。例如，《上典》中“草木皆兵”一词的解释为：“трáвыикустáрникпрúнятызасолдáт; вездé иповсю́думерéщатсяврагú; вкáждомкýстикемерéщатсясолдáтыпротúвника; пугáнаяворóнакустá бóится; устрáхаглазá великú.”其中词目的译文不仅列出了“仿佛四周皆是敌人”的解释，还使用“乌鸦”等意象对原语进行翻译。

对双语词典目的语的使用者来说，词典的释义就是用读者已知的信息去解释其未知的信息，因此，词典编纂者的任务就是尽可能清楚地为读者解释原语的意义。所以对读者而言，无论使用异化译法还是归化译法，典故性成语译文旁的注释，都是极为重要的，编纂者往往花费大量的笔墨对其中的文化特性进行解释。如果仅仅对典故性成语的内涵进行解释，那么由于各国文化存在差异，很难让读者将成语的字面义与实际义联系起来，在典故性成语的释义中增加补充释义就是为了解释成语中所包含的文化现象。例如，在“杞人忧天”这个成语中，“杞人”对不了解中华文化的读者来说，就是一个完全陌生的文化空缺词，这种空缺可能使读者对成语的意义造成误解，只有知道成语背后隐藏的历史典故，读者才会更好地理解其中的涵义。

三、《牧典》和《上典》中典故性成语释义对比

从词典编纂者的角度来看，这两部词典的使用者都是本国读者，那么对

《牧典》的俄罗斯读者来说，使用词典的目的更多是为了求解，对《上典》的中国读者来说，更多地把它当成一部辅助“汉译俄”的工具书。两国文化的差异造成了文化空缺，部分俄罗斯读者可能并不了解典故性成语中蕴含的知识，如此看来，《牧典》对典故性成语中典故的注解要求应该更为严格，正因如此，《牧典》中对典故性成语进行加注的条目要多于《上典》。例如，“得陇望蜀”“明日黄花”“事后诸葛亮”“醉翁之意不在酒”“朝秦暮楚”等成语在《牧典》《现汉》中都有典故注释，而《上典》却没有对其字面义进行翻译。但是，也有部分成语在《上典》中有注释，在《牧典》中却没有，如“逼上梁山”“愚公移山”等，因为它所面对的读者大多数是进行汉语研究的俄罗斯人，如果在这样一部相对权威的双语语文性词典中都找不到相应典故的准确解释，那么这将对俄罗斯的汉学研究造成一定阻碍。然而，这并不意味着《上典》就可以忽视对典故的注解，因为词典中的注释在一定程度上也有着规范用词的作用，即使是中国读者也需要对这些典故的字面翻译进行确认。

在对两部词典的典故性成语进行研究之后，我们对其中一些具有代表性的条目译文进行对比，发现两部词典对该类成语释义的处理各有优点，同时也有部分条目存在疏漏甚至错误。以下是两部词典部分条目的释义：

【叶公好龙】

《牧典》释义：вы́пуститьджи́наизбуты́лки

《上典》释义：ненастоя́щий（ли́повый）люби́тель

在此处，《牧典》对“叶公好龙”的翻译为“把魔鬼放走”，解释有误。但“叶公好龙”在《现汉》中的解释是“爱好某个事物，其实并不真爱好”，此义与《牧典》中给出的释义完全不同，所以应将《牧典》的译文更改为《上典》中的解释。

【黔驴技穷】

《牧典》释义：ссуко́ннымры́ломдавкала́шныйряд（букв. угуйчжо́ускогоосла́ нехвати́лоуме́ния）；

《上典》释义：этоединственное, начто [осёлгуйчжоуский] способен; наэтомвсеталантычьиикончаются; нетакстрашенчёрт, какегомалюют.

《牧典》中的成语译文不够充分，使用了俄语熟语“不懂装懂”，意思是“不要硬做自己不懂的事”。虽然《牧典》给出的译文与其实际义“仅有的本领也用完了”相近，但“黔驴技穷”的意思更偏向本领有限，此处建议参考《上典》的解释。

【竭泽而渔】

《牧典》释义：собра́ть, забра́ть всё до́чиста（букв. лови́ть ры́бу, спусти́ в во́ду из пруда́）；

《上典》释义：ловить рыбу, выпустив всю воду из пруда; резать курицу, которая несёт золотые яйца; не оставлять ничего для будущего（на будущее）; не думать о будущем; жить только сегодняшним днём.

该成语在《牧典》中的译文为“拿得精光”，显然对词语的理解不够充分，《上典》对其的解释更为全面。建议《牧典》在其后增加“не ду́мать о бу́дущем”，意为“不顾长远利益”。

【杞人忧天】

《牧典》释义：обр. напрасные страхи, необоснованное беспокойство（букв. человек из Ци опаса́ется за не́бо）;

《上典》释义：«лю́ди кня́жества Ци беспоко́ились, что не́бо прова́лится»; пустые страхи; излишние опасения; необоснованное беспокойство; беспокоиться попустому; делать трагедию из ничего.

仅就注释而言，《上典》中“杞人忧天”字面译文的主语为 лю́ди，但追溯史料得知，其人称形式应为单数 челове́к，因典故中说“在杞国，只有一个人担心天会塌下来”。《牧典》中该词的注释不够充分，即 человек из Ци опаса́ется за не́бо，只强调了“担忧天”，但没有指出主体具体担心的是“天会塌下来”这件事情。因此，建议两部词典取长补短，将典故的补充信息修改为“челове́к кня́жества Ци беспоко́ился, что не́бо прова́лится”。

【数典忘祖】

《牧典》释义：перечисля́ть кано́ны, но забы́ть о пре́дках.

其中典故注释的译文为“列举典制而忘了祖先”，但是在对成语出处进行研究后我们发现该译文存在错误，成语中的“祖”并非“祖先”，而是指“祖先的职守”，所以建议将其修改为“перечисля́ть кано́ны, но забы́ть о до́лжностях пре́дков”。《上典》未将其字面意义列入辞典。

【运筹帷幄】

《牧典》释义：обр. вынашивать планы войны, готовить войну（гото́вить похо́дные пала́тки）;

《上典》释义：разработать план кампании（войны）; составить стратегический план войны.

《牧典》对“运筹帷幄”字面译文为“准备行军帐篷”，但是其字面意义应该为“在军帐内做计划”，二者相差甚远，所以建议将其修改为“разрабо́тать план войны́ в похо́дных пала́тках”。《上典》未将字面义列入词典，因此也建议在其后增加上述注释。

【秣马厉兵】

《牧典》释义：корми́ть коне́й и муштрова́ть солда́т；

《上典》释义：готовить к войне; в полной боевой готовности; точить меч.

《牧典》中该成语的典故注释为“喂马，训练军队”，但汉语中“秣马厉兵”的字面意义是“喂饱马，磨好兵器”，虽然意义相似，但不准确。因此，建议将注释的后半段进行修改，改为“корми́ть коне́й и точи́ть ору́жие”。《上典》中典故释义不完整，也建议对其进行增改。

四、结语

无论从历史角度还是文化角度来讲，典故性成语都是中华民族发展至今不可分割的一部分，体现在词典中就是释义的准确性和典故注释的完整性。对汉外词典来说，如何将富有文化特色的词语准确翻译出来是一项重要的任务，其意义就在于两种文化之间的沟通与交流，所以双语词典的编纂对文化交流起着促进作用。编纂词典是一项经年累月、过程艰辛的社会文化活动，一部双语词典的面世，其过程经历了从词目的确立、编排到例证的选择等步骤，体现了词典工作者的热忱与严谨。尽管两部词典在收词、释义、注释等方面还存在一些疏漏，但不可就此否认它们在汉俄词典领域的重要地位。

* 参考文献

[1] 郭爱先：《词汇空缺及其可译性》，载《解放军外国语学院学报》，1998 年第 5 期。

[2] 胡俊梅：《从收词、释义看牧德落夫主编的<汉俄大词典>》，载《中国俄语教学》，2009 年第 2 期。

[3] 上海外国语学院《汉俄词典》编写组：《汉俄词典》，商务印书馆 1992 年版。

[4] 王吉辉：《典故与成语》，载《汉语学习》，1997 年第 2 期。

[5] 王霞：《成语字面义在辞书释义中的呈现与隐含》，载《辞书研究》，2018 年第 2 期。

[6] 张金忠：《俄汉词典编纂论纲》，黑龙江人民出版社 2005 年版。

[7] 张世挺：《成语释义略议》，载《辞书研究》，1982 年第 3 期。

[8] Мудров Б.Г. *Большой китайско-русский словарь*, Живой язык, 2006.

（作者单位：哈尔滨师范大学斯拉夫语学院）

俄罗斯学界对"模糊"概念的界定

冯丽君

内容提要： 模糊集合论的出现对语言学研究产生了一定的影响，从而有了模糊语言学。近些年，模糊语言学在汉语和英语学界得到了快速发展，并取得了大量的研究成果，但俄罗斯学界的研究还未形成固定体系。本文旨在通过梳理相关文献，明确俄罗斯学者对"模糊"概念的界定，以厘清模糊语言学在俄罗斯学界的研究状况。俄罗斯学者普遍认为，语义模糊存在于语言层面和言语层面上，语义模糊性与语义的不确定性、非单义性之间既有联系，也有区别。

关 键 词： 语义；模糊性；不确定性；非单义性

美国系统科学家理·查德（L.A.Zadeh）在 1965 年发表的《模糊集合》（нечёткое множество），标志着模糊理论的诞生。模糊语言学是一门新兴的综合性边缘学科，是模糊理论的一部分。"模糊语言学就是运用模糊理论的思想和方法来研究和处理语言中的模糊现象的一门学科，而模糊语义的研究则是模糊语言学的主体部分。"[①] 就当前模糊语言学的研究成果来看，只有很小一部分是关于模糊语音的讨论，其余的论著几乎都属于对模糊语义的研究，因此本文中所谈的"模糊语言"，都是指"模糊语义"。

模糊语言学研究的首要问题是：什么是语义模糊性？关于这一问题在汉语和英语学界都有大量研究成果，许多学者从不同角度对语义模糊性进行了阐释。俄罗斯学界对语义模糊性也进行了界定，他们认为，语义模糊性与语义的不确定性、非单义性之间既有联系也有区别，因此我们通过对这几个概念的区分来进一步明确俄罗斯学界对模糊语言学的研究范畴。

① 吴振国：《汉语模糊语义研究》，华中师范大学出版社 2003 年版，第 1 页。

一、俄罗斯学者对“语义模糊性”的阐释

俄语中，диффузность、размытость、диффузия 等词都表示“模糊”，虽然术语的使用有所不同，但这对概念本身的理解并没有什么影响，因此对这几个词的区别我们不进行重点分析。我们发现，在俄罗斯学界谈及“语义模糊性”时使用的术语通常是“семантическая диффузность”。

在 20 世纪 70 年代，俄罗斯语言学家 Д.Н.Шмелев 第一次提到语言现象的模糊性。他谈到多义词词义的模糊性的原则，并指出语词在词典中的释义一般不能反映出事物的本质。“在某些情况下，意义之间的界限是模糊的，词组的意义也是一样，不需要将其清晰的界限表现出来，同时它也不能完整地将其每一个义项都包含在内。”[①]

俄罗斯学界认为，模糊性是语言现象具备的基本特征。А.В.Леонтьева 给“模糊性”下的定义是：“模糊性是来自物理学的术语，该词来源于拉丁语 diffusio，具有不均匀、分散性等特征，常用于语言学的范畴中，尤其是语义学，有补充词汇语义的作用。”[②]

Л.В. Воронина 认为：“在语言中的模糊性（диффузность）是比语义弱化更复杂、更多层面的概念。”[③]语义弱化是指具有多个义素的语词在组合或聚合关系中，会突出表现其中某个义素的意义，而其他义素的意义会被弱化。比如：статья（какая?для чего?）для обсуждения，该句中的 статья 既可以回答 какая 的问题，也可以回答 для чего 的问题。由此可见，该句中的目的语义被弱化。

二、语义模糊在不同层面的表现

俄罗斯学界对“语义模糊性”的理解，一般分为语言层面的语义模糊和言语层面的语义模糊。

---

① Шмелев Д.Н. *Проблемы семантического анализа лексики (на материале русского языка)*, М., Просвещение, 1984. с. 94.

② Леонтьева А.В. *Проблемы семантической диффузности*, Вопросы когнитивной лингвистики, 2014(3), с.104.

③ Воронина Л.В. *Факторы семантической диффузности в синтаксических конструкциях цели*, Вестник Северо-Восточного федерального университета им. М.К. Аммосова, 2017（3）, с.80.

（一）语言层面的语义模糊

语言层面的语义模糊是指语言符号内部的模糊以及语言符号与其所代表的客观现实之间的关系模糊。“语义模糊性是语言符号在不同层面上（词素、词、词组、句子、篇章等）的不确定性，以及语言符号的意义及其范畴之间的界限在语义系统中和语言交流中具有模糊的特点。”[①]也就是说，语言层面的语义模糊涵盖语言符号的所有层面，而当语言符号与客观现实相对应时，由于客观世界的事物纷乱复杂，而语言符号的数量有限，使得在对客观现实进行范畴划分时不能涵盖本来属于该范畴的所有事物，这就导致语言符号所代表的各种事物和现象的边界不清晰。在与客观现实相对应的时候，也会出现“一对多”的现象，这也是语义模糊的根本所在。比如：

例（1）：железная дорога（铁路）

例（1）中的词可能已经丧失或削弱独立的词汇语义，所以整个词组在语义上已经接近单个词汇。

再如词典《乌沙科夫》对“水果”一词的释义是：“Сочный съедобный плод каких-н.（多汁的可以吃的果实。）”，但其中“多汁的”和“可以吃的”都是模糊语义。因此，西红柿是不是水果，就会使人产生困惑。

（二）言语层面的语义模糊

言语层面的语义模糊主要与语境、说话人和受话人有关。语境对模糊性而言，既有积极作用，也有抑制作用。以熟语为例，熟语分为两种，一种是带有模糊意义的熟语，另一种是使用模糊意义的成语。前者的语义模糊性存在于熟语单位本身，不依靠语境所创造的条件，也就是说，其模糊性是潜在的。而后者则相反，熟语的意义在使用时具有模糊性，归根结底在于语境本身的不确定性，不需要将其单独指出。

说话人在交流中借助语义模糊的特性，可以提高说话人目的实现的可能性。甚至有学者认为，语义的模糊性可以作为交际策略，比如用在法庭审理、外交活动、政治争论等场合中。以外交活动为例，在遇到一些尴尬、难解决的问题时，适当使用语义的模糊性，既可以保全国家的面子，也不会使外交发言人下不来台。如若遇到有关国家秘密的问题，同样可以使用具有模糊性的语词，在尊重提问者的前提下，委婉地告诉大家这一问题涉及国家机密，需要保密，而不是拒绝回答。因此，语义模糊性作为一种交际策略，已经广泛应用到实际生活中。

---

① Власова Л.В. *Семантическая диффузия,семантическая неопределенность:определение понятий*, Вестник Ленинградского государственного университета им. А.С. Пушкина,2014（2）,с.129.

Т.Е.Янко 指出：“模糊性是大多数语言意义的特点，特别符合抽象的语用功能。它能够调节说话人与受话人之间的关系。”[①] А.В. Леонтьева 也有相似看法：“‘互动的’模糊性是一种既定的形式，决定了说话人和受话人的相互作用，这种形式也决定了说话人的内省方式。我们在这种情况下可以观察到说话人所表达的内容并不完整，需要听话人分析说话人暗示的内容。”[②] 也就是说，“互动性”是言语活动的前提：必须有两个情景参与者——说话人和受话人，其所产生的模糊性也与二者相关。从说话人的角度来看，有可能是因为某种原因而导致说话人的话还没说完，有可能是说话人故意而为之，也有可能是因外在因素而打断，那么这时受话人所得到的信息就是模糊的。对受话人而言，说话人的一句话可能会使不同的受话人产生不同的理解，造成这种差异的原因有很多，如受教育程度不同、生活环境不同等。比如：

例（2）：Я читал опыт философии Надеждина.Сухо немножко--сказал я, стараясь, по возможности,смягчить вертевшийся у меня в голове ответ: темна вода в облацех.（Никитин）

例（2）中说话人本想用成语 темна вода в облацех 来表达纳杰日金的哲学习作晦涩难懂，但为了把话说得缓和一些，说话人选用了模糊的表达：сухо немножко（有点儿枯燥）。[③]

除此之外，词汇语义模糊的程度不仅取决于客体内容（内涵成分），根据认知语言学的接近相似性原则，我们发现，语义模糊性还与语序有关。比如：

例（3）：Янедумаю,чтоонуйдёт.（我不认为他会离开。）

例（4）：Ядумаю,чтооннеуйдёт.（我认为他不会离开。）

例（3）和例（4）的意思大致相同，但因 не 在句中的位置不同而使句意改变。例（3）中 не 与所否定的 уйдёт 距离较远，因而其否定意义减弱；而例（4）中 не 与所否定的 уйдёт 距离接近，否定意义加强。因此，例（4）认为“他不会离开”的语气要强于例（3）。

---

① Янко Т.Е. *Интонация речевых действий. многозначность или диффузность значений*，http://www.dialog-21.ru/media/1914/93.pdf, 访问日期：2018 年 11 月 8 日。

② Леонтьева А.В. *Идея диффузности в лингвистической научной среде,*Филологические науки,2015(1), с.109.

③ 刘佐艳：《语义的模糊性与民族文化》，黑龙江大学博士学位论文，2003 年。

三、语义模糊性与不确定性

Г.Б.Бендетович 认为，在语言的语义空间中存在着一种特殊的范畴，在这种范畴中，各种不同的现象有着共同的特点，即语义的不确定性（семантическаянеопределенность）。[①]

语义模糊性属于语义不确定性范畴，两者中的一些潜在现象相互交叉，从而产生了多义性、同根反义等现象，它们之间也存在着细微的差别。因此，语义模糊性在自身发展的过程中只要经过语义不确定的阶段，就会出现一些并发、混合的现象，很难划分这些现象的界限。对具有不确定性的语言现象进行释义时，不同的编者对它们有不同的解释，因为编者通常会根据相应的语言材料对语词的词义进行调整。[②]语义的不确定性是由语词本身的特点和语境造成的，语境是主要原因。因为对于没有应用到言语中的任何语词或文本，都具有语义表达不充分和不确定的特点。"语境对语词的语义不确定性有两个功能：一方面，语境能够消除语义的不确定性；另一方面，语境能够故意使词的内涵变得模糊。"[③]

我们认为，模糊性、多义性和宽泛性（широкозначность）等现象都属于语义不确定的范畴。"对语义模糊性和其他相近概念进行区分是必要的，比如多义现象，即同时存在多个语义变体的词汇"。[④]在区分模糊性与多义性之前，我们首先要将多义性和宽泛性区分开来，二者都涉及多个义项，但语境可以帮助我们区分它们。对于语义宽泛的不确定性，俄罗斯学者持有不同意见。有俄罗斯学者认为，这种不确定性主要取决于客观现实和说话人；也有俄罗斯学者认为，具有宽泛性的语词，不确定性是其本质特征。

Амосовой 将多义性和宽泛性进行了明确区分，指出："语义的宽泛性是意义在最大程度上的概括，只有当语词从言语中独立出来并在言语中接受某种收缩或进行意义具体化时，它才能够以纯粹的形式表现出来。同时，对宽泛意义的解释只能在最普遍的形式中。语音词的宽泛性不能与多义性混淆。在某个多义词的语义结构中各个义项是并存的，但是在言语中使用多

---

① Бендетович Г.Б. *Семантическая неопределенность слова как прагматическое явление*, http://www.rastko.rs/filologija/stil/2007/24Bendetovic.pdf, 访问日期：2018 年 11 月 10 日。

② Власова Л.В. *Семантическая диффузия,семантическая неопределенность:определение понятий*,Вестник Ленинградского государственного университета им. А.С. Пушкина，2014（2），с. 130.

③ Власова Л.В. *Семантическая диффузия,семантическая неопределенность:определение понятий*,Вестник Ленинградского государственного университета им. А.С. Пушкина，2014（2），с.131.

④ Власова Л.В. *Семантическая диффузия,семантическая неопределенность:определение понятий*,Вестник Ленинградского государственного университета им. А.С. Пушкина，2014（2），с.129.

义词时，只会用到其中的一个意义。词的宽泛性在一定条件的上下文或言语情境中，具有包含所有语义的可能性。上下文或情境可以将其具体化，但不能改变并消除词的宽泛性。”①

因此，对于语义的宽泛性，在语词中所包括的每一个义项都是独立的，而且具有单独的意义和用法。而带有模糊性的语言单位，只有在一定的语境中才能将其蕴含的义素具体化。但在边界模糊的情况下，确定其核心和边缘也是非常困难的，因为义素从核心到边缘的转换是自由的。当语言符号具有宽泛意义时，其意义可以切分成常体部分（核心、内涵）和变化部分（边缘部分），处于隐含区域的义素在一定的上下文或情境中可以最终确定。

语词的多义性和模糊性的区分是困难的，因为多义词既可以在一定情况下实现意义的具体化，也可以变得更模糊。这样看来，在某些情况下，模糊性存在于多义现象之中，而我们只能通过上下文来区分。

四、语义的模糊性和非单义性

俄罗斯学者认为，要理解语义的模糊性，首先必须了解语义的非单义性（неоднозначность），因为非单义性是语义模糊性的源头。包括 Ю.Д. Апресян 在内的诸多学者，将非单一性分为语言非单义性（在词汇和句法层面）和言语非单义性（因情境参与者不确定而产生的结果）。在语言的非单义性作用下，一个文本会同时存在不同的语义。非单义性在文本中有以下两种存在形式：一种是词汇的非单义性，即每个词汇单位有不同的词汇语义变体；另一种是句子的非单义性，即一个句子同时有几个句法结构。

在言语层面，语义的非单义性是指语词的表达或结构具有不同含义，也就是说，语义是在一些言语的语句中表现出来的。言语的非单义性和语言的非单义性不同，言语的非单义性要么是无意的（在这种情况下非单义性会在接下来的交流过程中消失），要么是有意的（在这种情况下，非单义性被用作一种交流手段）。这就意味着，带有清晰结构意义的语言单位和带有模糊意义的语言单位进行比较时，后者所具有的语义不确定性是可以通过上下文来消除的。下面举例说明。

例（5）：Антон поранил руку.（安东把手弄伤了。）

① Жуков А.В., Жуков К.А. *Семантика неопределенности (О словах и фразеологизмах с размытым и широким значением)*, Вестник Новгородского государственного университета им. Ярослава Мудрого, 2003（25），с.107.

在例（5）中，由于出现了情境参与者不确定的情况，因此该句产生了模糊性。因为句中只是谈到安东把手弄伤了，但作为受话人，我们并不知道是安东把自己的手弄伤了，还是安东把别人的手弄伤了。而在这种情况下，说话人对自己的表述而产生的不确定性而使受话人产生困惑这一状况并不知情，因此如果说话人对自己使用的语言有所注意的话，那么这时语义的非单义性是可以消除的。

语义模糊性与非单义性常常混用，是因为二者在一定语境下都可以消除。但是，二者也是有一定的区别的。从说话人的主观角度来讲，语义模糊性是说话人为了达到交际目的故意为之，而非单义性是说话人无意为之。

五、结语

通过上文的分析，我们可以发现，俄罗斯学者认为，语义模糊性既存在于不确定性中，也存在于非单义性中，想要将其完全剥离开来，并不是一件容易的事。但在一定的语境中，能将模糊性从中区分开来。模糊理论是对传统二值逻辑的挑战，同时也促进了很多学科的快速发展，解决了以前解决不了的问题，尤其是在计算机科学领域。俄罗斯学界有关模糊语义理论的研究有自身的特色，值得我们重视和研究。

* 参考文献

[1] 刘佐艳：《语义的模糊性与民族文化》，黑龙江大学博士学位论文，2003 年。

[2] 吴振国：《汉语模糊语义研究》，华中师范大学出版社 2003 年版。

[3] Бендетович Г.Б. *Семантическая неопределенность слова как прагматическое явление*, http://www.rastko.rs/filologija/stil/2007/24Bendetovic.pdf，访问日期：2018 年 11 月 10 日。

[4] Воронина Л.В. *Факторы семантической диффузности в синтаксических конструкциях цели*, Вестник Северо-Восточного федерального университета им. М.К. Аммосова, 2017（3）.

[5] Власова Л.В. *Семантическая диффузия, семантическая неопределенность: определение понятий*, Вестник Ленинградского государственного университета им. А.С. Пушкина, 2014（2）.

[6] Жуков А.В., Жуков К.А. *Семантика неопределенности (О словах и фразеологизмах с размытым и широким значением)*, Вестник Новгородского государственного университета им. Ярослава Мудрого, 2003（25）.

[7] Леонтьева А.В. *Идея диффузности в лингвистической научной среде*, Филологические науки, 2015（1）.

[8] Леонтьева А.В. *Проблемы семантической диффузности*, Вопросы когнитивной лингвистики, 2014（3）.

[9] Шмелев Д.Н. *Очерки по семасиологии русского языка*, М., Просвещение, 1981.

[10] Шмелев Д.Н. *Проблемы семантического анализа лексики (на материале русского языка)*, М., Просвещение, 1984.

[11] Янко Т.Е. *Интонация речевых действий многозначность или диффузность значений*, http://www.dialog-21.ru/media/1914/93.pdf，访问日期：2018 年 11 月 8 日。

（作者单位：哈尔滨师范大学斯拉夫语学院）

施图金俄译本《诗经》中动物意象翻译研究*

胡雪峰　　杨　蕊

内容提要：《诗经》作为我国最早的一部诗歌总集，是人们了解古代社会物质文明和精神文明的重要典籍。自古以来，动物与人类生活息息相关，《诗经》中动物形象众多，蕴含着丰富的传统文化信息。本文选取施图金的俄译本《诗经》，对其动物意象的翻译方法和翻译效果进行研究，旨在对动物文化意象整体把握的基础上，使《诗经》的俄语翻译更加忠实于中国文化，同时也能够被广大俄罗斯读者了解和接受。

关 键 词：动物意象；翻译方法；《诗经》；施图金；俄语翻译

《诗经》是我国优秀传统文化中的经典著作，在我国的文学地位及艺术价值是不言而喻的。《诗经》中涉及的动物数量众多，根据清代学者顾栋高《毛诗类释》的统计数据显示：鸟类 43 种，兽类 40 种，虫类 37 种，鱼类 16 种。《诗经》中出现动物意象的诗共 121 篇，其中包括：《国风》58 篇，《小雅》44 篇，《大雅》12 篇和《颂》7 篇。①《诗经》中这些丰富的动物意象的使用，为我们展现了中国古代人民生活的生动画卷，以及那个时代人民的思想、意识、精神、情感、性格、心理等。

一、《诗经》在俄罗斯的传播与研究

《诗经》在俄罗斯的传播与研究从 19 世纪下半叶就开始了，至今已有 100 多年的历程。我国学者阎国栋等在 2012 年发表的题为《俄罗斯的 <诗经>

* 本文系黑龙江省哲学社会科学研究规划项目“苏联时期俄译《诗经》文化意象传递效果与翻译策略对比研究”（项目编号：18YYB169）、黑龙江省普通高校基本科研业务费专项资金资助（项目编号：LGYC2018JC065）、2019 年度黑龙江省经济社会发展重点研究课题（外语学科）专项“基于语料库的苏联时期俄译版《诗经》翻译特点对比研究”（项目编号：WY2019016-A）的阶段性研究成果。

① 张守华：《<诗经>动物意象研究》，曲阜师范大学硕士学位论文，2010 年，第 4 页。

翻译与研究》一文中将《诗经》在俄罗斯的传播发展分为三个时期：帝俄时期、苏联时期和当代俄罗斯时期，并且始终与同时期最著名的汉学家的名字紧密联系在一起。[①]帝俄时期，俄罗斯著名汉学家王西里（В.П.Васильев，1818 — 1900 年）首先意识到中国古典文学著作《诗经》所蕴含的巨大价值，在欧洲第一个把《诗经》引入大学教学，并进行研究、翻译与注释。[②]苏联时期，以阿里克（В.М.Алексеев）为首的一批著名的汉学家，包括康拉德（Н.И.Конрад）、费德林（Н.Т.Федоренко）、施图金（А.А.Штукин）、瓦赫金（Б.Б.Вахтин）、波兹涅耶娃（Л. Д. Позднеева）等都对《诗经》在俄罗斯的翻译与研究作出了重要贡献。当代俄罗斯时期，克拉芙佐娃（М.Е. Кравцова）、孟列夫（Л.Н. Меньшиков）和班科夫斯卡娅（М.Б. Баньковская）等当代汉学家从不同角度对《诗经》进行了全面的解读与研究。

苏联时期的施图金从列宁格勒大学毕业后，在列宁格勒大学东方语言系从事汉语教学工作。他一生都致力于《诗经》的翻译，其间历经波折，多次被捕入狱，终于在 1957 年完成《诗经》的翻译工作。施图金的老师阿理克曾这样评价他的《诗经》译本："施图金为我们提供了真正富有诗意的俄译本《诗经》，既注重节奏，又重视音韵，避免了逐字逐句的死译以及对异域风情的猎奇"。[③]他的译本在俄罗斯得到了广泛的关注和认可，成为中华文化经典著作走出去的重要成果。

二、意象的界定

在文学领域中，"意象"一词最早运用于中国诗歌理论。意象是诗歌的灵魂和本质特征，在诗歌创作过程中起着非常重要的作用。"文学中的意象是指在创作文学作品时作者把自己对社会、生活的主观感受、情感、思想等寄托在精心选定的客观事物上，使之成为'含意之象'，成为可感可触、生动活泼的艺术形象，从而使作品产生强烈的感染力。"[④]简单地说，意象就是客观事物经过创作主体独特的情感活动而创造出来的一种艺术形象。

文化意象是蕴涵文化意义的意象，是相对于自然意象而言的。文化意象大多凝聚着各个民族的智慧和历史文化，具有相对固定的独特文化内涵。文

---

① 阎国栋等：《俄罗斯的 < 诗经 > 翻译与研究》，载《社会科学战线》，2012 第 3 期，第 140 页。
② 张淑娟：《中国古典诗歌俄传史论》，南开大学博士学位论文，2013 年，第 17—29 页。
③ 阎国栋等：《俄罗斯的 < 诗经 > 翻译与研究》，载《社会科学战线》，2012 第 3 期，第 141 页。
④ 刘芳：《诗歌意象语言研究》，上海外国语大学博士学位论文，2007 年，第 2—4 页。

化意象有多种表现形式，可以是一种植物、一种动物，也可以是一句成语或谚语，还可以是一则典故或某个喻体，甚至可以是某个数字。《诗经》中包含着丰富多样的动物意象，而且大多数都是与古代人民生活息息相关的动物，比如鸟、马、兔子、鱼、蟋蟀等，深入挖掘和分析这些动物意象，不仅能了解作者的主观情感，而且能反映出当时人们所处的生活环境以及中国古代人民的价值观，进而能够对《诗经》中的动物意象有一个更为准确的把握，为《诗经》向外的传播与研究发挥作用。[①]

三、施图金俄译本《诗经》中动物意象的翻译方法

《诗经》作为我国最早的一部反映古代人民生活的诗歌总集，其中包含动物意象的篇目不胜枚举。通过研究施图金俄译本《诗经》中动物意象的翻译发现，译者主要借助三种方法来实现动物意象的俄译，即加注法、上义法和直译法。

（一）加注法

加注法包括音译加注和直译加注，可在文中加注，也可加脚注。一般情况下，译者会在含有中国特有动物意象的篇目中采用加注法。下面选取《诗经》中最经典的篇目《关雎》（Встречаневесты）进行分析。

爱情是诗歌中永恒的主题，《诗经》中有许多描写爱情和婚姻的篇目，《关雎》是《诗经》中的第一篇。它是一首男子追求女子的情诗，表达了一个男青年对女子求而不得的焦虑和痛苦。[②]原诗第一句“关关雎鸠，在河之洲”（译文：Утки, я слышу, кричат на реке предо мной, **Селезень с уткой** слетелись на остров речной...）中的“雎鸠”是中国特有的动物形象，雎鸠是一种水鸟，相传雌鸟和雄鸟感情专一，作者借雎鸠这种动物形象抒发了自己对女子的爱慕之情。“雎鸠”在俄语中没有相对应的词汇表达，译者把它译作“селезень с уткой”，虽其对应汉语为“公鸭和母鸭”，但译者在文章末尾加以注释：“1.Селезень с уткой в Китае с древности являются символом супружеской любви и целомудрия.”这就补充说明了“селезень с уткой”在古代中国是男女纯洁爱情的象征，使原诗的情感效果得以保留。因此，在翻

---

① 徐景益、刘春：《翻译视野中俄汉词汇的文化意象的差异与整合》，载《东北大学学报（社会科学版）》，2006第3期，第227页。

② 《诗经》，王秀梅译注，中华书局2018年版，第2页。

译《诗经》中我国特有动物时，使用加注法是一种较好的解决方法。

（二）上义法

上义法也称概括近似法，即原文中表示“种概念”的词，用译语当中表示“属概念”的词来表达。

《诗经》中有些篇目中的动物意象，译者没有把它直接翻译，而是选择与其相似的俄罗斯人更易接受的动物形象来翻译，比如对《凯风》（Песньо сыновьях, которыенесумелипокоитьстаростьматери）中的“黄鸟”进行翻译。

《凯风》是一首儿子歌颂母亲并且内心有些自责的诗。诗人看到枣树在微风的吹拂中发芽成长，联想到母亲养育儿女的辛劳，又想到黄鸟婉转的歌声使人愉悦，而自己却没有做出使母亲感到开心的事情，因自己内心惭愧而感到深深自责。[①]原诗中的“黄鸟”又名黄雀，整天鸣叫。诗中，黄鸟愉悦的歌声与作者惭愧的心情形成鲜明对比，衬托出作者对母亲的感恩之情。

原诗“睍睆黄鸟，载好其音”（译文：**Иволга** блещет своей красотой, Тонкие трели выводит вдали.）中，译者把“黄鸟”译为 иволга，其对应汉语是“黄鹂”。黄鹂属于鸟纲，特点是鸣声悦耳动听。译者利用这两种动物之间的相似性，以一种动物代替另一种动物，虽不能完全表达出原诗的意思，但也较为贴切地传达出原诗的意韵。

（三）直译法

在翻译过程中，如果译者能找到完全对应的词汇进行直译，结果是最为理想的。施图金的《诗经》译本中部分篇目的动物意象采用了直译法，比如《北风》中的“狐狸”“乌鸦”分别直译为 лисица 和 ворона。诗中“狐狸”和“乌鸦”在中国都是不祥之物，常用“莫赤匪狐”“莫黑匪乌”来讽刺黑暗的统治者。同时，这两种动物在俄罗斯文化中的寓意也是不好的，狐狸一直以来都是奸诈、狡猾的象征，而乌鸦也常常会引起俄罗斯人的负面联想。由此可见，在这种情况下直译是行得通的。然而，由于地域环境、民族文化、时代背景等各种因素的影响，翻译往往无法做到与原文完全对应。因此，在翻译过程中难免会出现偏差。以《草虫》（Цикадавтравезазвенит, запоёт）中的两句为例，“喓喓草虫，趯趯阜螽。未见君子，忧心忡忡。”的译文为：“**Цикада** в траве зазвенит, запоёт, И прыгнет кузнечик зелёный — сверкнёт!Супруга давно уж не видела я, И сердце тоскует — скорбит от забот.”。这是一首妻子思念丈夫的诗。她的丈夫出门在外久久不归，随着季节的变换，由秋至春，

---

① 《诗经》，王秀梅译注，中华书局 2018 年版，第 74 页。

历时愈久，她的思念也越发深切。[1]自古以来，我国就有“伤春悲秋”的说法，原诗中的“草虫”“阜螽”预示秋天到了，作者看到草虫在草丛中鸣叫跳跃，不禁想到时间流逝，而丈夫还未归来，一时间所有的忧思涌上心头。“草虫”在文中泛指草中有翅能鸣的昆虫，而译文中把“草虫”译为 цикада，其对应汉语为“蝉”。蝉虽是草丛中有翅能鸣的昆虫，但蝉鸣在盛夏时节最为突出，与原诗中预示秋天到来并不相符。因此，译者将“草虫”译为“蝉”是不妥当的。笔者认为，可将“草虫”译为 сверчок。сверчок 指蟋蟀，又名蛐蛐，喜欢栖息在山坡、田野和草丛之中，一般在夏末秋初最为常见。相对而言，сверчок 更符合该诗的原意表达。

从以上分析来看，施图金在翻译《诗经》时，通常采用加注法、上义法和直译法等翻译方法来实现动物意象的翻译，虽然其中个别篇目的动物意象翻译存在偏差，但并不影响其译本的整体价值。施图金的《诗经》译本至今仍然是俄罗斯唯一的全译本，其贡献是非常大的。

四、施图金俄译本《诗经》中动物意象的翻译效果

诗歌当中的意象由“意”和“象”两部分组成，“意”通常指的是主体的情感、哲理或意趣，“象”指的是与主体情感、哲理、意趣等发生关系的具体形象。[2]我们知道，翻译是有局限性的，并不是所有信息都能用另一种语言传达出来。施图金的俄译本《诗经》中动物意象的翻译效果可以分为以下三种情况：

（一）存意失象

存意失象即是指作者的主观情感保留，具体的动物形象有所缺失。比如，《麟之趾》（Линь-единорог）中的句子“麟之趾，振振公子，于嗟麟兮”可译为：“Линя стопы милосердья полны — То благородные князя сыны. О **линь-единорог**!”作者祝贺新婚人家多子多孙，且子孙品德高尚，如同麒麟。原诗中“麟”指麒麟，是我国古代传说中的一种仁兽，它一出现，国家就会有祥瑞。[3]麒麟在俄罗斯文化中是没有的，译者将其译为 линь-единорог。линь 是按照“麟”的发音直译的，而 единорог 的释义是“独角兽”。独角兽

---

① 《诗经》，王秀梅译注，中华书局 2018 年版，第 33 页。
② 丁晨：《<诗经>中的动物意象》，苏州大学硕士学位论文，2006 年，第 1 页。
③ 《诗经》，王秀梅译注，中华书局 2018 年版，第 26 页。

是欧洲神话里的圣兽，代表高贵、高傲和纯洁。因此，从诗歌的动物形象翻译来说，原诗中的动物形象与译本不是一致的，但译者传达出了作者对新婚人家的美好祝福。

（二）存象失意

存象失意是指动物形象与原诗一致，但作者主观情感没有完全呈现。以《卷耳》中的“陟彼高冈，我马玄黄”为例，该句可翻译成：“Еду ль вверх, по крутым подымаюсь отрогам — У **коней** побурели от пота бока.”《卷耳》是一首妻子怀念丈夫远行的诗。全篇通过妻子的想象来表达她对丈夫的思念。她想象着丈夫远行劳累，马儿累倒。原诗中“我马玄黄”的意思为“马儿累的毛色焦枯”，译者把“马”译为 конь。在俄罗斯文化中，конь 常与统帅、胜利者联系在一起，比如谚语“Кто смел, то на коня сел（勇敢的人上战马）”。[①] 因此，这里将“马”译为 конь，其动物形象是完整的，但文化内涵上略有不同。笔者认为，这里可将“马”译为 лошадь。俄罗斯文化中，лошадь 主要指从事劳作的人，常指爱劳动的人，故而更能使人产生共鸣。

（三）意象保留

意象保留是指动物形象和作者的主观情感都能较好传达。以《硕鼠》中“鼠”的意象为例，原诗句子“硕鼠硕鼠，无食我黍。三岁贯汝，莫我肯顾”，可以翻译成：“Ты, большая **мышь**, жадна, Моего не ешь пшена. Мы трудились — ты хоть раз，Бросить взгляд могла б на нас.”。《硕鼠》是一首劳动者反抗统治者沉重剥削、向往美好生活的诗。[②] 诗中“硕鼠”指贪婪狡诈的统治者。在我国文化中，老鼠的形象是负面的，这一点在成语中就能体现出来，如“贼眉鼠眼”“鼠雀之辈”等。мышь 在俄罗斯文化中同样具有贬义，有“微小”的寓意，可用来比喻小官吏。因此，此篇既符合原诗，又能够使俄罗斯读者理解本诗内涵，意与象皆能保留，具有较好的翻译效果。

五、结语

综上所述，施图金的俄译本《诗经》主要呈现出存意失象、存象失意、意象保留三种翻译效果。通过分析可以看出，对那些具有中俄相同文化内涵的

---

① 刘光准等：《俄汉语言文化习俗探讨》，外语教学与研究出版社 2004 年版，第 31 页。
② 《诗经》，王秀梅译注，中华书局 2018 年版，第 265 页。

动物，能够较好地翻译出来，而对不存在文化对等或对应的动物意象，在翻译过程中或多或少会存在偏差，这是必然的。如何使译文尽可能达到意与象皆能保留的效果，是俄语学习者应该关注的课题。译者要努力做到俄语翻译更加忠实于中国文化，同时译文也能够让俄罗斯读者接受。

* 参考文献

[1] 丁晨：《<诗经>中的动物意象》，苏州大学硕士学位论文，2006 年。

[2] 刘芳：《诗歌意象语言研究》，上海外国语大学博士学位论文，2007 年。

[3] 刘光准等：《俄汉语言文化习俗探讨》，外语教学与研究出版社 2004 年版。

[4] 《诗经》，王秀梅译注，中华书局，2018 年版。

[5] 徐景益等：《翻译视野中俄汉词汇的文化意象的差异与整合》，载《东北大学学报（社会科学版）》，2006 年第 3 期。

[6] 阎国栋等：《俄罗斯的<诗经>翻译与研究》，载《社会科学战线》，2012 第 3 期。

[7] 张守华：《<诗经>动物意象研究》，曲阜师范大学硕士学位论文，2010 年。

[8] 张淑娟：《中国古典诗歌俄传史论》，南开大学博士学位论文，2013 年。

[9] ШтукинА.А., ФедоренкоН.Т., *Шицзин*, АН СССР, 1957.

（作者单位：哈尔滨理工大学外国语学院）

施图金俄译本《诗经·国风》中植物意象俄译初探*

房佳潼　　杨　蕊

内容提要：《诗经》作为中国古代第一部诗歌总集，是一本记载我国古代人民生活百态与自然事物的百科全书。《诗经》中的很多诗歌通常是通过各种意象来表达情感。在《诗经·国风》中出现了大量的植物意象，这些意象通过诗歌向读者传情达意，却也使翻译工作变成了一项艰巨而又复杂的任务。本文以施图金俄译本《诗经》为研究对象，就《国风》部分中出现的植物意象在俄译时的翻译方法及翻译效果进行研究，希望能对《诗经》的俄译研究提供帮助。

关 键 词：《诗经·国风》；意象；植物；俄译；施图金

《诗经》收录了自西周初年到春秋中叶的300多篇诗歌。《诗经》共分为"风""雅""颂"三个部分。《诗经》内容丰富，全面展示了我国春秋时期的社会风貌，真实反映了我国奴隶社会从强盛到没落的历史发展过程，是当时社会生活的一面镜子。

《诗经》是我国现实主义文学的光辉起点，因其丰富的内容以及思想和艺术上的高度成就，在中国乃至世界文学史上都占有重要位置。《诗经》最早在西汉时期就传入西域各国，之后传入越南、朝鲜、日本等国。它在欧洲的传播始于16世纪，是通过来华的传教士翻译后带到欧洲的。19世纪初，以法国为核心的汉学浪潮持续升温，欧洲的主要语种都有了《诗经》的全译本。俄罗斯早在沙俄时期就有包括全译和选译的《诗经》译本15部，[①]到20世纪五六十年代，《诗经》的翻译又取得很大进展，其中王西里、施图金、费德林等几位汉学家的贡献最大。施图金的俄译本《诗经》是俄罗斯汉学史上的巅峰之作，也是欧洲首个全译本。从1957年第一版俄语全译本《诗经》问世，至今已在俄罗斯重印多次。因此，施图金的俄译本成为俄罗斯汉学界研

---

* 本文系黑龙江省哲学社会科学研究规划项目"苏俄时期俄译《诗经》文化意象传递效果与翻译策略对比研究"（项目编号：18YYB169）；黑龙江省普通高校基本科研业务费专项资金资助（项目编号：LGYC2018JC065）的阶段性成果。

① 阎国栋等：《俄罗斯的<诗经>翻译与研究》，载《社会科学战线》，2012年第3期，第140—146页。

究《诗经》的一面旗帜。

一、诗歌意象的翻译

中国古典诗歌最大的特点就是语言凝练、言简意赅，这也是诗歌中出现大量文化意象的原因之一。中国古代诗人善于融情于景，用具体的事物来替代抽象的事物，这就形成了具有中国特色的文化意象表达方式。而这种独特的文化表现形式却给诗歌的外译工作带来了一定的阻力。

（一）“意象”的概念

“意象”一词是中国古代文学中的一个重要概念，古人认为，“意”是内在的抽象含义，“象”是外在的具体事物；“意”源于内心并借助“象”来表达，“象”实际上是“意”的寄托。20世纪美国著名诗人和文学评论家庞德经过对中国古典诗歌的大量研究，提出了“诗歌意象”理论。同时，他还提出了一个至今被普遍引用的定义：“意象是在一瞬间呈现出来的理性和感情的复合体。”谢天振则给出了更加清晰的解释：“大多数文化意象都凝结着各个民族的智慧和历史文化，它们不断出现在人们的语言里，出现在各个民族漫长的历史岁月里，出现在一代代的文艺作品里……它们慢慢形成一种文化符号，于是有了相对固定的文化内涵。”[①] 意象的表达方式多种多样，可以是动物，也可以是植物，还可以是山川河流，甚至可以是一个行为、一个典故、一个历史事件等。

（二）意象翻译的原则

中国古典文化的“走出去”面临着重重困难，而文化意象的翻译是一个棘手的问题，也是翻译工作者需要解决的问题。美国翻译理论家尤金·奈达认为，在翻译时意义是最重要的，而形式其次。他认为，形式很可能掩盖原语的文化内涵，并阻碍文化交流。因此，在文学翻译时，译者应该把“如何在目的语中体现原语的文化内涵”这个问题放在首要位置去考虑。[②]

中国古代诗歌中的意象多种多样，诗人通过这些意象抒发情感，因此这也是译者在翻译时需要考虑的问题。机械的符号转换不可能得到完美的译文，译者应该意识到，翻译的过程就是和诗人思想交流的过程，译者不应以

① 谢天振：《译介学导论》，北京大学出版社2007年版，第100页。
② 谢天振：《当代国外翻译理论导读》，南开大学出版社2008版，第41页。

旁观者的态度进行翻译，而要设身处地，去体会诗人当时的情感和思想。这样做，能够对诗中的意象有更好的解读，并且打动读者。

二、《诗经·国风》中的植物意象

中华文明源远流长，在灿烂的历史长河中，《诗经》以其特有的文化底蕴滋养了无数文人雅士。在这300多篇诗歌中，有关植物的描写非常值得人们关注。我们可以从这些植物描写中看到古代劳动人民的生活百态，可以观察到他们对世界的认知态度，对生活环境的选择，对大自然的敬畏。我们还可以根据《诗经》中各类植物的使用情况，来深入研究它们在古代人民心中的诗化形象以及他们所寄托的情感。

（一）植物意象

植物意象是中国古典文学中的一大特色，在大多数诗歌中会用植物来喻人喻事。人们常用植物作为意象，是因为植物有明显的季节性，例如，杨柳对应春天，菊花对应秋天，梅花对应冬天。同时，植物本身都具有一种形象美，例如，用"出淤泥而不染"来形容荷花，用"咬定青山不放松"来形容竹子。

植物作为意象最早出现在《诗经》中，诗经中频繁出现桑、蕨、蘋、藻等植物，这些植物通常都作为人们的采摘对象。在屈原的《离骚》中植物就已经有了象征意义，将品德高尚的君子比作香草。陶渊明的"采菊东篱下，悠然见南山"这句诗成为千古名句。陶渊明以菊花自喻，用菊花比喻高尚的人格。唐诗中牡丹、杨柳、梅花等植物都是常见的植物意象。[①]由此可见，植物作为意象出现在诗歌中历史悠久，对我国古代的文学发展起重要作用。

（二）《诗经·国风》中的植物

在整部《诗经》中，植物的出现频率非常高。据学者孙作云统计，整部《诗经》中"动植物共252种：植物有143种，内含草类85种，木类58种；动物有109种，内含鸟类35种，兽类26种，虫类33种，鱼类15种"。[②]潘富俊指出："《诗经》中属于植物的字词共有160类，这里除了有10类为泛称的植物外，其余的专指特定的植物和非特定的植物，而且出现了一名多种或一名多类

---

① 李彩霞：《宋词中的植物意象分析》，载《齐齐哈尔大学学报》，2018年2月，第91页。
② 孙作云：《诗经研究》，河南大学出版社2003年版，第7页。

的现象。”①

《国风》中出现的植物种类是《诗经》中最多的。经笔者统计，《国风》中共出现106种植物，其中蔬菜类17种，谷物类7种，药材类14种，花果类25种，草木类43种。

三、《诗经·国风》中植物意象的俄语翻译

在施图金的俄译本《诗经》中，《国风》这一部分中植物的翻译方法基本上有三种：直译法、替换法和注释法。其中，有71种植物采取直译法，有31种植物采取替换法，有4种植物采用注释法。下文将对这三种方法分别举例分析。

（一）直译法

由上述数量可以看出，《国风》中运用直译法进行翻译的植物意象多达一半以上。就植物意象的翻译而言，直译法就是用俄语中能够一一对应的词汇来表达诗中出现的植物。

1. 蒹葭

《秦风·蒹葭》（Тростники с осокой сини, сини）是《诗经》中最广为人知的名作。这是一首描写男子对女子求而不得的诗。在诗句“蒹葭苍苍，白露为霜（Тростникис осокой сини, сини, Белая роса сгустилась в иней.）”②中，“蒹葭”指的是芦苇，其中“蒹”是指没有长穗的芦苇，“葭”是指刚长出来的芦苇。诗人用芦苇起兴，描绘出芦苇苍茫、水面烟雾缭绕的景象，而心中所爱虽在对岸，却无法相见，烘托出了男子求而不得的忧郁情绪。

译者将“蒹葭”译为“тростники с осокой”。其中тростника的意思是“<植>芦，苇，芦苇，芦苇属”，осока意为“<植>苔草，苔草属”。③译者在“芦苇”的基础上又加入了“苔草”，愈加符合诗中想要表现的芦苇苍茫、水面雾茫茫的景象。另外，译者把“蒹葭苍苍”译为“tpостники с осокой сини, сини”，即“芦苇和苔草蓝茫茫一大片”。在俄罗斯文化中，蓝色代表

---

① 潘富俊：《诗经植物图鉴》，上海书店出版社2003年版，第8页。

② 本文所有中文例诗皆选自王秀梅译注《诗经》（上册），俄文诗例皆选自《Шицзин: Книга песен и гимнов》（1987），http://burdonov.ru/SHI_ZIN/ShiJing/RUS/index.html，访问日期：2018年12月1日。

③ 《现代俄汉双解词典》编写组：《现代俄汉双解词典》，外语教学与研究出版社2014年版，第426页。

忧郁，译者利用形容词短尾сини的重复方式，对应了原诗中的叠词“苍苍”，十分符合原诗想要表达的惆怅氛围，也很合乎俄罗斯人的思维和阅读习惯。

2. 荷花

《郑风 · 山有扶苏》（На горе растут кусты）是一首男女恋爱时女子戏谑男子的诗。在诗句“山有扶苏，隰有荷华（На горе растут кусты, В топях — лотоса цветы...）”中，“荷华”通“荷花”，即“莲花”。在中国古代莲花是多子多福的象征，同时将典雅、高洁的女子比喻成莲花。

译诗中将“荷花”译为лотос。лотос意为“荷花，莲，莲属”。[①] 译诗中出现“В топях — лотоса цветы”的意思是“沼泽地上满是荷花”，再现了满眼荷花的景象。但是，лотос在俄语中并无特殊意义，在俄罗斯人眼中荷花只是一种供观赏的花卉，因此这句译文并没有表达出“荷花喻指美丽女子”的内涵，这是翻译过程中的一大损失。

3. 乔松

《郑风 · 山有扶苏》这首诗中的“山有乔松，隰有游龙（Сосны на горах растут, В топях ирисы цветут...）”，其中“乔松”是指高大的松树，用来比喻男子高大伟岸的形象的。译者将“乔松”译为сосна，сосна意为“松树，松属”。[②]

松树四季常青，不畏严寒，代表着坚韧不屈，不怕艰难险阻的精神。而在俄罗斯文化中，松树并无特殊意义。它只不过是众多树木中的一种，有时会在文学作品中出现，用来烘托阴郁、压抑的环境。这与中国文化中的松树的内涵是完全不同的，甚至是相悖的。因此，这对俄罗斯读者来说，体会本诗的意境是有一定难度的。

（二）替换法

这种方法往往用于翻译某种在俄罗斯根本不存在的植物。这时译者的解决办法是用俄罗斯人熟悉的事物来代替陌生的事物。

1. 梅

《召南 · 摽有梅》（Песня девушки, собиравшей сливы）是采摘梅子的姑娘唱的情歌。待嫁的姑娘们看到梅子成熟纷纷落地的过程，联想到自己的青春年华易逝，但还没有找到理想的伴侣，就用梅子来打比方，唱出了自己急迫的心情，希望有人赶快过来求婚。“梅”在此处象征女子美好的青春年华。

“梅”是我国的特有的一种植物，在中国传统文化中，梅代表高洁、顽

---

① 《现代俄汉双解词典》编写组：《现代俄汉双解词典》，外语教学与研究出版社 2014 年版，第 1004 页。
② 《现代俄汉双解词典》编写组：《现代俄汉双解词典》，外语教学与研究出版社 2014 年版，第 117 页。

强、谦逊的品格，激励人们奋发立志。而译文“摽有梅，其实七兮(Слива уже опадает в саду, стали плоды её реже теперь.) ”中，“梅”译为 слива，即“李子，李树，李属”。слива 在外形上与中国的“梅”相似，但是在俄罗斯文化中，слива 却并无特别的文化内涵。“摽有梅”，即“梅子熟了纷纷落地”。原诗用梅子落地来比喻年轻女子的青春逝去，而译诗中将“摽有梅”译为“слива уже опадает в саду”，简单描绘了梅子落地的画面，无法让读者感受到这首诗想要表达的内涵。

2. 甘棠

《召南・甘棠》(Память о добром правителе)是一首怀念召伯，赞颂召伯推行德政的诗。诗中的“甘棠”即棠梨，又称杜梨，是我国的一种特产。相传召伯南巡时，曾在甘棠树下审过案子，处罚过犯人。召伯死后，人们就作了此诗，用来纪念他。

诗歌第一段中的“蔽芾甘棠，勿翦勿伐，召伯所茇(Пышноветвистая дикая груша растёт;Ты не руби, не ломай её пышных ветвей — Шао правитель под ней отдыхал на траве.) ”，译者将此处的“甘棠”译为 дикая груша，груша 意为“梨，梨树，梨属”。[①] 因地域、气候等缘故，在俄罗斯并没有甘棠这种树木，译者用 груша 来代替“甘棠”是符合俄罗斯文化习惯的。因为在俄罗斯，груша 是一种不好的树，代表黑暗势力，在民间这种树是要被人们砍掉的，这与原诗中劝告人们不要砍树相对应。也就是说，哪怕是不好的野梨树，因为我们爱戴的皇帝在这棵树下休息过，所以不要砍掉它。这种译法凸显了人们对召伯的爱戴，是值得肯定的。

3. 游龙

《郑风・山有扶苏》是一首描绘男女约会时女子戏谑男子的诗。诗歌第二段的诗句“山有乔松，隰有游龙(Сосны на горах растут,В топях ирисы цветут...) ”，句中的“游龙”即红草，又名马蓼、石龙、天蓼、大蓼。[②] 这类植物在水边生长，呈红色。原诗用“游龙”的形象描绘了沼泽地上满是红花的景致，为赞颂美好爱情做了铺垫。

俄罗斯并没有“游龙”这种植物，译文中将“游龙”译为 ирис，即“鸢尾花”。鸢尾花与游龙都是成片生长在水边的具有顽强的生命力和繁殖能力植物。ирис 在俄罗斯具有“光明、自由”之意，与原诗中所营造的轻松氛围相符，很符合俄罗斯读者的认知与审美。

---

① 《现代俄汉双解词典》编写组：《现代俄汉双解词典》，外语教学与研究出版社 2014 年版，第 91 页。
② 赵一生：《简明古今汉语词典》，杭州出版社 2000 年版，第 558 页。

（三）注释法

注释法使用不多，却是一种能够让俄罗斯读者理解原文的好方法。

1. 樛木

《周南·樛木》（На юге у дерева долу склоняются ветви）中的诗句“南有樛木，葛藟累之（На юге у дерева долу склоняются ветви-Ползучие травы кругом обвивают его）”，译者在注释中将“樛木”解释为：“Образ дерева, за ветви и ствол которого цепляются вьющиеся растения.”“樛木”意为“树枝向下弯曲的树”，并不是指某种特定的树木，注释将其解释为“蔓生植物缠绕其枝干的树”，这种方法更容易让读者在脑海中闪现出这种树木的形象。

2. 桑葚

《卫风·氓》（Тыюношейпростымпришёлвесно）这首诗叙述了女子和流民恋爱、结婚、受虐、被弃的过程，表达了女子内心的悔恨。诗中第三部分出现了诗句“于嗟鸠兮，无食桑葚”，“桑葚”是桑树的果实，传说斑鸠吃了过多的桑葚会醉，同时也暗指姑娘不要沉溺于爱情之中。译者将这一句译为“Но ягодой его, голубка, ты не лакомься, хоть ягода сладка.”，其中“桑葚”译为 ягода сладка，即“甜的浆果”，注释将其解释为“Ягоды тута одурманивают голубей. Точно так же любовь юноши может привести к печальным для девушки последствиям.”，其意为“桑树的果子会使鸽子头晕，同样地，男子的爱情会使姑娘忧伤”。译者用注释的方法很好地解释了“桑葚”在这首诗中的作用，让俄罗斯读者更容易理解其深层次的文化内涵。

四、结语

施图金在翻译《诗经》的过程中对植物意象采取了不同的翻译方法，而这些翻译方法达到的翻译效果有好有坏。笔者认为，能够直接将某种植物用与之对应的俄语词汇翻译固然是好，但在内涵上有些缺失。这与时间、地域、文化风俗、言语习惯等因素都有密切的关系，直接导致了译者无法将原诗意境完全传达给俄罗斯读者，这也是诗歌翻译中的一大遗憾。但是，这并不能否定施图金俄译本《诗经》的重要地位及其重大价值。

* 参考文献

[1] 李彩霞：《宋词中的植物意象分析》，载《齐齐哈尔大学学报》，2018 年第 2 期。

[2] 潘富俊：《诗经植物图鉴》，上海书店出版社 2003 年版。

[3] 孙作云：《诗经研究》，河南大学出版社 2003 年版。

[4] 王秀梅译：《诗经》（上册），中华书局 2018 年版。

[5] 谢天振：《当代国外翻译理论导读》，南开大学出版社 2008 年版。

[6] 谢天振：《译介学导论》，北京大学出版社 2007 年版。

[7] 阎国栋等：《俄罗斯的 <诗经> 翻译与研究》，载《社会科学战线》，2012 年第 3 期。

[8] 赵一生：《简明古今汉语词典》，杭州出版社 2000 年版。

[9] 《现代俄汉双解词典》编写组：《现代俄汉双解词典》，外语教学与研究出版社 2014 年版。

[10] Штукин А. А. *Шицзин: Книга песен и гимнов*. М.,1987.

（作者单位：哈尔滨理工大学外国语学院）

布尔加科夫小说《白卫军》中什波良斯基的原型分析

刘婷婷　　赵晓彬

内容提要： 布尔加科夫是 20 世纪苏联时期的作家，他的长篇小说《白卫军》中的人物什波良斯基，虽然不是小说中的主要人物，却有其现实原型，与当时的作家、批评家什克洛夫斯基有些相似。本文对什波良斯基的人物形象进行分析，尝试探索该人物的现实原型，比较其与原型的异同。本文同时对《白卫军》中的“ПРАХ”俱乐部的原型进行探索，旨在更好地理解这部作品的内涵，以及作家对该人物原型的态度。

关 键 词： 《白卫军》；什波良斯基；什克洛夫斯基

《白卫军》（Белая гвардия）是苏联作家布尔加科夫创作于 20 世纪 20 年代的成名作。作品讲述了白卫军图尔宾一家在 1918 年冬到 1919 年初的战时故事。作家截取那个时代的一个片段，即“红军尚未入驻基辅，先后由黑特曼政府和彼得留拉分子占据”这一短暂的历史背景，以图尔宾一家的视角展开叙述。什波良斯基（Михаил Семёнович Шполянский）在小说中是一个看起来不太重要的角色，整部小说对他的描写只有几个片段，但作家却以尖锐的笔触描写了这个“恶魔式”的人物。有趣的是，什波良斯基与现实中的作家、批评家什克洛夫斯基（Виктор Борисович Шкловский）有着许多相似性，无论是身份、地位还是个人经历，都不得不让读者产生了这样的想法：现实中的什克洛夫斯基就是什波良斯基的原型。

国内学者对《白卫军》这一作品研究较多，但并未专门分析过什波良斯基这一人物形象，更没有对该形象的原型进行研究。反观国外学者，他们对这一问题的研究要丰富一些，本文尝试对该人物形象及其原型进行探讨。

一、什波良斯基与什克洛夫斯基：外貌与性格上的相似

所谓原型，是“特指文学艺术作品中塑造人物形象所依据的现实生活中

的人物”，[①]也就是说，原型是文学作品中的人物在外貌、性格、身份、经历等方面与现实生活中的人物相类似的人。首先，布尔加科夫小说《白卫军》中的人物什波良斯基与布尔加科夫同时代的作家、批评家什克洛夫斯基，在外貌、性格等方面有许多相似之处。

（一）外貌上的相似

小说《白卫军》中，什波良斯基一出场，作者就对他的外貌进行了这样的描写：“什波良斯基皮肤黑黑的，脸刮得光光的，留着丝绒般的络腮胡子，特别像叶甫盖尼·奥涅金”，“穿着海狸皮领子的昂贵皮大衣，带着大礼帽”。[②]众所周知，叶甫盖尼·奥涅金是普希金作品《叶甫盖尼·奥涅金》中的男主角，是俄罗斯文学作品中第一个“多余人”的形象。他外表华丽，内心空虚，性格轻浮，是一个彻头彻尾的“利己主义者”。从布尔加科夫对什波良斯基的外貌描写来看，他非常注重自己的外表，穿着考究——他显然来自上流社会；而现实生活中的什克洛夫斯基也出身于上层，虽然家道中落，但其出生在知识分子家庭，生活上也属于上流；小说中，什波良斯基皮肤黝黑、脸刮得光光的，而对比现实生活中什克洛夫斯基的照片，我们发现，二人在外貌上也十分相似。

虽然什波良斯基在外貌、性格上与什克洛夫斯基具有一定的相似性，但也有不同的地方，如书中描写的什波良斯基是个生活富裕、体面的人，而在什克洛夫斯基在自己的传记《感伤的旅行》中表明，他逃往基辅后生活并不富足。

（二）性格上的相似

小说中的什波良斯基是一个性格滑稽、善于制造混乱的人。例如，在描写他参加“骨灰俱乐部”“磁性的八行两韵诗”诗人团体时曾直言，白卫军首领黑特曼和彼得留拉“全是坏蛋”，彼得留拉还虐待犹太人，并说自己厌倦了军事，“很久没有丢炸弹了”。书中这样写道：“黑特曼的城市陷落比它本应陷落的时间早了三个钟头，是因为什波良斯基于 1918 年 12 月 2 日晚上在‘骨灰俱乐部’里向‘磁性的八行两韵诗’的领导集体说了下面这些话：‘全是坏蛋！黑特曼和彼得留拉都是！彼得留拉还是个‘虐犹分子’。不过，最主要的不在这里。我开始觉得枯燥乏味了，因为我很久没有丢炸弹

---

① 中国社会科学院语言研究所词典编辑室：《新华字典》，商务印书馆 2011 年版。

② [俄] 布尔加科夫：《白卫军》，许贤绪译，人民文学出版社 2004 年版，第 143 页。

了。’”[①]由此可见，尽管什波良斯基加入了白卫军装甲营，但他却并不情愿作战。什波良斯基善于躲避危险，为此，他不惜给军队制造混乱。他是一个左右逢源、狡猾的人。他痛骂黑特曼，却对尤莉娅[②]说“要到黑特曼那里去加入装甲营”，[③]并且凭借自己“能说会道”，迅速打入装甲营内部，成为第二辆战车的指挥官。他利用职务之便，在战车触动前夕搞坏了三辆战车（共四辆，第四辆在外作战），致使他们没有足够的兵力来阻挡敌人的进攻。他还假装死在外出侦察的路上，实际上是为了逃跑，溜之大吉。

现实生活中的什克洛夫斯基也有着类似圆滑性格，他并非为制造混乱才加入第四装甲营的。当时黑特曼的军队已经处在崩溃边缘，而什克洛夫斯基是经过考虑后才加入的。在《感伤的旅行》中，什克洛夫斯基这样写道：“在它[④]覆灭前还存在斯科罗帕茨基政权，从这点来看，我需要采取一些行动”，[⑤]于是什克洛夫斯基加入了黑特曼的第四装甲营。接着他又写道：“在他破坏了黑特曼军队的战车后确定了起义日期。最后决定，城市杜马（即议会）将做好准备，而我们支持杜马。”[⑥]随后，什克洛夫斯基参与了武装起义。由此可见，作为一个参军的作家，什克洛夫斯基机智过人，善于左右逢源。当然，无论是小说中的什波良斯基还是现实生活中的什克洛夫斯基，作为白卫军军官，二者都临阵脱逃过，都背叛了黑特曼。

二、什波良斯基与什克洛夫斯基：身份与经历上的相似

我国学者杨玉波在《感伤的旅行》的译本脚注中直接指出：“什克洛夫斯基是《白卫军》中的什波良斯基的人物原型。”[⑦]

（一）军人

《白卫军》中的什波良斯基是一名军人。什波良斯基在《白卫军》的第二部分出场，当时白卫军军官博尔博东背叛了彼得留拉，开始进攻斯维亚托申诺。战争导致社会动荡，给人民带来了无尽的灾难。黑特曼逃跑，司令部空无一人，白卫军溃不成军。之前，什波良斯基为了摆脱枯燥无味的生活，加入

---

① [俄]布尔加科夫：《白卫军》，许贤绪译，人民文学出版社2004年版，第143—144页。
② 布尔加科夫《白卫军》中的一位女性形象，她是什波良斯基的情人，救了图尔宾。
③ [俄]布尔加科夫：《白卫军》，许贤绪译，人民文学出版社2004年版，第148页。
④ 指德国军队。
⑤ [俄]什克洛夫斯基：《感伤的旅行》，杨玉波译，敦煌文艺出版社2014年版，第168页。
⑥ [俄]什克洛夫斯基：《感伤的旅行》，杨玉波译，敦煌文艺出版社2014年版，第173页。
⑦ [俄]什克洛夫斯基：《感伤的旅行》，杨玉波译，敦煌文艺出版社2014年版，第6页。

了黑特曼的阵营，当了装甲营中第二辆战车的指挥官。但是，他不但不履行军人的职责，反而为脱逃故意制造麻烦，导致斯维亚托申诺加速陷落，并在背叛黑特曼之后假装战死沙场。什波良斯基逃跑之后，彼得留拉进城。人们在教堂前讨论攻城之事，什波良斯基则与同行的两人在演讲时对彼得留拉调侃、挑衅，制造混乱之后便逃之夭夭。

在现实生活中，什克洛夫斯基也策划了反布尔什维克党的暴乱。行动失败后，他被迫离开彼得格勒，在萨拉托夫的精神病院藏匿了一段时间之后又去了基辅。关于这段经历，什克洛夫斯基在《感伤的旅行》中写道：“我没有直接投奔斯科罗帕茨基，而是选择了第四装甲营”“我受到了热情接待，然后被派去修理汽车”“从我们这里调走的装甲车派往了前线，最初去的地方很远，去了科罗斯坚，后来就直接去城郊，甚至去基辅，去波多尔。我用糖浆黏住了盖特曼军队的汽车……”[①]他做这些是因为他厌战，对黑特曼军队感到失望，而且在当时情况下，他必须做出选择，以便保全自己。由此可见，什波良斯基和什克洛夫斯基有着极为相似的军人身份。

（二）诗人

“什波良斯基是‘骨灰俱乐部’里他自己的诗歌 < 土星点滴 > 的出色朗诵者，是卓越的诗人组织者，是诗人团体‘磁性的八行两韵诗’的主席。此外，他还是一个举世无双的演说家。”[②]同样，什克洛夫斯基也是俄国“诗歌语言研究会”的创始人之一。如此一来，二者在“诗人”这个身份上也有很大的相似性。

作为一位诗人，什波良斯基在文学界交友广泛，是“磁性的八行两韵诗”的主席，却是一个不信基督教的人。小说中借助鲁萨科夫之口，说出什波良斯基是一位“反基督”的诗人。不仅如此，鲁萨科夫甚至认为，什波良斯基是他“生活中的魔鬼”，因为什波良斯基把他的一首反上帝的诗篇随便塞进一本诗集里而导致他被批。鲁萨科夫还追随过什波良斯基，不断堕落，甚至吸毒。他与什波良斯基一起吃喝玩乐，最终走向深渊。鲁萨科夫在得知自己患有梅毒后，首先感到的是绝望，自暴自弃，但他对什波良斯基还抱有一丝希望，称其为“最强的人”。在一次酒会后，鲁萨科夫对什波良斯基说：“什波良斯基，你是这个城市里所有人中最强的人，这个城市像我一样正在烂下去。你却如此漂亮……”[③]鲁萨科夫在大街上做着神经质的举动，在晚餐后

---

① [俄] 什克洛夫斯基：《感伤的旅行》，杨玉波译，敦煌文艺出版社 2014 年版，第 169 页。
② [俄] 布尔加科夫：《白卫军》，许贤绪译，人民文学出版社 2004 年版，第 143 页。
③ [俄] 布尔加科夫：《白卫军》，许贤绪译，人民文学出版社 2004 年版，第 144 页。

绕着街边的柱子不断旋转、扭动身体，而什波良斯基只是把脸扭向一边，以防梅毒患者向他咳嗽。什波良斯基还用手指推开他，既冷漠又疏离。在经历挣扎和痛苦时，这个可怜的梅毒患者开始仇恨什波良斯基，把希望重新转回到上帝身上。他把自己写过的反上帝诗作扔在地上，跪在地上请求上帝的原谅。鲁萨科夫希望得到图尔宾的医治时说："我生活中的恶魔，反基督教的先驱，离开这里到魔鬼的城市里去了！""他很年轻，但他卑鄙龌龊的程度像个千年恶魔。他使女子们放荡，让青年们犯罪。"[①]正如小说主人公阿列克谢在梦中所认为的那样，"这正是整个俄罗斯忍受的危机，在痛苦中即将诞生新的世界"。由此，我国学者温玉霞指出："鲁萨科夫就是受难的俄罗斯，什波良斯基就是魔鬼。"[②]

除了诗人身份，什波良斯基还是一位"举世无双的演说家"。他拥有良好的交际能力，他的慷慨大方为他加了不少分。他身边聚拢了一批"磁性的八行两韵诗"成员，还有"骨灰俱乐部"的成员。当他来到黑特曼的装甲营之后，他很快就能打入到装甲营成员的内部，这归功于他"能说会道"。而与此相似的是，什克洛夫斯基也是一名善于演说的人。

（三）经历上的相似

在小说中，什波良斯基"曾经亲手从克伦斯基手中接过格奥尔基十字勋章"，[③]而在现实生活中，什克洛夫斯基于 1917 年 7 月独自率领军队打仗，腹部中枪，也从拉夫尔·科尔尼洛夫手中接过了格奥尔基十字勋章；什波良斯基假装战死沙场之后逃到了莫斯科，与此相同，什克洛夫斯基在逃离基辅之后也去了莫斯科，二者的活动路线一致。

"什波良斯基有很多钱，并且慷慨地借给了'磁性的两韵八行诗'的成员们；他喝白葡萄酒，玩铁路牌，买了一幅画——《洗澡的威尼斯女人》，夜里住在克列夏季克街，早上出现在最好的大陆旅馆的舒适房间里"。"在'骨灰们'吃完晚餐，什波良斯基付了钱。他穿着带有海狸皮领子的昂贵皮大衣，戴着大礼帽，由'磁性的两韵八行诗'的全体领导者和第五个人——一个醉醺醺的穿着山羊皮大衣的人陪同出门。"[④]由此可见，在小说中，什波良斯基比较富有，并且慷慨大方，同时过着奢侈的生活，因此受到同伴的奉承。而在现实生活中，什克洛夫斯基在基辅生活时"先是住在一个律师的浴室里。这里不能入住了以后，他便搬到以前一个秘密的住宅里居住，而这里需要接

---

① [俄] 布尔加科夫：《白卫军》，许贤绪译，人民文学出版社 2004 年版，第 306 页。
② 温玉霞：《布尔加科夫创作论》，复旦大学出版社 2008 年版，第 121 页。
③ [俄] 布尔加科夫：《白卫军》，许贤绪译，人民文学出版社 2004 年版，第 143 页。
④ [俄] 布尔加科夫：《白卫军》，许贤绪译，人民文学出版社 2004 年版，第 143—144 页。

头暗号才能进入，过夜要收取五卢布的费用，并且这里只能睡觉。”[①]也就是说，什克洛夫斯基在逃往基辅后过得并不好，衣着也没有书中描写的那样体面，在生活条件方面远不如什波良斯基。

三、ПРАХ 俱乐部和 ХЛАМ 俱乐部

在小说中，什波良斯基是“骨灰（ПРАХ）俱乐部”里出色的朗诵者和诗人组织者。小说中的“骨灰俱乐部”，在现实生活中是一个名为 ХЛАМ 的俱乐部。ХЛАМ 是“Художники, Литераторы, Артисты, Музыканты”的缩写，有“废物”“垃圾”之意。有趣的是，布尔加科夫在写作时把其中的литераторы 换成了 поэты，把 музыканты 换成了 режиссёры，变成了 ПРАХ，即 Поэты-Режиссёры-Артисты-Художники。

（一）什波良斯基与 ПРАХ 俱乐部

关于 ПРАХ 俱乐部，小说中这样写道：“在尼古拉耶夫斯基大街上开了一家著名的剧院——‘紫色黑奴剧院’和一架华丽的通宵响着铙钹声的俱乐部——‘骨灰俱乐部’。这个俱乐部很快出版了新的报刊，俄国的最优秀的笔杆子们开始在这个报刊上发表杂文，在这些杂文里咒骂布尔什维克。”[②]什波良斯基曾经是他们当中的一员，但最终却背叛了他们。他去莫斯科投奔了布尔什维克，成为一个彻头彻尾的“投机主义者”和“利己主义者”。

巴齐金在他的《〈白卫军〉：一个人物原型的故事》（Алексей Банцикин，“Белаягвардия”：историяодногопрототипа）一文中提及“骨灰俱乐部”成员的构成时写道：“未来主义和它的信徒成了‘骨灰俱乐部’的财富。”[③]鲁萨科夫“从一个妇女用的小写字台的抽斗里摸出一本薄薄的用劣质的灰色纸张印刷的书。在书的封面上印着‘幻觉派——未来派’”。[④]这说明鲁萨科夫和他追随的什波良斯基都是未来派诗人。但是鲁萨科夫却没有很好的结局，他的人生剩下的只有可卡因、梅毒、腐烂的身体和失去信仰的灵魂。也许在作者看来，这正是新的文学流派带来的后果。

---

① [俄] 什克洛夫斯基：《感伤的旅行》，杨玉波译，敦煌文艺出版社 2014 年版，第 176 页。

② [俄] 布尔加科夫：《白卫军》，许贤绪译，人民文学出版社 2004 年版，第 56 页。

③ https://s30556663155.mirtesen.ru/blog/43956634375/Belaya-Gvardiya:-istoriya-odnogo-prototipa，访问日期：2018 年 11 月 12 日。

④ [俄] 布尔加科夫：《白卫军》，许贤绪译，人民文学出版社 2004 年版，第 146 页。

当然，书中所写的“骨灰俱乐部”和现实中的ХЛАМ俱乐部也有不同，书中所描写的是一家华丽的通宵达旦的俱乐部，而ХЛАМ则是在一个名为Континенталь的宾馆的地下室，但二者都在尼古拉耶夫斯基大街上，也是当时极受欢迎的俱乐部。

（二）什克洛夫斯基与ХЛАМ俱乐部

俄国学者捷拉皮诺在他的《会面》（Встречи）一书中这样写道：“这时，有许多圣彼得堡和莫斯科的诗人、作家来到基辅，希望能在繁荣的基辅养活自己。一个在‘前基辅文学艺术协会’的人提出了在Континенталь宾馆的地下室里举办舞台表演的想法。”①这就是ХЛАМ俱乐部的由来。

那时的基辅每天都在接纳来自各行各业的人，这座城市在不断地膨胀、扩大，而ХЛАМ俱乐部是这个动荡时期一群才华横溢的作家、演员、音乐家和艺术家的交流场所。在这里，人们进行灵感的碰撞，高声吟诗，相互争论，以此换来俱乐部里简陋的一餐。

卡加诺夫在他的《克列夏季克街·ХЛАМ协会·随笔》（Влад Каганов “Крещатик. Объединение ХЛАМ. Очерк”）一文中提及俱乐部的成员时写道：“作家、文学家、批评家、电影艺术研究者和电影剧本作家维克多·鲍里斯维奇·什克洛夫斯基（1893—1984年）在ХЛАМ俱乐部中如流星划过一般。”②他也写道：“ХЛАМ俱乐部以一个通宵响着铙钹声的‘ПРАХ俱乐部’的名字出现在作家、戏剧家兼戏剧导演的米哈伊尔·阿法纳西耶维奇·布尔加科夫（1891—1940年）的小说《白卫军》中。”③这也直接肯定了什克洛夫斯基就是什波良斯基的原型，ХЛАМ俱乐部就是ПРАХ俱乐部的原型。

四、从什波良斯基看作者对什克洛夫斯基的态度

通常说，文学角色是作者表达情感的媒介，表现作者的创作意图和想法。通过布尔加科夫对什波良斯基的描写，我们能看出他对这一角色的不赞同态度。

---

① Терапиано Ю.К. Встречи，М.，Изд. Чехова, 1953. с.13.

② https://s30556663155.mirtesen.ru/blog/43956634375/Belaya-Gvardiya:-istoriya-odnogo-prototipa，访问日期：2018年11月12日。

③ https://s30556663155.mirtesen.ru/blog/43956634375/Belaya-Gvardiya:-istoriya-odnogo-prototipa，访问日期：2018年11月12日。

（一）对“反基督”的不赞同

在《白卫军》这部小说中，布尔加科夫把书中角色什波良斯基描写成了一个“恶魔式”的人物，通过各种描写来表现这个人物的“反基督”性质。例如，什波良斯基把鲁萨科夫反上帝的诗随意塞进诗集；鲁萨科夫希望得到图尔宾的医治时说“我生活中的恶魔，反基督教的先驱，离开这里到魔鬼的城市里去了”，①都暗含了布尔加科夫对什克洛夫斯基的不满。

我们知道，作者布尔加科夫本人是一个虔诚的基督教徒。然而，理想和现实的矛盾又使他顾虑重重，导致他对人生和世事都充满悲观的看法，有时甚至极为迷信”。②布尔加科夫的这种思想在《大师和玛格丽特》中表现得淋漓尽致。在这本书中，约书亚的形象高高在上，执掌的是一个道德和真理的世界，是“善”和“真理”的化身。

《白卫军》中的什波良斯基被定义成“反基督教的先驱”，我们也知道什克洛夫斯基本人并不信仰宗教，甚至在批评作品中对亵渎宗教的诗歌展露兴趣。因此，我们可以大胆猜想，或许正是因为什克洛夫斯基与布尔加科夫在宗教信仰上产生了冲突，布尔加科夫才在小说中多次强调什波良斯基是一个“恶魔式”的人物。在离开什波良斯基之后，鲁萨科夫拖着自己破败的身体，重新回到上帝的怀抱，这说明布尔加科夫认为信仰上帝才是人们最终的归途。

（二）对背叛初衷的不赞同

布尔加科夫和什克洛夫斯基生活在同一个年代，又有着知识分子的相同身世，但经历和命运却有所不同。王婷婷在《布尔加科夫长篇小说〈白卫军〉的艺术世界》中对布尔加科夫的创作背景进行了介绍：“布尔加科夫是一位生不逢时的作家，作家从事创作的时期处于 20 世纪 20 年代到 40 年代之间，苏联正处于一个转折阶段。此时的新生政权在经济上，高度集中的计划经济体制逐步确立；在文化上，努力达到意识形态的高度统一。”③本着创作自由的原则，布尔加科夫拒绝讨好新政府。从 1927 年开始，他的作品被认为严重反对苏维埃，导致他的任何作品都无法通过审核，因此，布尔加科夫就像他的作品《大师与玛格丽特》中的“大师”一样，虽然才华横溢，却被埋没。与布尔加科夫生活在同一社会背景下的什克洛夫斯基的命运却有所不同，什克洛夫斯基短暂流亡德国后重返苏联。高海涛

---

① [俄] 布尔加科夫：《白卫军》，许贤绪译，人民文学出版社 2004 年版，第 305 页。
② 王宏起：《天国的向往——布尔加科夫的宗教思想探析》，载《俄罗斯研究》，2002 年第 2 期，第 85 页。
③ 王婷婷：《布尔加科夫长篇小说 <白卫军> 的艺术世界》，黑龙江大学硕士学位论文，2015 年，第 6 页。

曾指出："什克洛夫斯基之后逃往基辅，在高尔基的周旋下得到了斯大林的宽容和赦免，能够在苏联继续从事文学研究工作，并有百岁高寿。"① 由此可见，才华横溢的两位作家，却选择了不同的道路，这不得不让人联想到，布尔加科夫可能正是因为这个才创造了什波良斯基这一角色，以此来表达心中的不满。

此外，在当时，什克洛夫斯基是当时文学批评流派形式主义的主要代言人。他所参加的"磁性的八行两韵诗"是未来派的代表诗人团体，属于"左派艺术"团体，而布尔加科夫则是传统古典艺术的拥护者，两者产生了强烈的碰撞，作家们不断地论战，布尔加科夫当然不会放过新流派中十分显眼的什克洛夫斯基，便在《白卫军》这部小说中使他以一个"背叛者"的形象出现。

五、结语

本文对布尔加科夫《白卫军》中什波良斯基的原型进行了研究，通过对比什波良斯基与什克洛夫斯基的外貌、性格，分析小说中人物什波良斯基的形象特征，尝试探索该人物的现实原型；通过对比什波良斯基与什克洛夫斯基的身份与经历，发现作者因为不喜欢现实作家而夸大了小说人物的狡猾性格；通过分析小说中ПРАХ俱乐部和现实中ХЛАМ俱乐部之间的关系，探索了作者对新文学流派的态度，了解到作者创造什波良斯基这一形象的原因；从作者对什波良斯基的描写分析了其对现实中的什克洛夫斯基的态度。

* 参考文献

[1] [俄]布尔加科夫：《白卫军》，许贤绪译，人民文学出版社2004年版。

[2] 高海涛：《读契诃夫：戏剧与精神家园》，载《艺术广角》，2011年第6期。

[3] [俄]什克洛夫斯基：《感伤的旅行》，杨玉波译，敦煌文艺出版社2014年版。

[4] 王宏起：《天国的向往——布尔加科夫的宗教思想探析》，载《俄罗斯研究》，2002年第2期。

---

① 高海涛：《读契诃夫：戏剧与精神家园》，载《艺术广角》，2011年第6期，第88页。

[5] 王婷婷：《布尔加科夫长篇小说<白卫军>的艺术世界》，黑龙江大学硕士学位论文，2015年。
[6] 温玉霞：《布尔加科夫创作论》，复旦大学出版社2008年版。
[7] 中国社会科学院语言研究所词典编辑室：《新华字典》，商务印书馆2011年版。
[8] Терапиано Ю.К. *Встречи*, М., Изд. Чехова, 1953.
[9] https://s30556663155.mirtesen.ru/blog/43956634375/Belaya-Gvardiya:-istoriya -odnogo-prototipa，访问日期：2018年11月12日。

（作者单位：哈尔滨师范大学斯拉夫语学院）

普希金《罗斯拉夫列夫》中的女性形象体系分析

刘琳琬玉

内容提要： 为了与扎戈斯金在小说《罗斯拉夫列夫》中所表达的关于 1812 年卫国战争的观点进行论战，普希金于 1831 年写下了同名小说《罗斯拉夫列夫》，并在其中构建了完整的反男权的女性形象，阐释了女性自我意识觉醒的三个阶段：讲述人——“我”（男主人公罗斯拉夫列夫的妹妹）对父权话语的态度由顺从转向质疑；女主人公波里娜发出了彻底的反父权宣言，从而走向反夫权；女主人公的精神导师斯塔尔夫人主张女性解放，并投身于社会活动中，走向反皇权的立场。这是普希金女权意识的体现，也是他为女权主义发出的一次呼喊。

关 键 词： 普希金；女权主义；《罗斯拉夫列夫》；形象体系

引 言

1831 年，扎戈斯金创作了具有代表性的俄国历史小说《罗斯拉夫列夫》（又名《1812 年的俄国人》，简称《乱世情侣》）。1955 年，王德兴与杨秉庥将其译为《乱世情侣：1812 年的俄国人》，讲述了在俄法战争时期俄国爱国贵族青年罗斯拉夫列夫投身到前线，受伤后回乡，发现心爱的未婚妻投入了被自己俘虏过的法国军官的怀抱。罗斯拉夫列夫黯然离去，在战火中为国家奔走，最终见证了俄法战争的胜利。扎戈斯金在序言中表示，该历史小说取自真实的故事，是时代的缩影。通过男主人公罗斯拉夫列夫的经历，扎戈斯金展示了战前俄国上流社会的浮华与虚伪，众人以追捧法式风情为时髦。但在战争的影响下，从贵族到农民，人们都激发出了爱国热情，一起抗击外敌。

为了与扎戈斯金在小说《罗斯拉夫列夫》中表达的关于 1812 年俄法战争的观点进行论战，普希金在 1831 年写下了同名小说《罗斯拉夫列夫》，内容同样聚焦于 1812 年俄法战争背景下的上流社会，以讲述人——“我”（男主人公罗斯拉夫列夫的妹妹）的视角展现了在 1812 年俄法战争背景下女主人公波里娜的人生经历。为达到论战的效果，普希金的《罗斯拉夫列夫》中的主人公均源于扎戈斯金的《罗斯拉夫列夫》，只有“我”，以及女主人公波里娜的精神导师斯塔尔夫人由普希金原创。虽然该作品篇幅较短，却是普希金第一次在历史小说题材领域进行的尝试。克拉多科夫指出，这是具有独创性的回忆录式的纪实性作品，作家在其中呈现了鲜明而有趣的上流社会主题。①普希金在《罗斯拉夫列夫》中赞扬知识分子，暗示女性自我意识开始觉醒，刻意避开声势浩大的战争描写。同时，小说还展示了人们的阅读情绪。当时大多数俄国上流社会的人士更愿意读欧洲作品，而非俄国本土的文学作品，贵族们更愿意说法语而非俄语，这也暗藏着普希金对俄国本土文学作品稀缺的抱憾以及对俄国上流社会的讥讽。

依照传统写作范式，俄国文学作品中品格优秀的女性大多数被定义为“奉献自我型”。她们温顺、虔诚、忍耐与恩慈，对男人满怀爱意，妻性和母性被无限放大，放弃自我，终其一生只为成就男人。这并非出自女性自身生理结构赋予的意义，而是因作家以男性本位为出发点造成的，所以在作家的笔下，女性从来没有形成一个独立的形象，只是作为男性的附庸而存在。张铁夫认为，普希金具有一定的女权意识，又难掩其受父权文化的影响。普希金在《罗斯拉夫列夫》中构建的新的女性形象体系，可视为女性角色创作的一大突破，其中阐释了女性自我意识觉醒的三个阶段：讲述人——“我”对父权话语的态度由顺从转向质疑；女主人公波里娜发出了彻底的反父权宣言，从而走向反夫权；斯塔尔夫人主张女性解放，并投身于社会活动中，走向反皇权的立场。女性对传统家庭文化的反叛是从反父权开始的，反父权是女性解放的第一步，从反父权发展到反抗两性之间的不平等（即反夫权）。②作为反男权女性形象的三部曲，她们从根本上质疑男性的权威，否定了男权对女性的绝对统治，也驳斥了俄国一直以来的“女性弱智论”，可视为普希金女权意识的展现，也是他为女性主义发出的一次呼喊。

一、反父权的少女

“我”作为一个“全知”的讲述人，是男主人公罗斯拉夫列夫的妹妹，也是作者的面具。故事发生在“我”读过扎戈斯金所写的《罗斯拉夫列夫》后展开的回忆。当时“我”年仅 17 岁，刚步入社交圈，有着贵族的通病，投身于

① Бочкарёв М. *О“Рославлеве”А. С. Пушкина*, https://michel-recamier.livejournal.com/14614.html，访问日期：2018 年 8 月 15 日。

② 张铁夫：《普希金新论：文化视域中的俄罗斯诗圣》，中国社会科学出版社 2004 年版，第 204 页。

“欢乐的漩涡”。起初“我”与波里娜成为朋友是为了讨好自己的哥哥。正如文中提到的：“我这个哥哥是全家的命根子，他叫我做什么，我就不得不做什么。”[①]“我”显然对家庭中男性优先权有着清楚的认识，“我”作为家中长兄罗斯拉夫列夫的附庸，没有自己的话语权，而且不得不讨好他，这尴尬的处境是俄国所有女性的缩影。战争初期，“我”对波里娜说：“何苦干预国家大事呢？让男人去吵架，去谈政治吧，女人不打仗，波拿巴跟女人无关。”[②]“我”的身上呈现了女性薄弱的自我认同感和自我封闭性，习惯性地将自己置于“男人的附庸”的位置，由此引来了波里娜振聋发聩的反父权宣言。在与波里娜交往的过程中，“我”受其鼓舞，开始在人格与精神上靠近波里娜，由此意识到了上流社会中自我标榜的爱国人士的龌龊与卑劣，普希金借“我”之口提出：“与那些俄国男人比起来，俄国女人更富有教养，她们读的书更多，思考的问题也更深。”[③]这是“我”对时代发出的质问，意味着男性权威在“我”心中的崩塌，打破了俄国自古以来“女性弱智论”，“我”身上“女性化”的符号开始削弱，展现了独立的人格，但是“我”依然支持向波里娜求爱的法国军官，“我”的潜意识里依然承认浪漫主义下的敌国恋情，传统女性的附庸属性无法从“我”身上彻底根除。

普希金一生极度热爱女性，在写作时他并非一味地站在男性角度上去赋予“女性角色要符合男性审美”的特点，波里娜可视为普希金笔下女性道德与智慧的高峰。[④]西蒙·波伏娃认为，少女阶段意味着特殊的成长期，在这一时期女性会选择是否放弃自主权而成为社会的“他者”。“我”的转变过程具有时代意义与现实性，“我”是广大俄国女性“走向波里娜”的缩影。但是，这种转变和觉醒是在精神上的，“我”意识到了女性在俄国的窘境，但也无法做出改变和行动，最终依然成为社会的“他者”，缺乏自我超越的能力，只能止步于女性意识苏醒的萌芽阶段，无法达到真正的反父权的目的。

二、反夫权的女杰

在普希金之前，甚至在他之后很长一段时间里，俄国文学作品中的女性形象都围困于社会“他者”的樊篱中。她们难以实现自我，只能关注爱情及

① 刘文飞：《普希金全集：第六卷》，河北教育出版社 1999 年版，第 151 页。
② 刘文飞：《普希金全集：第六卷》，河北教育出版社 1999 年版，第 157 页。
③ 刘文飞：《普希金全集：第六卷》，河北教育出版社 1999 年版，第 162 页。
④ [法] 西蒙·波伏娃：《第二性》，舒小菲译，西苑出版社 2009 年版，第 140 页。

其最终指向——婚姻。正如拜伦所说："男人的爱情是与男人生命相异的东西，女人的爱情却是女人的整个生命。"扎戈斯金笔下《罗斯拉夫列夫》里的波里娜为了爱情，在战争中抛弃祖国与未婚夫，嫁给了敌方军官，因选错了对象最终香消玉殒。而普希金笔下的波里娜，作为一个女性叛逆者，发出了"刺杀拿破仑"的贞德式的宣言。

心理学家荣格指出，在所有的男人心中都存在一个"阿尼玛原型"，这个原型是男性心中女性因素的集合体，也是男性心中的完美的女性形象。在早期欧洲文学领域里，"阿尼玛原型"往往存在于天使与妖妇之间，受制于男性主体意识的影响，难以跳出这个怪圈。"阿尼玛原型"在普希金那里发展成为一种强大的女性情结。这种女性情结内化为普希金的话语，外化为普希金构筑的那个灵动的色彩斑斓的女性世界。① 在普希金笔下的《罗斯拉夫列夫》中，女主人公被剥离了爱欲——她不爱自己玩世不恭的未婚夫，又拒绝了敌国军官的追求，只注重精神与智慧层面的追求，普希金跨越了一直以来"女性委身于男性"的写作范式，赋予了女主人公勇敢、智慧、叛逆与爱国的特性。这也是普希金对夫权否定的表现。

波里娜出身高贵，美貌与智慧并重，并非传统的俄国贵族少女。Полина一词源于希腊语，出自古希腊神话的光明与预言之神阿波罗。普希金描写了女主人公不同寻常的长相——她拥有"希腊式"的脸型，脸上常浮现的是厌烦与冷漠的情绪，她的身上充盈着逆反的气质。她厌烦了上流社会的浮华与做作，对欧洲文学如数家珍，流露出的是对当时俄国文学的鄙夷情绪。即便如此，在波里娜心中依然燃烧着爱国的烈火，又不愿融入轻浮、虚伪的上流社会。在战争来临前，面对崇法成风，恨不得当拿破仑的奴才的俄国贵族们，她感到厌烦而忧郁；在战争中，众人将形式上的爱国视为潮流，人们不再抽法国烟，俄语开始在社交圈盛行，有人烧法文小册子，抵制法国葡萄酒……面对这些浮于表面的高调的形式上的爱国行为，她又毫不掩饰自己鄙夷的目光，反其道而行之，故意在社交场合说法语，抨击形式主义，称赞拿破仑的军事谋略，甚至对众人发出讥讽："愿所有的俄国人都能像我一样热爱自己的祖国。"②

在 19 世纪的欧洲，女性的地位虽然有所提升，却依旧被排挤在男权社会之外，她们只能作为男性的附庸，超脱于此的女性定会遭到社会的抨击。在俄国，传统的少女大多数像《罗斯拉夫列夫》中的波里娜，婚后只能依靠自己的丈夫，婚姻的抉择决定了她的命运。男性对女性的刻板认识依然是

① 张铁夫：《普希金新论：文化视域中的俄罗斯诗圣》，中国社会科学出版社 2004 年版，第 191 页。
② 刘文飞：《普希金全集：第六卷》，河北教育出版社 1999 年版，第 157 页。

“我”所意识到的对女性的偏见。男人们认为，跟女人交谈，必须使用一种与她们理解力相适应的语言，而重大的话题与女人是没有关系的。[①]普希金笔下的波里娜对这种现象发出了彻底的女性独立宣言：“难道女人就没有祖国吗？难道她们没有父亲、兄弟、丈夫吗？难道我们身上流的不是俄国人的血吗？难道我们女人生下来就是为了让别人在舞会上搂着跳苏格兰舞吗？难道我们就应该为了男人把自己锁在家里绣小狗吗？不！我知道，一个女人也能对社会舆论产生影响，至少能对一个人的心灵产生影响。”[②]普希金借波里娜之口，肯定了女性的独立性，抨击了男权文化对女性的贬低和侮辱。普希金将自己的人格映射到波里娜身上，提出了反父权的独立宣言。波里娜还萌生出潜入前线去刺杀拿破仑的想法，意图借此拯救国家。当波里娜得知莫斯科大火是俄国人放的后，就宣称：“我因我的俄国名字而感到骄傲！整个宇宙将为这一巨大的牺牲而惊叹不已！”这其中蕴含着强烈的爱国主义与牺牲精神，波里娜彻底跳脱了天使与妖妇的怪圈，成为“贞德式”的女杰。但是，这样的女杰无法被当时的社会接受，普希金在小说的开头就指出，“我那可怜的女友(波里娜)早已躺在坟墓里”，性格过于刚烈且与俄国社会无法相容的波里娜与扎戈斯金笔下的波里娜，都是芳华早逝的悲剧式的人物。在普希金的笔下，波里娜在反父权的道路上比“我”更进一步，但她受制于时代与身份，只能公开自己的叛逆言行，却无法像斯塔尔夫人那样开展更进一步的社会活动。

三、反皇权的先驱

扎戈斯金笔下的贵族女性分为两类：一类是“羔羊式”的贵族小姐，他笔下的波里娜正是如此。她无法主宰自己的命运，才华横溢在婚后也毫无意义。她选择了错误的婚姻，在短短六年后就化作了白色的大理石墓碑；另一种是女性与他笔下的美惠三姐妹一样，她们在人前多才多艺并且貌美非凡，在人后实则尖酸刻薄，肤浅做作，嫁人后也能在浮华的上流社会中混得风生水起。而普希金笔下的斯塔尔夫人是一个彻底的女权主义者，是一个被彻底剥离了性别附加属性的智者，她身上具有突破传统性别的超越性。

斯塔尔夫人是真实存在于历史上的法国著名作家、评论家、女性智者，是普希金最敬佩的女性之一。普希金在作品中时常引用斯塔尔夫人的作品。

---

① 刘文飞：《普希金全集：第六卷》，河北教育出版社 1999 年版，第 162 页。
② 刘文飞：《普希金全集：第六卷》，河北教育出版社 1999 年版，第 157 页。

在《罗斯拉夫列夫》中，普希金直接将其作为出场人物。她本人支持女性解放，批判上流社会的卑鄙、专横，提出文学不应被王权束缚，主张统治者给予人们思想自由，人类才得以进步。斯塔尔夫人具有强烈的反皇权意识。因此，在拿破仑执政期间，她被流放，不允许留居巴黎。直到拿破仑政府垮台后，她才可以回乡。

在普希金的《罗斯拉夫列夫》中，斯塔尔夫人正是在流放期间来到俄国的。她在莫斯科与波里娜、“我”相遇。由于斯塔尔夫人其貌不扬，看起来只是一个普通老太太，关注外表的俄国贵族们对扬名在外的斯塔尔夫人并不满意。同时，在欧洲名流面前，俄国贵族们都感到拘束，认为自己的思想不值一提。面对没有共同语言又迫切等待她的惊人妙语的贵族们，斯塔尔夫人同样感到心绪不宁。她用一语双关的俏皮话轻易赢得了所有人的好感，圆滑地融入众人。她在充斥着愚民的聚会上，注意到了波里娜，并与波里娜交往。

尽管普希金并未对斯塔尔夫人进行过多的描写，但其特殊象征意义是显而易见的。波里娜仅只是言语上的叛逆，无法真正付诸行动，而斯塔尔夫人的行为更加务实且富有社会属性。她拥有坚定的反皇权思想立场，倡导自由学术，主张女性解放，具有彻底的反父权意识，并且能够在社会上发出自己的声音，真正践行自己的理念并向社会大众传达自己的思想。受传统文化与男权思想的影响，普希金也意识到，像斯塔尔夫人一样独立而叛逆的女性是不可能诞生于俄国的，也无法在俄国生存。

结　语

在《罗斯拉斯列夫》中，普希金构建了完整的女性自我意识觉醒的形象体系。虽然身处于当时的父权社会，普希金却开始了关于两性普遍性、和谐性的研究，其现代性的女性意识不言而喻。[①]普希金笔下的女性形象并不阴柔，反而略显阳刚，女主人公甘愿为国捐躯，对未婚夫与法国军官都无爱可言，这是普希金对男性主宰女性方式——婚姻的根本否定，是从“反父权”到“反夫权”的重要转折点。

作家凭借对三个女性角色的刻画，展现了当时社会中男性与女性间极具张力的冲突。“我”意识到了女性的优越性，驳斥了千百年来的“女性弱智论”，批判男人对女性的偏见与压制；波里娜发出的时代性呐喊，女人

① 张铁夫：《普希金新论：文化视域中的俄罗斯诗圣》，中国社会科学出版社 2004 年版，第 224 页。

并不是男人的附属品，而是“有血有肉有祖国”的人；斯塔尔夫人来到俄国，其背后根源是她站在社会主流思潮对立面，主张不受统治者束缚的学术自由以及解放女性，激怒了拿破仑，从而被驱逐出境。她是女性向男权主义与皇权主义反抗的符号象征。小说也体现了普希金的矛盾心理。他一边为女性发声，盼望女性能够觉醒独立，一边又很难摒弃传统文化对女性压制的影响。“我”的性格中保守的思想难以根除，最终成为上流社会中的“他者”。波里娜的悲剧命运也无法改变。作为女性主义先驱的斯塔尔夫人，在俄国只是匆匆一现。普希金虽然超越时代，又无法摆脱传统男权思想的束缚。

* 参考文献

[1] [法] 西蒙·波伏娃：《第二性》，舒小菲译，西苑出版社 2009 年版。

[2] 刘文飞：《普希金全集：第六卷》，河北教育出版社 1999 年版。

[3] 张铁夫：《普希金新论：文化视域中的俄罗斯诗圣》，中国社会科学出版社 2004 年版。

[4] Бочкарёв М. *О "Рославлеве" А. С. Пушкина*，https://michel-recamier. livejour-nal.com/14614.html，访问日期：2018 年 8 月 15 日。

（作者单位：哈尔滨师范大学斯拉夫语学院）

贵族庄园的今生与前世——《果园》对《樱桃园》的继承与革新

杨丽娜

内容提要： 费定的成名小说《果园》和契诃夫的《樱桃园》，无论在创作背景还是艺术手法上，都极为相似。两部作品都以新旧社会交替为创作背景，反映了转型时期的社会现实生活。值得注意的是，《果园》在象征结构上充分体现出对于《樱桃园》的继承关系，而在人物、体裁及时空等方面则明显具有革新性。

关 键 词： 费定；《果园》；《樱桃园》；继承；革新

康斯坦丁·亚历山德罗维奇·费定是苏联著名作家之一，其一生创作了许多在苏联文坛占据重要地位的作品，如《果园》（Сад，1921）、《城与年》（Городагоды，1924）、《不平凡的夏天》（Необыкновенноелето，1948）等。其中，在1921年发表的小说《果园》收录于他的第一本小说集《荒地》，其故事情节围绕着花树匠希兰契展开，希兰契在果园日渐衰败的过程中，依然坚持守护果园，但最终因一己之力无法灌溉果园而将其烧毁。小说反映的是"十月革命"之后的社会现实，是对处于新旧交替的社会现实的认识与思考。《果园》在其出版之初，就在彼得格勒艺术之家的文学竞赛中斩获一等奖；小说也曾被鲁迅称赞为"脍炙人口"的优秀之作；[①]康·帕乌斯托夫斯基在读完《果园》后大赞："这是苏维埃文学的开端。"[②]扎米亚京这样评价该小说："这是一部出乎意料的成熟之作，好像作品的署名应该是布宁。"[③]由此可见，这部小说在费定的整个创作生涯，甚至在整个俄罗斯文学中所占的地位不容小觑。而小说中极为突出的文学性就是象征结构。费定在该小说中巧妙地将局部性象征和整体性象征相结合，在读者面前展现出一幅新旧制度交替的社会现实图景。在契诃夫的戏剧《樱桃园》中，也有着类似的象征结构。值得注意的是，费定有一篇专门为契诃夫而写的文章《契诃夫》，文

① 鲁迅：《竖琴》，中国国际广播出版社2013年版，第190页。
② [俄]康·帕乌斯托夫斯基：《作家肖像》，陈方译，人民文学出版社2002年版，第265页。
③ Замятин Е.И.*Я боюсь*, М., Новая русская проза, 1999, с. 86.

中写道："透过契诃夫剧本里的小世界，我们应该看到契诃夫的大世界。我们应该更加关注偏僻地区那些很小的主人公。我们将会在他们身后见到一个大主人公。"[①]契诃夫的戏剧《樱桃园》创作于1903年，而费定的小说《果园》创作于1921年，尽管两部作品的体裁不同，但均以社会转型时期为创作背景，且所反映的主题相似，因此，我们或许可以认为，《果园》在一定程度上是对《樱桃园》的继承。费定作为"谢拉皮翁兄弟"的成员之一，肩上自然也担负着该文学团体对时下文学的一份责任，即文学革新。因此，《果园》在继承《樱桃园》艺术手法的同时，又对其有一定的革新，其革新分别体现在作品的人物、体裁及时空等艺术方面。正如高尔基所说："在苏联的年轻作家当中，创作之路走得最正确、最富有成效的便是费定。"[②]小说《果园》正是费定在这条革新之路上卓有成效的一部作品。

所谓象征，是指用一个具体的事物来暗喻或映射另一个抽象的事物。作家们常常运用象征的手法来隐蔽地表达其无法直抒胸臆的思想情感，正如高尔基所说："在象征下面，可以巧妙地把讽刺和大胆的语言掩盖起来，在象征中可以注入很大的思想。"[③]而所谓结构，即组成整体之各部分之间的搭配和安排。因此，作品中所出现的所有象征体及本体间的相互关系构成了其象征结构。换言之，象征结构由不同的象征体构成，包括人物形象、情景、主题等。本文分别从两部作品的局部性象征、整体性象征及《果园》对《樱桃园》的革新这三个方面来研究这两部作品，以便更深刻地了解其思想意义。

一、局部性象征——小世界与大世界

所谓局部性象征，即指那些仅表现于"立意与题材内容""主题思想与艺术结构""意境创造与语言韵律""风格色彩"等局部的象征结构。[④]换言之，在局部性象征结构中，不同的象征体具有各自不同的象征意义，并且彼此间的象征意义相互独立，这种不同象征体指向各自不同象征意义的特点，就是局部性象征。在小说《果园》和戏剧《樱桃园》中都充满了这种局部性象征。

① [俄]费定：《契诃夫·白天的星星》，寒青译，中国社会科学出版社1993年版，第156页。
② Баранова Н.Д.*Горький и советский писатель*, М., Высшая школа, 1975, с. 138.
③ 谭得伶：《谭得伶自选集》，世纪出版集团上海人民出版社2007年版，第3页。
④ 张敏：《白银时代俄罗斯现代主义作家群论》，黑龙江大学出版社2007年版，第17页。

（一）意象

无论是《果园》还是《樱桃园》，其局部性象征均体现于作品中的意象。意即意念，象即物象，所谓意象，即寓“意”于“象”，将作家的主观意念寄托于客观事物上，并赋予其某种象征意义。《果园》的开篇，一句“融雪的涨水，总是和果园的繁花在一起的”，[①]就已经展现了新旧社会交替的自然规律，同时也引出了小说的主旨。“融雪”象征旧社会的消逝，而果园的“繁花”则象征新世界的繁荣昌盛。根据自然规律，冬天的积雪必定会随着春天的到来而消融，树木也必定会随着春天的到来而枝繁叶茂，这是仅依靠人类的力量而无法改变的事实。当然，这里还有一个隐含的象征体，即春天，象征革命力量。小说出现的两个象征体——“雪”和“繁花”，分别象征着旧世界的消亡和新世界的繁荣。这两个象征体即为局部性象征，因为从小说的立意与主题来看，作家在小说的开端就暗示了主旨：旧世界消亡和新世界到来的必然性（通过“雪”和“繁花”这两个象征体来表现），以及革命力量势不可挡（通过“春天”来显现）；而从小说的结构来看，“雪”“繁花”和“春天”这三个象征体只是出现在小说的开篇，在后文当中再没出现过，它们仅仅是该小说整个象征体系中的个体。

《樱桃园》中也存在类似的局部性象征，如第一幕的开场以一句“已经五月了，樱桃树都开了花，可是天气依然寒冷，满园子还罩着一层晨霜”，[②]揭露出了封建制度下贵族阶级的生活现状。“开花的樱桃树”象征着表面上看去风光无限的贵族生活，而“晨霜”则象征着贵族阶级已走向没落的现实。契诃夫通过“开花的樱桃树”“晨霜”这两个象征体暗示了当时看似辉煌、实则没落的贵族阶级，从侧面点明封建贵族阶级必然没落并且消亡。

这种局部性象征几乎在小说中都有所体现。例如，《果园》中的象征体“市镇”象征革命队伍。希兰契虽然两次来到市镇，但最后并没有选择留下，而是回到自己守护的果园，意味着他最终也没有选择革命道路，这也反映了作者当时思想上的惆怅与迷茫。而《樱桃园》第二幕“天边依稀现出一座大城镇的轮廓，只有在特别晴朗的天气里，城影才能看得清楚”[③]中的“大城镇”则象征着与樱桃园对立的新世界，大城镇隐现的轮廓则意味着新兴资产阶级所代表的新世界正在逐渐兴起，它取代贵族阶级也是历史的必然。

（二）母题

“旧世界必然消亡”的母题始终贯穿于《果园》和《樱桃园》。所谓母

① 鲁迅：《竖琴》，中国国际广播出版社 2013 年版，第 32 页。
② [俄]契诃夫：《樱桃园》，焦隐菊译，上海译文出版社 2014 年版，第 184 页。
③ [俄]契诃夫：《樱桃园》，焦隐菊译，上海译文出版社 2014 年版，第 210 页。

题，即文学作品中反复出现的意象主题。被希兰契守护着的果园象征着革命前的旧世界。在革命来临之前，果园宛如世外桃源，在这里，“杨柳闪着膏油般的新绿，因为水分太多了，彰显出腴润的情形。篱上处处开着花；剥了树皮的树墩子上，小枝条生得蓬蓬勃勃。”[①]这时的果园一切都那样美好，和谐、宁静，并且生机蓬勃。可是突然有一天，市里来了一群人后，果园就完全变了个模样，变得萧条，似乎被人们遗忘了。作家通过对革命前后果园不同状态的对比，表现出作者本人对革命持有的怀疑态度。这里的“果园”看似是被用作小说的题目，借而“构建一个庞大的象征性框架”，成为整体性象征结构，实则不然。“果园”虽然作为一个象征体在题目中就被体现出来，但它只是该小说整个象征体系中的一个小象征，而并没有在其中起到统领的作用。与其并列的象征体还有上述所提到的“市镇”“繁花”等。因此，“果园”属于该小说的局部性象征。

“果园”的象征意义对“樱桃园”的继承性十分明显，契诃夫在创作这部戏剧时有意将 вишневый 改为 вишнёвый，其意图就在于表现其已经破败到不能再用的地步。这样一来，作者就赋予了“樱桃园”极为深刻的象征意义，即：象征旧世界的“樱桃园”，最终也经不起新兴资本主义的入侵，而落了一个被砍的结局。因此，在戏剧的结尾处樱桃园易主，以及这样的描写——“远处，仿佛从天边传来了一种好似琴弦绷断的声音。接着是一片寂静，打破这个寂静的，只有园子远处，斧子砍伐树木的声音”，[②]自然而然地象征了“旧世界终结”的母题。

“果园”与这一象征意义有着异曲同工之妙，“果园”同样也是旧世界的象征，是希兰契生活的全部，而小说以希兰契在几番挣扎后放火烧了果园作为结局，也同样象征了“旧世界必然被抛弃”的母题。“简直像黑色的花纱一般，装饰的雕镂都在颤动，从无数的空隙里，钻出淡红色的火来。像煤一样黑的浓烟，画着螺旋白上升，仿佛要冲上天。然而，它好像聚集了所有的力量，通红的猛烈的大火，丢弃了浓烟的帽子，房屋烧了起来，像蜡烛的火焰一样明亮。”[③]这里有两个颜色象征，即“黑”和“红”。在俄语中，黑色通常象征着生活在社会底层的小人物，而红色则象征着革命。这样一来，《果园》结尾处的象征意义不言而喻，即：只有通过革命来结束旧社会，才能更好地发展新社会，更好地给黎民百姓带来幸福和光明的未来。

《樱桃园》体现的是贵族即将退出历史舞台，而新兴资产阶级逐渐兴

---

① 鲁迅：《竖琴》，中国国际广播出版社 2013 年版，第 33 页。
② [俄] 契诃夫：《樱桃园》，焦隐菊译，上海译文出版社 2014 年版，第 266 页。
③ 鲁迅：《竖琴》，中国国际广播出版社 2013 年版，第 47 页。

起；《果园》展现在读者面前的是“十月革命”后刚刚开始建设新国家的时代，虽然两部作品创作的时代不同，但都描写了旧世界的消亡及新世界的诞生，以及主人公在这种新旧社会交替时期的内心矛盾，并且都以主人公不得不做出最终决定，以此来表达“旧社会必然消亡”这一母题。

二、整体性象征——小主人公与大主人公

“整体性象征是把象征作为整部作品构思的基础”，[①]即作品本身就是一个完整的象征体。作家“必须把他要表现的社会生活内容或主观心理认知上升到一种观念上的认识，然后用带有质感的意象，即（美国象征主义大家艾略特所说的）‘客观对应物’昭示出来”。[②]

主人公希兰契是整部小说《果园》中具有最重要的象征意义的人物形象。作为象征体的“希兰契”，处在该小说整个象征体系的中心地带，一切情节都围绕其展开。希兰契象征着旧世界的守护者，在主人没有留下任何口信就离开自己的果园后，希兰契仍然对果园忠心守护，这是旧社会典型的顽固守旧派形象。希兰契从市镇回来后发现，革命并没有给这个世界带来任何美好，他眼前的市镇“既不像工厂，也不是仓库的建筑物，是与造砖厂一样让人讨厌的建筑”，[③]一切都与之前一样，甚至比之前还要糟，于是他回到果园打算继续靠自己的力量来灌溉果园，即守护旧世界。而象征着革命力量的孩子们从学校回到果园后，对果园造成了一定程度上的破坏。尽管孩子们给果园带来的破坏是极其微小的，但希兰契仍然无法忍受，“希兰契便两手抱头，恰如嫌弃钟声的狗一样摇换着身体。”[④]最后，他甚至扬言要像熏耗子一样把这些孩子们熏出屋。

回顾历史，我们不难发现，革命总是“先苦后甜”，总是在给社会带来一定的破坏后，才给千百万人民一个更加美好、更加充满希望的未来。所以，孩子们给果园带来的“破坏”，便象征着革命给这个社会带来了暂时性破坏，而希兰契并未认识到这种规律，将孩子们赶出果园，这也表现出希兰契是一个没有觉悟的小人物。希兰契对市镇的认识和对待孩子们的态度，实际上也是作者对革命的看法。在那个时候，年轻的费定已经感受过欧洲的资本主义

---

① 张敏：《象征：从局部走向整体——象征主义诗艺与传统诗艺纵论》，载《学习与探索》，2005 年第 4 期，第 109 页。
② 鲁迅：《竖琴》，中国国际广播出版社 2013 年版，第 37 页。
③ 鲁迅：《竖琴》，中国国际广播出版社 2013 年版，第 42 页。
④ 鲁迅：《竖琴》，中国国际广播出版社 2013 年版，第 43 页。

制度，深知自己对这种腐败的资本主义制度的厌恶，因此非常希望自己能够看到俄国无产阶级革命的胜利。然而，费定一方面深知抛弃旧社会的一切是必然的，另一方面对革命又持有一种怀疑态度。费定对革命的这种态度在塑造希兰契这个人物形象上被很好地展现了出来。希兰契到市镇里，发现市镇里并没有变得比以前更好，便又回到自己守护的果园，这正是他对革命犹豫的表现。而在小说的结尾处，希兰契一把火烧毁了主人留下来的果园后，对妻子说了一句："你是蠢货呀！你还以为老爷要回来？"[①]这又表明他深知旧世界的一切一去不复返。作者塑造出希兰契这样的人物形象，似乎是在向读者们暗示："旧时代一去不复返了，革命在俄国牢固而永久地胜利了。"[②]

希兰契两次去市镇的犹豫态度以及最后烧毁果园的行为，上升到了思想观念层面，即"明知旧的已经无法挽回，可又不相信新的会比旧的变得更好，对旧的无限留恋，甚至对革命所带来的暂时性的破坏也怀有一种仇恨心理，所以他最后把果园烧掉了"。[③]这里的"客观对应物"即希兰契，通过作者对其犹豫的态度和对孩子的态度的描写，展现了一个典型的顽固守旧派的人物形象，作者抒发的是"此物"的内容与情感，即对未来的怀疑，但小说中呈现的却是"彼物"的内容，即希兰契无力灌溉果园。

纵观整部小说，我们不难发现，如果把所有的象征体杂糅在一起，那么整部作品又会成为一个新的象征体，并且这个全新的象征体所具有的象征意义是任何一个独立象征体无法具备的。小说表面上看来是描写希兰契坚持守护主人留下的果园，但希兰契最终认识到自己的力量非常薄弱，于是就把果园烧毁。然而，小说是以象征体"希兰契"作为主要线索，串起小说中出现的各个象征体，在读者面前呈现出一副由不同象征体构成的完整画面。我们不妨将"希兰契""果园""市镇""孩子们"这几个象征体结合在一起，那么呈现在我们面前的就是另外一个崭新的象征体，即整部作品的象征体，而这个全新的象征体就象征着旧世界消亡和新世界崛起的过程，象征着旧世界必然消亡，革命力量势不可挡。倘若把这个象征体看作是一个整体，那么我们就会发现，这个作为整体的象征体所具有的象征意义超过了各个独立象征体意义的总和，而将任何一个独立象征体单独拿出来，就无法完全体现整部作品所带来的象征意义。虽然读者能够很轻易地读懂小说中的故事情节，但读者了解了小说创作的年代以及当时的社会背景后，这一故事情节则会让人联想到守旧派在新旧社会交替时期内心所产生的矛盾及其对待

① 鲁迅：《竖琴》，中国国际广播出版社 2013 年版，第 47 页。
② 连铗：《费定及有关 < 果园 > 的论争》，载《俄罗斯文艺》，1982 年第 2 期，第 91 页。
③ 中共中央编译局：《列宁选集》（第三卷），人民出版社 2012 年版，第 323 页。

革命的态度，这一象征指向正是通过象征的整体性结构得以实现的。在小说《果园》中象征手法几乎无处不在，我们通过分析可以看出，小说中的各个局部象征都由象征体“希兰契”串起，进而构成了整体象征。由局部构建整体就是该小说独特的艺术特色。

《樱桃园》中也有与希兰契一样起着统领作用的象征体，即分别代表着三个不同阶级的女主人公，即朗涅夫斯卡娅太太、老仆费尔斯和商人罗巴辛。朗涅夫斯卡娅是一个典型的浪漫主义者，在她眼里，樱桃园是过去美好生活的象征。她认为，天使仍然会降福于樱桃园，这使她看不到樱桃园已没落的本质。在商人罗巴辛的引导下，她才深知自己的生活必须靠卖掉樱桃园才能得以继续维持，但出于对樱桃园的眷恋，她始终没有接受罗巴辛的建议，认为总有更好的办法能够使樱桃园完整地保存下来。朗涅夫斯卡娅象征着“紧紧抱住封建社会的阶层”。[①]

希兰契对老仆费尔斯的继承性更加明显。首先从身份上看，二者都属忠于主人的农奴阶层，其次从象征意义上看，老仆费尔斯在解放农奴后依然选择侍候老主人，甚至将解放农奴称为“大灾难”。由此可见，费尔斯象征着“旧世界的守护者”，希兰契也是如此。主人们在樱桃园易主后纷纷离开，却唯独落下了费尔斯，但此时的费尔斯关心的仍然是加耶夫这个“不成器的东西”。或许希兰契身上的这一份进步源于象征着新兴资产阶级的罗巴辛，他是整部戏剧中把现实看得最清楚的人。他深知，樱桃园所代表的旧俄社会必定会被入侵的资产阶级所取代，因此他多次劝说朗涅夫斯卡娅对樱桃园进行拍卖，而樱桃园最终也是在罗巴辛的手里被砍。

契诃夫笔下的小人物丰富了俄罗斯文学中经典的小人物形象，他们不再是果戈里或陀思妥耶夫斯基笔下受不公正制度所压迫的底层人，作家“关注的焦点已从不公正的社会制度对‘小人物’的压迫和欺凌转向人性中固有的丑陋的品质”，[②]费尔斯和希兰契都是属于这种被赋予新意义的小人物形象。导致费尔斯不幸的原因不仅是樱桃园的易主，更多的是其自身早已根深蒂固的奴性意识，而希兰契的不幸也正是因为其在新旧变更之际内心的犹豫与矛盾。希兰契与费尔斯不同的是：希兰契逐渐看清了旧世界一去不复返的必然性，并且烧掉了果园。

---

① [俄] 契诃夫：《樱桃园》，焦隐菊译，上海译文出版社 2014 年版，第 275 页。
② 马卫红：《现代主义语境下的契诃夫研究》，中国社会科学出版社 2009 年版，第 106 页。

三、《果园》对《樱桃园》的革新

“谢拉皮翁兄弟们没有丢弃经典作家作为遗产留下来的技巧，而是有机地把它运用于新时代的内容”，[①]费定在创作《果园》时不仅对契诃夫的《樱桃园》有一定的继承，同时也敢于创新，这既符合谢拉皮翁兄弟革新者之角色，也是费定创作的一大特色。

（一）人物聚合化：由多元到集成

通过上述对两部作品主要人物形象的象征意义分析，我们可以看出，《樱桃园》中的三个人物形象分别代表不同的阶层，即贵族阶级、新兴资产阶级及农奴阶级，而将这三个不同阶层的人物在面对新旧社会交替时所做出的不同决定进行比较，折射出他们各自内心的矛盾，从而使得该戏剧中的人物建构呈现出多元并存的模式。这样一来，一幅色彩斑斓的人物形象图便跃然纸上。而《果园》中人物建构的革新之处就在于，希兰契正是这种多元形象的集成，因为希兰契不仅是单纯地对《樱桃园》中三个人物形象的模仿，而且是其结合体。他有着和费尔斯一样的身份，有着和朗涅夫斯卡娅一样对旧世界美好生活的执念，但同时又有罗巴辛对现实生活的清醒认识。费尔斯、朗涅夫斯卡娅和罗巴辛分别代表着三个不同的阶级，他们各自拥有着其具有代表性的阶级特点，而这些阶级特点又都集中体现在希兰契这个人物形象上。

正如高尔基所说，“假如一个作家能从二十个到五十个，以至于几百个小商人、官吏、工人的每个人身上，抽出他们的阶级特点、性癖、趣味、动作、信仰和谈风等，把这些东西抽取出来，再把它们综合在一个小商人、官吏或工人的身上，那么，这个作家靠这种手法创造出‘典型’来，这才是艺术”。[②]因此，在这个新旧社会交替的复杂社会背景下，希兰契这一人物形象显得更加饱满，其象征意义也更加深刻。希兰契这一人物形象正是高尔基口中的“艺术”所在。

（二）小说戏剧化：“新我”与“旧我”

我们知道，冲突是戏剧的第一要素。传统戏剧中的冲突常常是通过一些离奇而又夸张的事件得以表现，而致力于追求戏剧生活化的契诃夫则竭力

---

① [俄]康·帕乌斯托夫斯基：《作家肖像》，陈方译，人民文学出版社 2002 年版，第 265 页。
② 林焕平：《高尔基论文学》，广西人民出版社 1980 年版，第 38 页。

淡化戏剧冲突，通过挖掘日常生活中隐含的冲突，进而表现其作品的戏剧性。戏剧《樱桃园》中的冲突并不是以新旧社会交替为背景的常有的阶级冲突，相反，不同阶级的代表在该戏剧中和平且友好地相处，朗涅夫斯卡娅常安慰小时候的罗巴辛，而罗巴辛在樱桃园没落之际仍想方设法给朗涅夫斯卡娅太太出谋划策。也就是说，《樱桃园》中的冲突恰恰是通过日常生活的时间线得以实现，即樱桃园在时间流逝的过程中最后被拍卖。对冲突的淡化正是契诃夫戏剧创作的革新之处。

与《樱桃园》不同，《果园》作为一部日常生活小说，却较多地表现出了人物的戏剧性冲突，小说中既有人物之间的冲突，也有人物自身的内心冲突。人物之间的冲突表现为守旧派希兰契与孩子们之间的冲突，而人物自身的内心冲突则表现为希兰契"新我"与"旧我"之间的冲突，这也是小说中最主要的冲突。在小说的前半部分，希兰契努力灌溉似乎被人遗忘了的果园，而当市镇派来的帮手询问其果园地址时，他却说："连自己该去的地方都不知道……但是，我这里，是什么都妥当了。第二回的浇灌，也在三天以前做过了……怎么能一直等到现在呢？"① 两名帮手离开后，希兰契转身便支走了自己的女人，随后便烧毁了果园。先前，始终认为这一切终将会恢复原样的希兰契（旧我）在明知自己无法继续守护旧世界后，选择拒绝他人的帮助而亲手将奄奄一息的旧世界埋葬（新我），这一象征意义正是通过"新我"与"旧我"之间的冲突而更加形象地展现出来。如果说《樱桃园》中试图将冲突淡化以求戏剧生活化是契诃夫的创新之处，那么《果园》中的革新之处就在于，费定将戏剧性冲突融入小说创作中，使人物之间的冲突与人物自身的内心冲突共同建构起小说的戏剧冲突，以此方式来更好地塑造人物形象，进而表现小说的母题。别林斯基指出："当戏剧因素渗入叙事作品里的时候，叙事的作品不但丝毫不会丧失其优点，而且会因此大受裨益。戏剧因素理所应当地应该渗透到叙事因素中去，并且会提高艺术作品的价值。"② 因此，凡是具有革新精神的创作者，都会将其他领域的美学特点吸收到自己所在的领域中。

（三）田园诗时空体：破灭与升华

无论是《果园》还是《樱桃园》，其情节都在固定的贵族庄园中展开，并且这个封闭的空间世界，似乎与其他地方没有任何有机联系。同时，在这样的封闭空间内，时间被淡化，无非就是通过"花朵刚谢""第二天""过几天"

---

① 鲁迅：《竖琴》，中国国际广播出版社 2013 年版，第 46 页。
② [俄]别林斯基：《别林斯基选集》（第三卷），满涛译，上海译文出版社 1998 年版，第 177 页。

等词来表示时间流逝。这种人物生活与事件对空间和时间有着一定的黏性，在情节发生的空间高度浓缩的同时，时间也随之淡化，这一特点即为小说史上非常重要的一种时空体类型——田园诗时空体。

贵族庄园在俄罗斯乃至世界文学中出现的频率都相当高，它们出现于以旧贵族为主要描写对象的文本中，并且通常因社会转型而受到强烈冲击，这样一来，作者就赋予了贵族庄园以象征意义。在《果园》和《樱桃园》中，都是以有着欢快、和谐之盛景的庄园为开篇，而以落寞、衰败之荒芜的庄园为结局，这也是田园诗中最常见的破灭主题。这样，作者就在庄园这一高度浓缩的空间里连接了注定灭亡的小世界和既陌生又抽象的大世界。但在《果园》中，破灭主题反映出的田园诗世界不仅只是作者所描写的注定灭亡的小世界，还有哲理上的升华。“在别墅里点了火，希兰契便静静地退向旁边，坐在地面上，于是他看着那明亮的烟，旋成圆圈，在支着露台的木圆柱周围环绕。”①此时的希兰契在经历一番波折与挣扎后已经认清社会现实。为了能够生活在与小世界相对立的大世界中，他深知，必须进行改造，即亲手毁灭旧世界。人的自我改造过程，在这里融入了整个社会瓦解和改造的过程，即融入了历史进程。②而在《樱桃园》中，朗涅夫斯卡娅太太在自己生活得不到保障的情况下，明知自己囊中羞涩，却仍然将一枚金卢布施舍给了前来乞讨的乞丐。最后，虽然她无奈地接受了樱桃园被拍卖的事实，但在搬离樱桃园之时，她仍一心想着过去，“我得在这儿再坐一分钟。这座房子里的墙和天花板，我觉得自己好像从来没有注意过似的，现在我却这么依依不舍地、如饥似渴地要多看看它们几眼啊……”；③费尔斯则在众人都离去后仍然只关心他那个“不成器的东西”是否忘了穿皮大衣，甚至想要守在原地等候大家归来。所以，相对于《樱桃园》而言，《果园》更具有升华意义，即革新性。

四、结语

通过上述对《果园》及《樱桃园》两部作品的分析，我们可以看出，无论是《果园》还是《樱桃园》的象征结构，都包含整体性象征，同时又有局部性象征，并且通过这两者的巧妙结合，在读者面前展现出一幅具有立体感的社会现实图景。《果园》在继承《樱桃园》的艺术手法的同时，又对其有一

---

① 鲁迅：《竖琴》，中国国际广播出版社 2013 年版，第 46—47 页。
② [苏联] 巴赫金：《巴赫金全集》，河北教育出版社 1998 年版，第 434 页。
③ [俄] 契诃夫：《樱桃园》，焦隐菊译，上海译文出版社 2014 年版，第 264 页。

定的革新。在人物方面，费定将不同阶级的人物特点浓缩于希兰契一人身上，使其形象更加立体且饱满；在体裁方面，费定巧妙地将戏剧冲突融入小说创作之中，以提高其作品价值；在时空体方面，费定又赋予小说结局的升华意义。通过研究《果园》对《樱桃园》的继承与革新，有助于读者更加深入地了解作者当时的创作思想及其对当时社会的思考与认识。

* 参考文献

[1] [苏联]巴赫金：《巴赫金全集》，河北教育出版社 1998 年版。

[2] [俄]别林斯基：《别林斯基选集》（第三卷），满涛译，上海译文出版社 1998 年版。

[3] [俄]费定：《契诃夫・白天的星星》，寒青译，中国社会科学出版社 1993 年版。

[4] [俄]康・帕乌斯托夫斯基：《作家肖像》，陈方译，人民文学出版社 2002 年版。

[5] 连铗：《费定及有关＜果园＞的论争》，载《俄罗斯文艺》，1982 年第 2 期。

[6] 林焕平：《高尔基论文学》，广西人民出版社 1980 年版。

[7] 鲁迅：《竖琴》，中国国际广播出版社 2013 年版。

[8] 马卫红：《现代主义语境下的契诃夫研究》，中国社会科学出版社 2009 年版。

[9] [俄]契诃夫：《樱桃园》，焦隐菊译，上海译文出版社 2014 年版。

[10] 谭得伶：《谭得伶自选集》，世纪出版集团上海人民出版社 2007 年版。

[11] 张敏：《象征：从局部走向整体——象征主义诗艺与传统诗艺纵论》，载《学习与探索》，2005 年第 4 期。

[12] 张敏：《白银时代俄罗斯现代主义作家群论》，黑龙江大学出版社 2007 年版。

[13] 中共中央编译局：《列宁选集》（第三卷），人民出版社 2012 年版.

[14] Баранова Н.Д. *Горький и советский писатель*, М., изд. Высшая школа, 1975.

[15] Замятин Е.И. *Я боюсь*，М., изд. Новая русская проза，1999.

（作者单位：哈尔滨师范大学斯拉夫语学院）

列夫·隆茨的艺术使命观及其对俄罗斯文学的影响*

赵康延

内容提要：“谢拉皮翁兄弟”是20世纪俄罗斯文坛上重要的文学团体之一，主张文学的“非功利性”和“非政治性”。列夫·隆茨是该团体的核心人物，致力于寻求俄罗斯文学发展新道路。其先锋性和实验性的文学创作，得到了高尔基的大力赞赏，在俄罗斯文学史上留下了不容忽视的一笔。本文从隆茨的戏剧出发，从创作理念及创作手法等方面重点阐述隆茨对俄罗斯文学、西欧文学传统精髓的继承和超越，并解读隆茨的艺术使命观及其对俄罗斯文学产生的深刻影响。

关 键 词：列夫·隆茨；艺术使命观；俄罗斯文学

19世纪末20世纪初，俄罗斯经历了一场范围广大、影响深远的思想文化运动。由于民粹主义运动遭遇失败，晚期的封建专制危机加深，俄罗斯与西欧先进国家的经济文化差距更为明显，世纪末的低迷气氛笼罩着俄罗斯的知识分子，以“重估一切价值”为基本特征的西方现代社会哲学思潮涌入俄罗斯，激发了知识分子探索民族前途的热情。正是在这一社会文化背景下，列夫·隆茨喊出了“为艺术而艺术”的口号，提倡文学的“非功利性”和“非政治性”。他认识到，俄罗斯戏剧（甚至俄罗斯文学）需要拯救。作为“同路人”的文学团体——“谢拉皮翁兄弟”的核心成员，隆茨主张艺术保持独立性和真实性。他关注时代潮流的变化并推陈出新，努力开拓自己的戏剧道路。

本文从隆茨的戏剧出发，从其创作理念、创作手法等角度阐述隆茨对俄罗斯文学、西欧文学传统精髓的继承和超越，解读隆茨的艺术使命观及其对俄罗斯文学产生的影响。应当指出的是，隆茨在创作过程中，秉承艺术工作者的使命感和“向西看”原则，对俄罗斯传统文学进行批判性继承，借鉴了现代主义、形式主义的诗学手段，重点探讨人与时代、人与历史、人与强权之间的关系。他认为俄罗斯缺失“正统戏剧”，大胆颠覆传统，不拘一格，改革

* 本文系2018年度黑龙江省社会科学研究规划项目“20年代苏俄转型背景下隆茨戏剧革新研究”（项目编号：18WWB12）的阶段性成果。

戏剧，创作出一系列先锋实验性文学作品。他最突出的贡献不是抛弃俄罗斯戏剧传统，崇拜模仿西方，而是在颠覆俄罗斯“非正统”戏剧的基础上，创造、革新戏剧，打破悲剧和喜剧之间的壁垒，对悲剧体裁进行跨时代的革新。

一、承担艺术使命，特立独行的“文学革命者”

“谢拉皮翁兄弟”是20世纪俄罗斯文坛上重要的文学团体之一，深受“纯艺术”和形式主义思潮的影响，坚持文学的“非功利性”和“非政治性”，被托洛茨基称为“同路人”。列夫·隆茨是该团体的核心人物，是“十月革命”后当时文坛上一颗耀眼的明星。在隆茨的创作生涯中，他一直致力于寻求俄罗斯文学的发展新道路。

在《文学与革命》一书中，托洛茨基犀利地指出，刚从革命襁褓脱离的“谢拉皮翁兄弟”所宣传的“为艺术而艺术”口号太过年轻、稚嫩。他认为，这些听起来非常勇敢的宣言充其量只是年轻人成长的标志，是他们未成熟的表现。这种指责是非常片面的。托洛茨基分析在隆茨的作品时，仅局限于浅显的层面，认为隆茨偏离社会、偏离人民，转而去描写圣经里的犹太人，讲述《神曲》里的雌豹与狗，甚至描写道德败坏的伪君子。[①]实际上，这是托洛茨基对“同路人”的偏见。隆茨并非远离社会、回避革命，在经历了时代的大风雪之后，他敏锐地意识到社会存在诸多问题，不单是革命后暴露的价值观问题、社会信仰问题，甚至在文化艺术领域也出现危机。他试图超越当时的社会历史范畴，从普遍的“形而上”的角度去解决俄罗斯文学的发展问题。他试图把俄罗斯文学从庸俗、功利的泥沼中解救出来。俄罗斯文学的出路在哪里，俄罗斯文学是否能够继续走向辉煌？

在19世纪末与20世纪初的独特社会文化背景下，隆茨在《我们为什么是谢拉皮翁兄弟》这篇文章里喊出了“为艺术而艺术”口号，要求保持艺术作品的真实性，放弃功利主义。隆茨认为，艺术像生活一样是真实的，不应为了功利目的去创作，艺术应该与生活一样客观存在着。[②]然而在苏联，“‘为艺术而艺术’的理论，是颓废主义的美学基础”。[③]

“非功利性”和“非政治性”的创作理念最初起源于19世纪中期法国唯美主义思潮中的“美是艺术的本质”这一理论观点，是19世纪末浪漫主

---

① [苏联]托洛茨基：《文学与革命》，刘文飞译，信达出版社1971年版，第11—24页。
② 大鹏：《“谢拉皮翁兄弟”自传》，载《苏联文学》，1986年第6期，第96—105页，第110页。
③ [苏联]奥夫相尼柯夫·祖拉姆内依：《简明美学辞典》，冯申译，知识出版社1981年版，第30页。

义美学的延续及其超越性继承。由于人们对“为艺术而艺术”口号的误解，许多革命文学批评家错误地将隆茨归入“缺乏现实意义、浮于形式的作家”，但隆茨本人对这种批评不置可否。这个年轻的作家关注的是人与时代、人与历史、人与强权之间的矛盾。他承担起了艺术工作者的历史使命，提醒艺术家除了反映现实，歌颂革命，寻找彼岸世界，还应当意识到知识分子作为社会良知的天然使命，以及知识分子作为先知引领时代发展的使命。他认为，文学应作为一种纯净的力量参与19世纪俄罗斯文学进程，并对俄罗斯文学发展产生深刻影响。

二、颠覆传统，先破后立，探索文学新路

高尔基在写给“谢拉皮翁兄弟”的信中这样称赞隆茨：“俄罗斯舞台被那些从未有过的戏剧所丰富……隆茨去世的时候很年轻……他很有天赋，并且才华横溢。对他这个年龄的人来说，隆茨算是很有学识的了。”[①] 意大利著名小说家、戏剧家皮兰德娄对隆茨的戏剧给予了高度评价：“戏剧情节性突出，并在俄罗斯戏剧的框架下创造性地运用意大利喜剧因素……”[②] 隆茨在短暂的一生共创作了四部先锋实验性戏剧：《违法》（Вне закона），《猿猴来了！》（Обезьяны идут!），《伯特兰·德·波恩》（Бертран де Борн），《真理城》（Город Правды）。下面以《伯特兰·德·波恩》为例进行分析。

在悲剧《伯特兰·德·波恩》的后记中，隆茨指出，这部以历史为素材，是对俄罗斯以往戏剧的超越，是“纯动作性（чистое движение）”戏剧。这部戏剧体现了隆茨一系列的创新。

（一）悲剧中的反英雄形象

隆茨的得意之作《伯特兰·德·波恩》使用了“互文性”艺术手法。一方面，文本与历史事实互文，剧作家是根据12世纪英国男爵伯特兰·德·波恩的可考经历进行创作的；另一方面，伯特兰·德·波恩“元人物”形象与文学作品《神曲》中的挑拨离间者伯特兰（即第八圈地狱第九沟的离间者）形成文本外互文。伯特兰是英国国王亨利二世的陪臣，据说他曾煽动亨利亲王背叛他的父亲；英国国王亨利二世痛恨伯特兰，认为伯特兰是引起他与弟弟之

① Лунц Л. *Вне Закона. Пьесы, рассказы*, статьи, СПб., 1994, с.118.

② Вольская А.Б. *Поэтика драматургии Льва Лунца*, Диссертация Российского государственного педагогического университета им. А.И. Герцена, 2014,с. 3-4.

间冲突的罪魁祸首。[①]

其他人物形象也与《神曲》中的人物形象互文。大王子亨利与神曲中的豹子互文。他性格懦弱，贪图享乐。大王子亨利的弟弟理查德则与饥饿的狮子互文。他渴望权力，为了继承王位不择手段。玛蒂尔达是饥渴的母狗形象，心中只有王后的宝座，虚荣且愚蠢。故事发生在 12 世纪 80 年代，吟游诗人、男爵伯特兰的领土遭到“狮心王”理查德侵犯。大王子亨利作为伯特兰的朋友，醉心于游戏打猎，袖手旁观。为报仇雪恨，收复失地，伯特兰来到亨利身边再次寻求帮助。但是，由于亨利性格软弱，伯特兰决议通过离间亨利与理查德的兄弟之情，迫使亨利看清弟弟的野心，为自己发兵夺回家园，恢复荣誉。伯特兰步步为营，迫切的复仇心理致使他丧失人性，反而再一次丢失自由和荣誉。剧终，理查德与兄弟反目，亨利惨死，玛蒂尔达也转变成了追求权欲的复仇女王。全剧所有人物最终都走向毁灭，无一幸免。

该剧一反传统英雄式悲剧的套路，在人物形象上抛弃古希腊式的悲剧表现，悲剧中的所有人物都是“反英雄式”的形象。隆茨在后记中这样记录：“卑劣创造伟大，残酷创造悲剧。”[②]悲剧的主人公不再是传统式的英雄，不再是历经磨难“修成正果”的更具英雄气概的人物，转而塑造了一系列爱慕虚荣、权欲熏心、懦弱无能、背信弃义、离经叛道的人物形象。

此举意在打破传统悲剧与喜剧之间的壁垒。悲剧中的人物不再是古希腊式的英雄，也不是俄罗斯戏剧中的小人物。向观众展现的不仅仅是人与人之间的矛盾，人与环境之间的矛盾，而且是人与强权、人与时代的矛盾。

此外，剧中的主人公都是敢于追求自己理想的人，不择手段但目标明确，而非契诃夫戏剧中“万尼亚舅舅”式的在迷茫中绝望、毫无行动的“多余人”。

（二）动作性语言艺术特色与戏剧情节相辅相成

亚里士多德在《诗学》中讨论悲剧性质的定义时谈到，悲剧是对严肃、完整、有一定长度的行动的模仿，它的媒介是经过修饰的语言。语言作为戏剧的基本材料，是戏剧展开情节、刻画人物、揭示主旨的手段和工具，而戏剧艺术的最大特殊性在于戏剧语言的动作性。[③]

戏剧语言的动作性，要求剧中人物不仅在语言上，而且在人物自身的心理活动和思想感情上和手势、表情、形体动作结合在一起，共同推动剧情发展。斯坦尼斯拉夫斯基曾把戏剧语言称为“语言动作”，强调人物的“语言

---

① [意] 但丁：《神曲》，王维克译，人民文学出版社 1985 年版，第 124 页。
② Лунц Л. *Вне Закона. Пьесы, рассказы, статьи*, СПб., 1994, с.115.
③ [希腊] 亚里士多德：《诗学》，陈中梅译，商务印书馆 2017 年版，第 98 页。

动作化”。所谓“语言动作化”，并不是指人物用语言来简单地解释或交代自己的动作，而是指每一个活生生的剧中人在规定情境中，以其个性化的语言来展示自己丰富、复杂、隐秘的内心世界。亚里士多德认为，悲剧模仿的不是人，而是人的行动、生活和幸福。悲剧的目的不在于模仿人的品质，而在于模仿某个行动。剧中人的品质是由他们的性格决定的，而他们的幸福或不幸，则取决于他们的行动。黑格尔认为，能把个人的性格、思想和目的最清楚地表现出来的是动作。戏剧艺术对动作的重视表明，戏剧语言除了个性化和抒情性，必须具有动作性。

首先，戏剧语言要推动剧情发展，激起矛盾冲突。剧中人与人之间、人与环境之间的矛盾导致冲突，冲突通过行动来实现，情节和人物性格在行动中得以展现，这一切都要通过语言来落实。剧中人的语言往往具有某种倾向，人物意志体现在语言上，进而转化为行动，推动剧情发展。比如，在亨利约伯特兰下棋时，伯特兰先通过拒绝的态度来表现自己对亨利的不满；然后，他描述家园被攻陷的情景，希望得到亨利的同情；紧接着，他把矛头转向理查德，向亨利描述理查德的野心以及理查德在老国王心中的地位，警示亨利的继承权危在旦夕。三言两语就使亨利对弟弟理查德失去了信任。最终，伯特兰诱使亨利产生了要杀掉弟弟的想法。在戏剧中，人物的对话往往反映人物的意图，并影响对方，促使对方对这种影响作出回应。

其次，戏剧语言要揭示人物的内心，对情节有推进作用。关于戏剧的语言，重要的不仅是语言的表面意义，还有潜在层面的意义。只有准确地把握人物的内心，才能使外部动作合情合理。在戏剧（特别是话剧）中，台词是体现人物内心的主要手段。比如在《伯特兰・德・波恩》中，理查德以战争胜利为由，要求众人为他歌功颂德。当众人向他献媚时，他却命令无动于衷的伯特兰跟随他。但是，伯特兰开口就说自己绝不会向强权屈服。下面，我们摘录其中一段原文及翻译进行分析。

原文：

Бертран（один）.

Свободные певцы! Прованские сеньоры! Как челядь, лижут шпоры господина...

“Бертран, иди за мной!” Как сарацинскому рабу，Он подзатыльники словами мне дает. Я не пойду!

（Выходит на просцениум）. Занавес за ним падает.

Вот в Аржантоне я опять — рабом! Я — пленник. Отнят замок мой，И вотчина моя горит... я не пойду! [①]

翻译：

伯特兰（独自一人）。

自由的歌手啊！普罗旺斯的领主们！像仆人一样舔舐主人的鞋底……

“伯特兰，跟我走！”他用这话打我耳光，就像打萨拉泰人的奴隶一样。我决不去！

（离开，走到舞台前部）帷幕在他身后落下。

在阿让通，我又一次成为奴隶！我是俘虏。我的城堡被占领，我的领土冒着火……我决不去！

戏剧语言不是表达思想的刻板念白，而是表达人物外部动作和内心世界的语言。通过这个宣言般的独白，观众仿佛可以感受到人们对权贵的不屑，丧失主权的领主对家园的思念，被压迫者对压迫者的不屈，一个骑士最后坚守的荣誉和尊严。“自由的歌手啊！普罗旺斯的领主们！像仆人一样舔舐主人的鞋底……”[②]伯特兰是高傲的，他在战争中丢盔弃甲，沦为没有领土的贵族，寄居人篱之下，但身为自由且孤傲的诗人，胸怀荣誉感的骑士，他是绝不会像其他人那样对自己的死敌谗言媚语。因此，不断重复“我决不去”的独白向我们展示的是伯特兰的拒绝态度和复仇之心。在此处，他的独白既是语言，又是动作。剧本的语言蕴含了丰富的动作，就可为演员的表演提供广阔的天地，演员就能凭借这些语言，想象出自己所扮演的角色的动作、表情和姿态，从而更好地塑造人物形象，达到戏剧效果。隆茨十分重视戏剧语言的动作，认为有动作的戏剧语言有益于推动故事情节的发展，揭示主旨思想。

与追求心理效果的契诃夫不同，隆茨志在恢复“真正意义上的戏剧”。契诃夫无意于表现传统戏剧中的外在冲突，他刻意弱化错综复杂、跌宕起伏的情节，着重于使用抒情化的戏剧手法去展现更具哲学意味的内在冲突。比如，契诃夫多次使用“沉默（停顿）”，通过这种微妙的沉默表现出戏剧人物丰富的情感和心理活动。这正是隆茨最为反对的一点。隆茨认为，契诃夫的戏剧是无聊的、枯燥的，毫无生命力。戏剧应该是动态的，剧作家可以随性创新，但不应该违背戏剧的创作规则。

“戏剧应该有戏剧的样子！”[③]隆茨在戏剧中同样追求个人与强权、个人与时代的抗争的主题。他在《伯特兰·德·波恩》中通过动作性、诗韵

---

① Лунц Л. *Обезьяны идут!*,СПБ.,Инапресс,2003, с. 171.

② Лунц Л.*Обезьяны идут!*,СПБ.,Инапресс,2003, с.171.

③ Лунц Л.*Обезьяны идут!*,СПБ.,Инапресс,2003, с.491.

化的戏剧语言、独具特色的戏剧节奏和反英雄式的人物形象等一系列独特的戏剧艺术手法刻画情节，揭示主旨，追求独特的戏剧效果。隆茨在《伯特兰·德·波恩》的后记中这样记录："情景剧将会拯救戏剧……于我而言，表演性的戏剧是最重要的。文学家们可能会对我的戏剧有所挑剔，但这些评论在我看来并不重要……创新就应该不受当代戏剧的影响，要走另一个极端。我不再以任何俄罗斯人为师，但我也不愿对西方奴颜婢膝……"[①]由此可见，隆茨的目的在于对戏剧情节的执着追求，对戏剧语言动作性的青睐，对戏剧的舞台效果的重视。他亲身坐在剧场里，看演员在念台词时产生的动作，聆听演员们的意见。因此，他能准确地预料这些台词会引发什么样的剧场效果。对一个剧作家说来，这是一种可贵的素质。正是凭借这种素质，他出色地运用戏剧语言，写出了一部部独具特色的剧作。

三、对俄罗斯文学的影响

托洛茨基尽管对"谢拉皮翁兄弟"有批评性意见，但对他们的贡献也是持肯定态度的："我们深知'同路人'在政治上的局限性、不稳定性和不可靠性。但是，如果我们抛弃谢拉皮翁兄弟，那么除了标榜无产阶级那几张未兑现的票据外，还能剩下什么呢？"[②]"谢拉皮翁兄弟"代表了俄罗斯文学最正确的发展方向。费定后来在《高尔基和我们在一起》一书中对"谢拉皮翁兄弟"如此评价："谢拉皮翁兄弟在文学史上不会湮没无闻。"[③]

虽然隆茨英年早逝，但他依然为后人留下了诸多意义深远的文学遗产。隆茨认识到，打破悲剧和喜剧之间的壁垒，打破多个世纪以来一直固守的规则，滑稽元素在戏剧体裁中以新的形式出现，这是一种趋势。在这种情况下，戏剧的主要任务变成了"变革不断变化的文化语境(контекст)"。隆茨在戏剧中大胆创新，创作反乌托邦体裁的《真理城》，打破悲剧的传统模式，开创了俄罗斯反英雄体裁；在情节构思上戏仿《圣经》，与《神曲》互文；戏剧语言艺术方面，挑战权威，拒斥契诃夫的"沉默戏剧"，提倡动作性语言戏剧。高尔基在纪念隆茨的文章中这样写道："若非隆茨的早逝，这个国家必定会多一位才华横溢的理论家、戏剧家和批评家。"隆茨在创作理念和创作手法上的创新，不仅丰富了文学创作艺术手法，而且为 20 世纪俄罗斯文

---

① [苏联]托洛茨基：《文学与革命》，刘文飞译，信达出版社 1971 年版，第 11—24 页。
② ФединК.*Горький среди нас*, М., Советский писатель, 1968, с.15.
③ ФединК.*Горький среди нас*, М., Советский писатель, 1968, с.15.

学发展提供了新思路和新角度。

隆茨的创作理念是非理性的自由的创作。创作可以基于某个历史事实、日常生活素材，但不局限于某个事实，读者并非历史看客、体验者，而应是“一切事物都可以成为作家创作的素材”，随其控制、揉搓。超越现实，却不完全脱离现实。“为艺术而艺术”是艺术的使命。隆茨以一种“非革命”的状态旁观社会现实，以艺术家的直觉去把握现实，以纯文学的形式来表现现实，反映时代。对他而言，艺术绝不是政治的传声筒。正是这种不屈于权威、特立独行的理念，使得隆茨的作品在俄罗斯文学史上至今熠熠生辉。

* 参考文献

[1] [苏联] 奥夫相尼柯夫・祖拉姆内依：《简明美学辞典》，冯申译，知识出版社 1981 年版。

[2] [苏联] 巴赫金：《文本、对话与人文》，白春仁等译，河北教育出版社 1998 年版。

[3] 大鹏：《“谢拉皮翁兄弟”自传》，载《苏联文学》，1986 年第 6 期。

[4] [意] 但丁：《神曲》，王维克译，人民文学出版社 1985 年版。

[5] [德] 黑格尔：《美学（第 1 卷）》，商务印书馆 1979 年版。

[6] [苏联] 托洛茨基：《文学与革命》，刘文飞译，信达出版社 1971 年版。

[7] [希腊] 亚里士多德：《诗学》，陈中梅译，商务印书馆 2017 年版。

[8] Вольская А.Б. *Поэтика драматургии Льва Лунца*, Диссертация Российского государственного педагогического университета им. А.И. Герцена, 2014.

[9] Лунц Л. *Вне Закона. Пьесы, рассказы, статьи*, СПб., 1994.

[10] Лунц Л. *Обезьяны идут!*, СПБ.,Инапресс, 2003.

[11] ФединК. *Горький среди нас*, М., Советский писатель, 1968.

（作者单位：哈尔滨师范大学斯拉夫语学院）

下篇

国别 · 文化

"一带一路"视域下中俄罗斯远东地区的农业发展与合作

王　晨

内容提要： 自中国提出"一带一路"倡议以来，俄罗斯从怀疑转向积极参与。高层间的密切往来以及国家政策规划的提出，促使两国关系日益密切并积极开展区域合作。其中，在俄罗斯远东地区开展的经贸合作逐渐成为双方共同关注的焦点。随着近几年中、俄双边贸易的持续增长，农业贸易已经发展成为两国合作的新亮点。本文以中、俄两国在俄罗斯远东地区的农业发展与合作为切入点，介绍了两国的农业合作背景、优势条件、合作现状以及发展过程中所面临的问题，并对未来进一步的合作提出了建议。

关 键 词： 一带一路；远东；农业合作；优势

2018年，随着中、俄两国交往的不断深入，两国的双边贸易得到迅速发展，双方贸易额首次突破1000亿美元，贸易增速在中国主要贸易伙伴中位列第一。同时，中国继续保持着"俄罗斯第一大贸易伙伴国"的地位。[①] 两国的农产品贸易额达到新高，中俄农产品贸易在2018年的1月至9月同比增长了27%，在深入开展农业种植、农产品加工、农业技术人才培养、综合开发等农业合作领域取得显著成果，俄罗斯的小麦、燕麦、荞麦、亚麻籽、葵花籽等农产品对中国出口的壁垒已经取消。[②]

一、"一带一路"视域下中俄远东农业合作背景及优势

在"一带一路"倡议下，推动中、俄两国在远东地区开展农业合作，是两

① 《中俄2018年双边贸易额首次突破1000亿美元》，http://finance.chinanews.com/cj/2019/01-19/8733499.shtml，访问日期：2019年7月20日。
② 《中俄贸易额逼近千亿大关 俄农产品进口大增》，http:world.huanqiu.com/exclusive/2018-11/13613605.html，访问日期：2018年11月30日。

国经贸合作的重点项目之一，这是因为两国农业合作由来已久，并有得天独厚的地缘优势。由于受到政府部门的高度重视，双方提出了一系列的政策规划，为两国的农业合作提供了有力保证。

（一）合作背景

中、俄两国农业合作历史悠久，早在19世纪，为满足移民对各种生活物品的需求，沙皇政府便在中、俄两国边境地区推行免税贸易制度，大量进口中国农产品，并与中国邻近地区开展贸易合作。20世纪中期，在苏联政府专家团队的援助下，我国在黑龙江省建立了当时规模最大的机械化谷物农场——“国营友谊农场”，凭借农场丰富的自然资源以及充足的能源，推动了当地农业的机械化发展。20世纪90年代苏联解体后，俄罗斯进入转轨时期，经济和社会问题突出，远东地区的人口状况出现恶化趋势，人口大量外迁，人口质量下降，劳动力严重匮乏。为保证居民的生活供应，俄罗斯远东地区吸引大量中国农民前来承包土地，充分利用该区闲置土地进行农业生产，为农业发展提供动力。[①]2000年以后，普京总统执政，多次强调俄罗斯应在维护国家安全的前提下，发挥远东地区的优势。俄罗斯开始大力推行“向东看”战略，与亚太地区各国开展全方面、多领域的合作，农业合作逐渐成为远东地区重点开发项目之一。

随着经济快速增长，中国也加快了农业“走出去”的步伐，各大企业不仅积极参与投资海外优质食品项目，还与俄罗斯等“一带一路”沿线国家开展农业合作，输出先进的农业技术，扩大农业合作领域。这不仅深化了国家之间的交流与合作，更满足了各国市场需求。中、俄两国在远东地区开展农业合作不但切合实际，而且是有效、互利、共赢的。

（二）地缘优势

俄罗斯地跨欧、亚两大洲，其中约有三分之二的国土面积在亚洲，俄罗斯远东地区由滨海边疆区、雅库特共和国、哈巴罗夫斯克边疆区、阿穆尔州、堪察加边疆区、马加丹州、萨哈林州、犹太自治州以及楚科奇自治区等9个行政区组成，其面积达到621.59万平方公里，占俄罗斯领土面积的36.4%。中、俄两国互为最大邻国，双方有4300多公里长的共同边界。[②]与中国内蒙古、东北地区接壤的俄罗斯阿穆尔州和滨海边疆区，土地资源丰富，植物种类众多，适合农业耕种。俄罗斯拥有世界上面积最大的黑土地，并积极开垦，用作

---

① 李传勋：《俄罗斯远东市场研究》，社会科学文献出版社2004年版，第122页。

② 《俄罗斯远东地区》，https://baike.so.com/doc/6430025-6643701.html. 访问日期：2018年11月5日。

农业耕地。[①]中、俄两国积极开展国际交通走廊建设、跨境界河桥梁建设、边境口岸建设，投资方式多样化及投资主体多元化，为中国深入远东地区进行农产品贸易，开展农业合作提供了便利条件。远东地区的土地储备丰富，包括250万公顷播种面积和400万公顷牧草和干草区，可养殖家禽、奶牛和肉牛，种植大豆、小麦、玉米、水稻、大麦和油菜。[②]俄罗斯优越的地缘位置以及富庶的土地资源，为其对外开展农业合作提供了良好条件。

（三）政策规划

2015年3月28日，中国提出了“一带一路”倡议，发布了《推动共建丝绸之路经济带和21世纪海上丝绸之路的愿景与行动》。2015年5月，中、俄两国元首共同签署了《关于丝绸之路经济带建设和欧亚经济联盟建设对接合作的联合声明》，对“一带一路”框架下的中、俄两国务实合作制定了新规划。

2015年，俄罗斯相继颁布了《超前发展区法》和《符拉迪沃斯托克自由港法》，试图通过推行土地使用制度、税收优惠、自由关税等手段吸引外资，提升远东地区的国际竞争力。远东地区与我国东北相毗邻，远东开发战略与我国东北振兴战略有许多契合点。随着两国经贸水平的不断提升，开展农业合作也成为近几年中俄区域合作的新趋势。2015年，中国商务部、财政部联合签发的《境外经济贸易合作区确认函》，确定黑龙江省东宁县中俄现代农业产业合作区属于国家级农业产业型境外经济贸易区。2018年9月，中、俄两国在远东地区符拉迪沃斯托克市召开第四届东方经济论坛，进一步加强了地方和企业的经贸合作，中、俄两国领导人共同签署了《中俄在俄罗斯远东地区合作发展规划（2018—2024）》和《中国东北地区和俄远东及贝加尔地区农业发展规划》，并在中、俄两国总理第23次定期会晤后正式生效。各种规划和政策的提出不但为两国的农业合作打下良好基础，提供了政治保障，还推动了两国区域合作的进一步发展，使中、俄双边贸易达到新高度。

二、“一带一路”视域下中俄远东农业合作的现状与阻力

2015年，自俄罗斯提出“一带一盟”建设以来，就十分重视与中国进行

① 汪晓波等：《“一带一路”背景下中国东北与俄远东地区农业合作》，载《西伯利亚研究》，2017年第3期，第27页。

② 《中俄在俄罗斯远东地区合作发展规划（2018—2024）》，https://max.book118.com/html/2018/1120/8056056141001133.shtm，访问日期：2018年12月15日。

经贸合作交流，推动远东地区开发。为更好地实现中、俄两国远东地区的农业合作，促进农业合作现代化发展，我们需要厘清当前中、俄两国在远东地区的农业合作现状以及发展过程中遇到的阻力。

（一）合作现状

中、俄双方在农业合作上具有互补性，一方是拥有巨大耕地面积的粮食大国，一方是拥有农业生产技术与经验的生产和消费大国。2010 至 2015 年，俄罗斯农产品对华出口和从中国进口额年均分别增长 4.4% 和 3.3%。[①] 2016 年，俄罗斯农产品产量增长实现重大突破，在满足国内人民需要的同时，还积极向国外市场进军，主要集中在亚太地区，中国成为俄罗斯农产品主要消费国之一。2017 年，中俄农产品贸易额突破 40 亿美元，其中远东地区出口到中国的农产品总额为 12.7 亿美元。[②] 俄罗斯近几年粮食产量持续增长，小麦、玉米、荞麦等农产品大量对外出口，与此同时，俄罗斯也从中国邻近城市进口蔬菜和水果。随着中美贸易战形势的不断变化，美国对向中国出口的农产品进行限制，为中、俄两国之间的农业贸易往来提供了商机。中、俄两国在农业合作领域前景广阔，尤其是在大豆方面迎来了新的发展机遇。[③] 2018 年，在中俄博览会期间，在中国的哈尔滨市和俄罗斯的叶卡捷琳堡分别召开了“中俄农业地方合作远景展望会议”和“中俄农业合作圆桌会议”，表明中国与俄罗斯的农业合作已经形成从种植、加工到物流、贮存的全产业链发展模式。

（二）合作阻力

近年来，中、俄两国领导人不断加大农业合作力度，积极进行项目对接，但远东地区的农业合作仍存在一些阻力。

俄罗斯农业发展程度低，新品种、新技术的研发水平落后，农业跨境电子商务发展缓慢，双方无法及时获得最新的市场信息，掌握行业发展动态，这不利于两国农业信息交流。俄远东地区的开发需要更多的支持，但由于长期受到西方国家的经济制裁，俄罗斯的大部分财政收入用来发展本国的能源经济，农业发展资金不足，农业技术水平停滞不前，这些因素阻碍了两国开展农业合作的进程。同时，中国对俄投资也存在一些问题，由于卢布汇率

---

① 《上和国家农业巡礼，中国成俄罗斯食品最大进口国》，http://country.cnr.cn/gundong/20180614/t20180614_524270269.shtml，访问日期：2018 年 11 月 10 日。

② 《中俄两国农业合作和农产品贸易活跃》，http://news.cctv.com/2018/09/10/ARTI2AuYjefQq4IULUrSZB2z180910.shtml. 访问日期：2018 年 10 月 30 日。

③ Макаров И. А. *Российско-китайское сотрудничество в сельском хозяйстве*, J.，ЭКО，2017(5),c. 26.

波动较大，中俄贸易目前无法实行全面货币结算，这使中方人员对俄投资存在一些困难。

中国与俄罗斯远东地区开展农业合作还面临着其他国家的竞争，为了实现亚太经济一体化，俄罗斯同时面向韩、中、日等多个亚太国家合作，共同进行远东地区的开发。2016 年，有 3 家韩国企业入驻了俄远东超前发展区和符拉迪沃斯托克自由港。2017 年，俄罗斯哈巴罗夫斯克边疆区向韩国企业推介谷物干燥、粮库改造、奶产品生产补贴等农业合作项目。[①]同年，日本钢铁工程控股公司在俄罗斯境内的超前发展区建立“智能农业城市”，开办养殖场并进行肉类、奶制品等产品的加工。

此外，在俄罗斯远东地区“中国威胁论”仍然存在，有些俄罗斯人认为，中国经济的飞速发展，经济规模的不断扩大，对俄罗斯的发展是一种威胁。远东地区部分领导人曾因中俄边界划定问题存在争议，而未对中国投资者实行全面开放政策，虽然近几年两国在远东地区的贸易额持续增长，但未能赶超俄罗斯与西方国家的贸易额。

三、“一带一路”视域下推动中俄远东农业合作发展的建议

现今，中俄关系持续升温，政府间交流互动，领导人积极会晤，都为中俄开展多领域的务实合作打下良好基础。同时，两国还应推动实现农业现代化，积极培养高级技术人员，以此深入开展两国在远东地区的农业合作。

（一）加强中、俄两国交流与合作

中俄关系现已进入全面战略协作伙伴新阶段，经济合作不断深化，合作前景广阔，两国在 2018 年和 2019 年都举办了“中俄地方合作交流年”活动，以此发掘地方合作潜力，激发合作热情。在“一带一路”框架下，中、俄两国应进行多层次的沟通，建立必要的磋商机制。完善远东地区中俄经贸合作发展机制及基础设施建设，促进中俄农业合作项目的实施，为远东地区农业发展营造良好的环境。

中国和俄罗斯从最高层到地方政府，都应建立和完善区域间协调合作机制，共同建立政府领导、各部门广泛参与的“中俄经济合作发展委员会”，在邻近地区完善农业合作机制。

① 靳会新：《黑龙江省参与俄罗斯远东开发对策》，载《俄罗斯学刊》，2018 年第 1 期，第 57 页。

中、俄两国政府还应在外交、海关、物流、工商、税务等方面建立定期沟通协调机制，以便及时了解农业合作参与者的利益诉求，并完善农业合作方面的各项政策、法规。同时，确定政府各部门的权力、责任和义务，加强对农业合作项目的监督与管理。①

（二）推进农业合作现代化

双方一致认为，扩大远东地区农业原料、产品和食品出口，生产高附加值的农产品是中俄远东地区合作的重中之重。现今，中、俄之间的农业合作已不再只是简单的农产品贸易和劳动力的输出。随着中俄贸易往来愈加密切，凭借得天独厚的农业合作基础和条件，双方应加快转变农业发展模式，运用现代化农业装备以及先进的农业技术，创新农业生产模式，提高农业合作水平。

在新时期，要围绕种植业和养殖业向上或向下延伸投资，拉长产业链；要就地转化初级农产品，拓展现代农业的利润空间；要按照现代农业的标准，提高农业生产经营的科技含量，降低生产经营成本，提高劳动生产率和产量。

农业合作现代化也是农业合作绿色化、生态化。远东地区种植的大部分农产品都是绿色生态产品，该地区化学和矿物肥料使用量远远低于其他地区，避免了对生态环境的大肆破坏，并且“原生态”“无添加”已经成为俄罗斯向全球出口农产品的主要优势。在农产品贸易合作方面，要推进中、俄双方合作生产优质农产品，使其更加“绿色”和安全。

（三）培养高科技人才

在国家的经济发展中，高科技人才在提升区域经济发展的核心竞争力、加快行业技术创新和农业产业升级等方面发挥着不可替代的作用。中、俄两国在远东的农业贸易、加工、资源利用以及运输方面具有很大的互补性。尤其是我国的东北地区与俄罗斯的远东地区具有天然的地缘优势，拥有人才交流的良好基础。以“一带一路”倡议为指引，加强中俄信息技术交流和人才培养，可以为农业合作领域提供新的契机。双方政府应努力建设农业科技合作平台，加强人力资源的开发，积极培养有能力的高水平人才，加强农业科技人员、管理人员的交流，积极培养国际化、具有创新性的专业技术人才。如今，两国都致力于科技人才培养，高校间的学术交流、专业探讨也在有序开展。高校应努力为双方政府、教育机构、企业提供更多研讨交流机会，推进

① 彭亚骏等：《中国东北地区与俄罗斯远东地区农业合作影响因素分析——基于层次法》，载《黑龙江畜牧兽医》，2017 年第 12 期，第 11 页。

中、俄双方走优势互补、农业现代化的高速发展之路。

四、结语

中、俄两国在远东地区开展农业合作，既增加了俄罗斯农产品出口，又促进了中国农产品进口。两国农业合作历史悠久，在发展现代农业，打造农业综合体方面潜力巨大。中国市场广阔，俄罗斯农业资源丰富，在两国积极推行战略对接的情况下，应坚持互利、共赢原则，进一步推动双方在俄罗斯远东地区的农业合作与发展。

* 参考文献

[1] 《俄罗斯远东地区》，https://baike.so.com/doc/6430025-6643701.html，访问日期：2018 年 11 月 5 日。

[2] 靳会新：《黑龙江省参与俄罗斯远东开发对策》，载《俄罗斯学刊》，2018 年第 1 期。

[3] 李传勋：《俄罗斯远东市场研究》，社会科学文献出版社 2004 年版。

[4] 刘清才等:《“一带一路”框架下中国东北地区与俄罗斯远东地区发展战略对接与合作》，载《东北亚论坛》，2018 年第 2 期。

[5] 彭亚骏等:《中国东北地区与俄罗斯远东地区农业合作影响因素分析——基于层次法》，载《黑龙江畜牧兽医》，2017 年第 12 期。

[6] 《上合国家农业巡礼，中国成俄罗斯食品最大进口国》，http://country.cnr.cn/gundong/20180614/t20180614_524270269.shtml，访问日期：2018 年 11 月 10 日。

[7] 汪晓波等:《“一带一路”背景下中国东北与俄远东地区农业合作》，载《西伯利亚研究》，2017 年第 3 期。

[8] 《中、俄两国农业合作和农产品贸易活跃》，http://news.cctv.com/2018/09/10/ARTI2AuYjefQq4IULUrSZB2z180910.shtml，访问日期：2018 年 10 月 30 日。

[9] 《中俄贸易额逼近千亿大关 俄农产品进口大增》，http:world.huanqiu.com/exclusive/2018-11/13613605.html，访问日期：2018 年 11 月 30 日。

[10] 《中俄在俄罗斯远东地区合作发展规划（2018—2024）》，https://max.book118.com/html/2018/1120/8056056141001133.shtm，访问日期：2018 年 12 月 15 日。

[11] 《中俄 2018 年双边贸易额首次突破 1000 亿美元》，http://finance.chinanews.com/cj/2019/01-19/8733499.shtml，访问日期：2019 年 7 月 20 日。

[12] Александров Е.Л. *Мировая экономика и международные экономические отношения: учебное пособие*, М., изд. Финансовый университет, 2017.

[13] Макаров И. А. *Российско-китайское сотрудничество в сельском хозяйстве*, J., ЭКО, 2017（5）.

（作者单位：黑龙江大学俄语学院）

南斯拉夫民族联合的历史基础探源

刘昌晶

内容提要： 近代以来，巴尔干半岛纷争不断，成为世界的热点地区。在 19 世纪，巴尔干多个民族中出现了“南斯拉夫各族人民联合起来共同组建国家”的思想。在 20 世纪，南斯拉夫各民族数次践行了联合思想。这些实践最终都走向了失败，但在当时的历史条件下，却符合南斯拉夫各民族的共同利益，具有积极作用。本文试图通过梳理南斯拉夫的历史发展脉络，找寻他们在民族起源、文化背景和历史命运等方面的相似点，探究南斯拉夫民族实现联合的基础。

关 键 词： 斯拉夫人；南斯拉夫；巴尔干；南联邦

巴尔干半岛有“欧洲火药桶”之称。一提及巴尔干半岛，人们就会想到复杂的民族情况。长久以来，多个外来民族进入巴尔干半岛，部落与部落、民族与民族之间的矛盾不断，产生过众多的民族纠纷和历史冲突。从罗马帝国时期开始，巴尔干半岛就是大国势力争夺的重点对象。巴尔干半岛各民族曾处于罗马帝国、拜占庭帝国、奥斯曼帝国、奥匈帝国的统治之下，却从未出现一个统一的巴尔干国家。

实际上，巴尔干半岛也曾出现过正面、积极、相互谅解的联合思想。在民族解放和国家独立的过程中，巴尔干多个民族提出过巴尔干各族人民应该联合起来，建立统一的斯拉夫国家或巴尔干国家，以对抗共同的敌人，维护巴尔干各民族的共同利益。“联合”是巴尔干各民族（尤其是斯拉夫民族）在一段时期内的共同愿望，是巴尔干地区民众团结一致的反映，是斯拉夫民族对民族起源同一性的认可。

在公元 6 世纪至 7 世纪，大批的斯拉夫人迁入巴尔干半岛，与原住民或其他民族融合，建立了早期的南斯拉夫国家，在斯拉夫口头语的基础上创造出了斯拉夫文字，发展了斯拉夫文明。从 14 世纪开始，早期的斯拉夫国家是在奥斯曼帝国和奥匈帝国统治之下。共同的民族起源、相似的文化背景和共同的历史命运是南斯拉夫人民想要联合的原因。

一、南部斯拉夫人的起源与迁徙

斯拉夫人是世界上最大的印欧裔民族语言群体，分布于南欧、中欧、东欧、巴尔干等地区。现在的斯拉夫人可以分为三个支系：东部斯拉夫人、西部斯拉夫人和南部斯拉夫人。其中，南部斯拉夫人主要是塞尔维亚人、克罗地亚人、波斯尼亚人、马其顿人、斯洛文尼亚人、黑山人和保加利亚人，[①] 他们生活在欧洲东南部的巴尔干半岛上。

关于斯拉夫人的起源问题，学界有很多假说。目前的主流说法是，斯拉夫人最初居住在西起奥德河、东抵第聂伯河、南至喀尔巴阡山、北邻波罗的海的广袤地区。今波兰境内的维斯瓦河河谷被认为是“斯拉夫人的摇篮”。[②] 王松亭在《古斯拉夫人源流考》一文中解释了“斯拉夫人起源于奥德河至第聂伯河间的地区”这一说法，是将斯拉夫人在形成独立人种集团时期（大体时间为公元前2000年左右）的居住地作为其发源地，因为在奥德河至第聂伯河之间发现了绳纹陶农牧部落的遗址，这一遗址具有典型的斯拉夫文化特征。[③]

在斯拉夫人进入巴尔干之前，日耳曼人和匈人已进入这一地区。日耳曼民族起源于斯堪的纳维亚半岛，在公元前2世纪前后陆续离开波罗的海，南下进入中欧地区。据文献记载，早在公元前1世纪，日耳曼民族与罗马人之间就已经发生军事冲突。公元2世纪下半叶，日耳曼人大举南迁，沿着中欧和东欧的河谷不断扩张，其中日耳曼人中的哥特人越过了多瑙河。由于“3世纪危机”极大地削弱了罗马人的军事力量，哥特人开始从巴尔干半岛的东北部入侵罗马帝国。哥特人起初是对罗马帝国的城市和农村进行抢掠，后来就在罗马帝国境内定居下来，并且成为帝国军队的重要组成部分。

到了公元4世纪，罗马帝国边界上已驻扎着相当数量的日耳曼人，其中包括赫曼德瑞人、诺斯特斯人、马尔库曼斯人、奎德人、格皮德人、伦巴第人、西哥特人和东哥特人，这些日耳曼人的部落在罗马帝国北部形成一条防线，阻碍了斯拉夫人的南迁计划。

罗马帝国北部的防线后来被匈人打破。匈人在西迁的过程中，与哥特人经常发生冲突。哥特人多次被匈人打败，一部分哥特人为了躲避匈人开始返回家园，另一部分哥特人留下来抵抗匈人。向北返回家园的哥特人向斯拉夫

---

① 金娜：《“斯拉夫”词源与斯拉夫民族文化探析》，载《西伯利亚研究》，2017年第6期，第52—55页。
② 于沛等：《斯拉夫文明》，福建教育出版社2008年版，第3页。
③ 王松亭：《古斯拉夫人源流考》，载《史学集刊》，1991年第3期，第54—61页，第44页。

人讲述了很多南部世界的故事，斯拉夫人渐渐被南部地区吸引，跃跃欲试。哥特人开始训练斯拉夫人，于是斯拉夫人开始了向南部迁移的征程。①

公元4世纪，匈人入侵欧洲，引发了民族大迁徙浪潮，对整个欧洲产生了重大的影响。已在罗马帝国境内定居的哥特人被迫从巴尔干半岛迁出，其迁徙运动前后进行了两百多年。斯拉夫人正是在这段时间里开始南迁的。

陈志强在《巴尔干古代史》一书中指出，最早记载斯拉夫人进入巴尔干半岛的史料出自马尔西林努斯的《编年史》，其中记载了"斯拉夫人于493年入侵色雷斯"史实。到了公元6世纪，斯拉夫人大批进入巴尔干半岛。早期进入巴尔干半岛的斯拉夫人并没有建立国家，而是以强盗、土匪等非法身份进入，频频骚扰拜占庭帝国，对其造成困扰；除了非法身份，斯拉夫人还有一个身份就是拜占庭帝国的雇佣兵。公元6世纪末，斯拉夫人与阿瓦尔人合作，大举入侵巴尔干地区。在这个过程中，斯拉夫人逐渐改变了以前抢掠后就返回多瑙河附近的习惯，而是在占领的土地上定居下来。从此，巴尔干半岛的民族成分发生了深刻而长久的变化。②至公元7世纪，斯拉夫人已布满了巴尔干半岛。到公元8世纪，巴尔干半岛的居民结构发生了重大的变化。③

E. A. 海默尔在《从人口学角度看南斯拉夫内战的起因》一文中提到，在公元5世纪至7世纪，在斯拉夫人陆续进入巴尔干半岛之前，巴尔干腹地被原住民伊利里亚人占据着。在斯拉夫人的挤压下，伊利里亚人不得不迁往山区。之后，斯拉夫人也进入山区与之融合，将伊利里亚人"斯拉夫化"。④

色雷斯人也是巴尔干半岛的原住民。沈坚在《古色雷斯人透视》一文中总结了色雷斯人的分化情况。古色雷斯人对形成近现代斯拉夫民族的影响主要体现在如下方面：早在公元前5世纪，巴尔干西部地区有少量的色雷斯人就与伊利里亚人混居，并孕育出了阿尔巴尼亚族；公元7世纪末，保加尔人和斯拉夫人入侵巴尔干，当地的色雷斯人被同化，融合为"斯拉夫化"的保加利亚人；此外，古色雷斯人也对塞尔维亚、马其顿民族的形成产生了重要影响。⑤

因此，如果追溯巴尔干半岛各个民族的形成，我们不难发现，塞尔维亚人、克罗地亚人、波斯尼亚人、马其顿人、斯洛文尼亚人、黑山人和保加利亚人等都是斯拉夫人迁入巴尔干半岛后与原住民（伊利里亚人、色雷斯人等）融合的结果，他们有着共同的祖先。

---

① 王颖：《早期斯拉夫人的形成与演变：5—9世纪》，华中师范大学硕士学位论文，2015年，第21页。
② 陈志强：《巴尔干古代史》，中华书局2007年版，第145—151页。
③ 姜天明：《巴尔干地区的重要国家——南斯拉夫》，载《辽宁行政学院学报》，2000年第3期，第95—96页。
④ [美]E·A·海默尔：《从人口学角度看南斯拉夫内战的起因》，梦兰译，载《世界民族》，1999年第4期，第21—29页。
⑤ 沈坚：《古色雷斯人透视》，载《历史研究》，2002年第2期，第104—118页，第191页。

二、斯拉夫文化

斯拉夫人有着共同的民族起源，其生活习俗、语言、文字、宗教等方面也极其相似。南部斯拉夫人最初都说古斯拉夫语。在相当长的一段时间内，口头语能够满足古斯拉夫人的生产和生活需要。随着社会的发展，斯拉夫人发明了斯拉夫文字。王松亭在《古斯拉夫文字的创制和演变》一文中梳理了斯拉夫文字书写体系的诞生和发展历程，在公元 3 世纪至 5 世纪，斯拉夫人就已经产生了“线条型”文字符号，用于记事。为了记载更加复杂的内容，斯拉夫人借用希腊字母和拉丁字母，开始寻求适用于本民族的语言文字体系。

公元 9 世纪，斯拉夫人纷纷接受基督教。基里尔和麦托迪两兄弟在传教过程中，在斯拉夫口头语的基础上创立了字母表。[①] 基里尔和麦托迪两兄弟去世后，他们的弟子在其创立的字母表上做了调整和改进，创立了新的字母表。为纪念基里尔为斯拉夫文字所做的贡献，新的字母被称为基里尔字母。

斯拉夫文字的创立使斯拉夫民族的历史和文化得以记录和保存，基里尔字母的变体也在斯拉夫世界广为传播和使用。每年的 5 月 24 日，在保加利亚、克罗地亚、塞尔维亚、黑山等南部斯拉夫国家以及捷克、斯洛伐克、白俄罗斯、乌克兰等其他斯拉夫国家都会举行盛大的“斯拉夫文字节”，这是斯拉夫各民族对文化的认同体现。2011 年，在俄罗斯举办的斯拉夫民族文化节开幕式上，莫斯科市长在致辞中指出，第一本用斯拉夫语编纂的书籍是在莫斯科出版的，基里尔和麦托迪奠定的文化传统是斯拉夫民族融合的基础。[②]

三、南部斯拉夫国家的历史命运

从公元 7 世纪开始，定居在巴尔干半岛上的斯拉夫人开始建立不同的国家。公元 7 世纪初，南部斯拉夫人建立了七个部落联盟，与阿瓦尔人和拜占庭帝国进行了顽强的斗争。7 世纪中叶，斯洛文尼亚人建立了第一个斯拉夫人的独立国家——卡兰塔尼亚公国。公元 681 年，保加尔人与斯拉夫人联合起来对抗拜占庭帝国，建立了第一保加利亚王国。

5 世纪后半叶，保加尔人首次作为一支独立的力量出现，定居在巴尔干

---

① 王松亭：《古斯拉夫文字的创制和演变》，载《解放军外国语学院学报》，1996 年第 4 期，第 44—50 页。
② 黄阳雨：《俄罗斯的斯拉夫文字文化节》，载《俄语学习》，2016 年第 2 期，第 10—13 页。

半岛上，并向巴尔干半岛东部进攻。到了 6 世纪上半叶，斯拉夫人和保加尔人开始了军事合作，共同抵抗拜占庭帝国。公元 680 年，拜占庭皇帝康士坦丁四世组织进攻保加尔人的堡垒，但未能攻下。据史料记载，康士坦丁四世需要治疗痛风，离开了罗马军营。罗马军营里开始流传皇帝逃跑的传闻，罗马士兵陷入恐慌并开始撤退。保加尔人趁机发起进攻，打败了罗马军队，越过了多瑙河。在之后的战斗中，保加尔人轻易获胜，并占领了如今的保加利亚东北部。保加尔人一路进攻，到达老山南部。在这样的情况下，拜占庭皇帝被迫签订停战协议，并承认巴尔干半岛上这个新国家——第一保加利亚王国。①

公元 880 年，布拉尼斯拉夫成为第一个独立的克罗地亚大公，克罗地亚王国诞生；② 公元 9 世纪至 10 世纪，居住在黑山的斯拉夫人建立了杜克里亚王国；公元 12 世纪，斯特凡·尼曼雅大如藩建立了统一的塞尔维亚王国，塞尔维亚开始了历史上最辉煌的尼曼雅王朝的统治。

然而，这些斯拉夫国家存在的时间不是很长，并且大多数国家被异族统治。例如，第一保加利亚王国于公元 1018 年被拜占庭帝国灭亡；在公元 12 世纪，第二保加利亚王国建立，延续了 200 多年，之后被奥斯曼土耳其帝国统治长达 500 年之久。克罗地亚王国持续了约 200 年，而后并入匈牙利，受异族统治长达八九百年之久。③ 斯洛文尼亚也沦为了日耳曼人的殖民地。1459 年，塞尔维亚王国被奥斯曼土耳其帝国所灭，波斯尼亚—黑塞哥维那既遭过匈牙利侵扰，也抵御过奥斯曼土耳其帝国的进攻；1463 年，该国被奥斯曼土耳其帝国侵占，之后被奥匈帝国吞并。④

总体而言，南斯拉夫各民族的历史命运大抵相似，保加利亚人、塞尔维亚人、马其顿人、阿尔巴尼亚人、波斯尼亚人都曾处于奥斯曼土耳其帝国的统治之下，而在北部的斯洛文尼亚人、克罗地亚人则处于奥匈帝国的统治之下。⑤

四、南斯拉夫民族联合思想的出现

从 16 世纪开始，近代南斯拉夫各民族的民族意识开始觉醒，有关南斯拉夫人的民族起源同一性的认识开始出现。编年史学家茨里耶维奇指出，南

---

① Аначков М. *История на България 681-1945*, С., Нова звезда, 2002. с. 16-19.
② 张世满：《试析克罗地亚走向独立的历史进程》，载《世界历史》，1997 年第 4 期，第 20—27 页。
③ 张世满：《试析克罗地亚走向独立的历史进程》，载《世界历史》，1997 年第 4 期，第 20—27 页。
④ 汪尧生：《关于南斯拉夫国家的建立》，载《历史教学》，1992 年第 4 期，第 40—42 页。
⑤ 陈志强：《科索沃民族问题的历史分析》，载《南开学报》（哲学社会科学版），2010 年第 2 期，第 56—63 页。

部斯拉夫属于自公元 7 世纪开始迁移过来的斯拉夫部族群体，这种民族认可成为后来南斯拉夫联合的朦胧思想。[①]斯洛文尼亚、塞尔维亚、克罗地亚还进行了文字和语言的改革运动。塞尔维亚和克罗地亚的学者都认为，使用同一种语言的人是同一个民族。

公元 19 世纪，在巴尔干半岛的民族解放运动中，很多巴尔干民族都提出了联合思想。最先提出“巴尔干各国人民联合起来，共同反对土耳其统治”的人，是希腊的里斯加·维列斯迪利斯。在《新政治管理》中，他提出巴尔干各国人民应该在平等的关系基础上，建立一个巴尔干联邦国家。

19 世纪前叶，克罗地亚出现了“伊利里亚运动”，其基本思想强调，斯拉夫各族人民是一个共同体，他们的种族相同，文化和语言相近，并且面临着共同的历史使命。这场运动的代表人物扬科·德拉什科维奇提出了“大伊利里亚”计划——从亚得里亚海到多瑙河的所有南部斯拉夫国家都应该联合起来。

塞尔维亚的伊里亚·加拉沙宁在《略图》一书中提出了统一南部斯拉夫各民族的思想和策略，并且为之付出行动。塞尔维亚与黑山、希腊、罗马尼亚结成同盟，与保加利亚制定了成立“南斯拉夫帝国”的计划，还与克罗地亚达成了建立南部斯拉夫国家的协议。[②]

保加利亚革命家赫里斯托·鲍特夫也主张建立巴尔干联邦共和国。巴尔干各民族人民有着同样的历史遭遇，奥斯曼土耳其帝国是他们共同的敌人。巴尔干各族人民应该团结起来，结成联盟，共同反抗外敌。

上述这些思想体现的共同目标是：建立南斯拉夫共同体或以南斯拉夫民族为主的联合体。然而，由于缺乏具体的设计和规划，并且塞尔维亚与克罗地亚民族关系紧张，再加上当时国际环境不允许，这些主张未能实现。尽管如此，南斯拉夫联合的设想和尝试鼓舞了处于异族统治下的南斯拉夫人，唤醒了他们的民族意识，团结和联合在他们反抗压迫的斗争中起到了十分积极的作用，并且加速了民族解放的进程。

19 世纪后期，多个斯拉夫国家纷纷摆脱奥斯曼土耳其帝国的统治，获得了独立，而克罗地亚仍遭受着奥匈帝国的压迫。两次巴尔干战争后，塞尔维亚实力大增，克罗地亚人民和斯洛文尼亚人民将民族解放的希望寄托在了塞尔维亚人民身上。20 世纪初，南部斯拉夫人重新燃起强烈的联合热情，希望建立以塞尔维亚为中心的南斯拉夫国家。“一战”爆发后，1914 年《尼什宣言》确认，参加“一战”是“解放和联合我们的一切为获得自由的兄弟——

---

① 余建华：《民族主义、国家结构与国际化——南斯拉夫民族问题研究》，民族出版社 2003 年版，第 49 页。
② 马细谱：《巴尔干纷争》，北京大学出版社 1999 年版，第 55—57 页。

塞尔维亚人、克罗地亚人和斯洛文尼亚人的斗争”。1917 年签订的《科孚岛宣言》，支持塞尔维亚人、克罗地亚人、斯洛文尼亚人建立统一的国家。该宣言通过之后，俄国、英国、法国等大国也纷纷表态，支持南部斯拉夫人民建立统一的国家。①

1918年，塞尔维亚—克罗地亚—斯洛文尼亚王国成立，1929年改名为“南斯拉夫王国”，又称“第一南斯拉夫”。至此，几个世纪以来南部斯拉夫人联合的思想终于变成现实。南斯拉夫各民族团结起来，以独立、统一的国家形象登上了历史舞台。

南斯拉夫各民族为实现联合，进行过多次尝试和实践，足见其对南斯拉夫多民族共同体的向往和渴望。这些联合对国家的发展、地区的联系都起到了一定的积极作用，也是巴尔干地区十几个世纪以来团结、友好、积极的一面。

五、结语

以上提及的巴尔干或南斯拉夫联合的思想，向前追溯，都不可避免地追溯到巴尔干半岛的斯拉夫民族，这些民族曾属于同一个族群。公元 5 世纪至 7 世纪，斯拉夫人迁入巴尔干半岛并在此定居。斯拉夫人的到来改变了该地区的民族成分，不仅同化了巴尔干地区的原住民伊利里亚人、色雷斯人，而且影响同化了后来进入巴尔干半岛的民族，比如保加尔人。在漫长的历史进程中，他们不断发展为现在的南斯拉夫各民族。早期各斯拉夫国家的建立，推进了巴尔干地区斯拉夫文化的发展，促进了斯拉夫文字的产生，也推动了基督教在这一地区的传播。这些斯拉夫国家的历史发展轨迹基本相同，经历过了拜占庭帝国、奥斯曼土耳其帝国、奥匈帝国的统治，也经历过大国势力在这一地区的干预和争夺。然而，在穿越千年的历史浓雾，在 19 世纪巴尔干各民族国家建立的时候，南斯拉夫各民族仍能想起他们原来曾经属于同一个部落群体。相同的民族起源、相似的语言文化和共同的历史发展进程，是巴尔干联合思想的情感基础和历史基础。虽然南斯拉夫联合或巴尔干联合面临重重困难与挑战，在今天看来也很难实现，但同为南部斯拉夫人的共同认知、历史渊源和民族情结不会突然消失，无论是过去还是将来，都影响着南部斯拉夫民族之间以及他们与外部国家的关系。

---

① 徐刚：《从第一南斯拉夫的兴亡看南部斯拉夫人的合与分——写在第一南斯拉夫建立 100 周年之际》，载《俄罗斯东欧中亚研究》，2018 年第 4 期，第 130—142 页，第 158 页。

* 参考文献

[1] 陈志强：《巴尔干古代史》，中华书局 2007 年版。

[2] 陈志强：《科索沃民族问题的历史分析》，载《南开学报》（哲学社会科学版），2010 年第 2 期。

[3] [美] E·A·海默尔：《从人口学角度看南斯拉夫内战的起因》，梦兰译，载《世界民族》，1999 年第 4 期。

[4] 黄阳雨：《俄罗斯的斯拉夫文字文化节》，载《俄语学习》，2016 年第 2 期。

[5] 姜天明：《巴尔干地区的重要国家——南斯拉夫》，载《辽宁行政学院学报》，2000 年第 3 期。

[6] 金娜：《"斯拉夫"词源与斯拉夫民族文化探析》，载《西伯利亚研究》，2017 年第 6 期。

[7] 马细谱：《巴尔干纷争》，北京大学出版社 1999 年版。

[8] 沈坚：《古色雷斯人透视》，载《历史研究》，2002 年第 2 期。

[9] 汪尧生：《关于南斯拉夫国家的建立》，载《历史教学》，1992 年第 4 期。

[10] 王松亭：《古斯拉夫人源流考》，载《史学集刊》，1991 年第 3 期。

[11] 王松亭：《古斯拉夫文字的创制和演变》，载《解放军外语学院学报》，1996 年第 4 期

[12] 王颖：《早期斯拉夫人的形成与演变：5—9 世纪》，华中师范大学硕士学位论文，2015 年。

[13] 徐刚：《从第一南斯拉夫的兴亡看南部斯拉夫人的合与分——写在第一南斯拉夫建立 100 周年之际》，载《俄罗斯东欧中亚研究》，2018 年第 4 期。

[14] 余建华：《民族主义、国家结构与国际化——南斯拉夫民族问题研究》，民族出版社 2003 年版。

[15] 于沛等：《斯拉夫文明》，福建教育出版社 2008 年版。

[16] 张世满：《试析克罗地亚走向独立的历史进程》，载《世界历史》，1997 第 4 期。

[17] Аначков М. *История на България 681-1945*. С., Нова звезда, 2002.

（作者单位：北京外国语大学欧洲语言文化学院）

俄罗斯 21 世纪俄语政策的基本特点及动因评析

赵　留　　赵蓉晖

内容提要： 俄罗斯作为世界上有一定影响力的大国，其民族成分比较复杂。21 世纪以来的语言政策呈现出许多新的特点，并经受住了苏联解体后国内外严峻形势的考验。俄罗斯的语言政策值得深入研究，语言政策背后隐含的社会根源值得深入探讨，对我国语言政策的制定和实施具有借鉴意义。

关 键 词： 新世纪俄语政策；基本特点；战略导向；意识形态

语言是国家统一或分裂的重要力量，是国家地位与影响力的重要指标，全球化对语言有重要影响。[①]苏联时期除了在 20 世纪 20 年代在多元化语言政策下有过短暂的语言发展外，无论是斯大林、赫鲁晓夫和勃列日涅夫时期推行的俄语政策，还是戈尔巴乔夫时期过度民族化的语言政策，都未能处理好语言发展与社会发展及民族认同的关系，不但未达到民族融合和国家统一的目的，反而受到各加盟共和国民族主义思潮的冲击，为民族分裂埋下了祸根。到了 21 世纪，国际社会局势呈现出复杂化与全球化的特征，如大量被殖民国家获得独立，某些国家分裂解体，国际冲突与摩擦频发，人口迁移、资本流动等出现全球化趋势；俄罗斯处在国家转型发展的关键时期，国内各种矛盾凸显。在长期积累的国内矛盾和日益复杂的国际局势下，俄语发展受到了很大挑战。

从俄语在俄罗斯境内的发展情况来看，俄语地位有所下降。首先，俄语作为俄罗斯国语和各族交际语的地位被削弱。其次，俄罗斯一直存在的民族主义阻碍了俄语政策的顺利实施。再次，俄语教育领域的学生文学素养、语文教育声望、言语文化水平下降。学校文学课、阅读课课时少，教师水平参差不齐，缺乏对学生兴趣和阅读、分析能力的培养。从俄语在独联体国家的发展空间来看，独联体国家的俄语地位也令人担忧，俄语面临“边缘化”的境地。从俄语在独联体以外的其他国家的发展情况看，欧美地区的俄语学习者

① 赵蓉晖等：《语言与现代国际政治述论》，载《云南师范大学学报（哲学社会科学版）》，2019 年第 2 期，第 24 页。

非常少，对俄语和俄罗斯文化研究兴趣不大。

针对俄语面临的种种问题，普京执政以来，俄罗斯政府颁布了一系列新的俄语政策，经受住了苏联解体后国内外严峻形势的考验，这对我国语言政策的制定和实施具有借鉴意义。

一、21 世纪俄语政策的核心内容

21 世纪俄罗斯俄语政策主要致力于以下方面：加强俄语地位，促进俄语与少数民族语言关系的和谐发展，以俄语为媒介巩固国家安全，推动境外俄语的传播与发展。

（一）俄语的权威地位

《俄罗斯联邦宪法》第 68 条第 1 款规定，“俄语是俄罗斯全境的国语”。[①] 虽然联邦主体共和国可以自行确定母语，实行双语制，但俄语是全国的通用语言，在现实使用中处于绝对优先地位。在 2002 — 2016 年颁布的 4 部《联邦俄语规划纲要》[②] 中明确规定，俄语在俄罗斯的国语地位是俄语在 21 世纪承担的基本职能之一。2005 年，俄罗斯颁布《俄罗斯联邦国语法》，[③] 规定俄语必须用于俄罗斯的政府公文、法律文件之中；政府支持俄语教育教学的发展，完善俄语的国内外教育机制；支持俄语出版物发行。该法还在俄语使用权利、使用范围和使用规范等方面有了具体的规定，确保俄语作为俄罗斯的国语地位。加强俄语的国语地位，反映了当代俄罗斯语言政策“俄语化”的趋势。

---

① *Конституция Российской Федерации*, http://www.constitution.ru/，访问日期：2018 年 10 月 5 日。

② *О федеральной целевой программе “Русский язык” на 2002-2005 годы*, http://docs.cntd.ru/document/901791286，访问日期：2018 年 10 月 5 日。*О федеральной целевой программе “Русский язык” на 2006-2010 годы*, https://elementy.ru/Library9/p833.htm. 访问日期：2018 年 10 月 5 日。*О федеральной целевой программе “Русский язык” на 2011-2010 годы*, http://docs.cntd.ru/document/902285752#loginform，访问日期：2018 年 10 月 5 日。*О федеральной целевой программе “Русский язык” на 2016-2020 годы*, http://www.apkpro.ru/doc/%D0%A4%D0%A6%D0%9F%20%D0%A0%D1%83%D1%81%D1%81%D0%BA%D0%B8%D0%B9%20%D1%8F%D0%B7%D1%8B%D0%BA%20%D0%BD%D0%B0%202016%20-%202020%20%D0%B3%D0%BE%D0%B4%D1%8B.pdf，访问日期：2018 年 10 月 5 日。

③ *О государственном языке Российской Федерации*, http://legalacts.ru/doc/federalnyi-zakon-ot-01062005-n-53-fz-o/，访问日期：2018 年 10 月 5 日。

（二）俄语与少数民族语言的关系

俄语是俄罗斯的民族语言，也是俄罗斯全国各民族的族际交际语言。俄语是俄罗斯各民族发展过程中共同的文化根源，承担着国家统一、民族和谐发展的使命。2002 — 2016 年颁布的 4 部《联邦俄语规划纲要》中明确强调了俄语的地位。2012 年修订的《俄罗斯联邦教育法》① 明确指出，保护公民意识、爱国主义、俄罗斯教育空间的统一和传统民族文化是国家教育政策的原则之一。该法律规定，俄罗斯使用俄语进行教育，同时，公民有权以母语接受学前教育，旨在形成统一的教育体制和教育内容。2014 年修订的《俄联邦民族语言法》② 规定，俄罗斯政府保障各民族的语言权利，支持双语制和多语制的发展，但俄语是俄罗斯全境的国语，地位不可动摇。

（三）俄语与国家安全的关系

全球化背景下，国际安全正向社会安全、文化安全、公共安全等非传统安全领域延伸，语言安全是非传统安全领域中与很多安全对象密切相关的重要课题，它的迫切性和重要性日益凸显。2014 年 4 月，俄罗斯政府颁布了《俄罗斯联邦 2013—2020 年国家教育发展纲要》，③ 致力于形成具有连续性的现代化教育体系，提高教师教学水平，建立教学质量评估机制。该文件强调，要增加宣传推广俄语的活动数量，加大对俄罗斯文学艺术工作者的支持力度。目前，俄罗斯正在进行国家语言计划的制定工作，该计划由俄罗斯语文协会发起，由圣彼得堡国立大学参与。俄罗斯语文协会于 2016 年 3 月 9 日成立，由俄罗斯东正教大牧首文化委员会、俄罗斯科学院语言学研究所、俄罗斯国立普希金学院、莫斯科国立大学、俄罗斯国立研究大学高等经济学院、文学研究院、俄罗斯国家电视广播公司及许多社会文化人士组成，目标在于：在多元文化的背景下保护、研究俄语和俄罗斯文学；为政府和学界相关人士就俄语和俄罗斯文化发展问题提供良好的对话和讨论平台；团结俄罗斯教育界和文化界的力量，促进新时期俄语教育改革。该机构的工作得到了政府的大力支持，普京出席了成立大会并发表讲话。普京在成立大会上的致辞中明确指出，保护俄语和俄罗斯文化是国家安全问题，是全球化背景下的身份认同问题，俄罗斯语文协会是国家文化政策贯彻实施的基础。④

---

① *Об образовании в Российской Федерации*，http://legalacts.ru/doc/273_FZ-ob-obrazovanii/，访问日期：2018 年 10 月 6 日。

② *О языках народов Российской Федерации*，http://legalacts.ru/doc/zakon-rsfsr-ot-25101991-n-1807-1-o/，访问日期：2018 年 10 月 6 日。

③ *Государственная программу Российской Федерации “Развитие образования” на 2013-2020 годы*，https://detsad155.caduk.ru/DswMedia/razvitieobrazovaniya2013-2020.pdf，访问日期：2018 年 10 月 6 日。

④《普京俄罗斯语文协会成立大会致辞》，http://www.kremlin.ru/events/president/news/52007，访问日期：2018 年 10 月 10 日。

（四）俄语与世界的关系

俄语是独联体国家一体化进程的基础，也是国际对话的重要手段。作为联合国的官方语言之一，俄语必须积极向世界推广。《俄罗斯联邦教育法》明确指出，实现俄罗斯与其他国家的教育整合，支持外国公民和无国籍人士在俄罗斯接受教育是该法案的目标之一。2016 年 11 月，俄罗斯圣彼得堡举行了以“推动俄语作为增加俄罗斯国际教育竞争力的手段”为主题的教育论坛，并出台了保障俄语影响力的 4 项规划。第一项规划是：开放俄语教育门户，集中俄语资源，为俄语教师提供实用、有趣的资料，发布与俄语相关的学术会议、竞赛和新闻信息。第二项规划是：培养“世界俄语大使”，即俄罗斯学生赴其他斯拉夫国家进行语言交流，提高当地学生对俄语的兴趣和关注度。例如，在 2015 年，140 名俄罗斯学生通过志愿者选拔，去了亚美尼亚开展交流活动。第三项规划是：支持俄罗斯教育“走出去”，重点支持在俄罗斯学习的外国留学生和旅居国外的俄裔侨胞的俄语教育，加强俄罗斯教育在世界上的地位，扩大与境外教育机构的合作，向世界推广俄语、俄罗斯文化和科学成果。第四项规划是：建立普希金俄语学院在境外的分支机构。俄罗斯正致力于建立与国际接轨的现代化教育体系，为对外俄语教育和传播创造了条件。

二、俄语政策呈现的基本特点

俄罗斯俄语政策从现实国情和国家战略需求出发，顺应时代主题，正在形成具有俄罗斯特色的语言政策体系。

第一，俄语政策以回归传统文化为宗旨。在此基础上，俄语政策的基本工作方向分为对内、对外两个方面：对内强调俄语地位，以传统文化为纽带，以俄语教育、使用、传播为手段，增强民族认同感，在俄罗斯传统价值观基础上构建新时代具有普世价值的意识形态体系；对外加强俄语的地位和俄罗斯文化的影响力，在国际社会构建具有俄罗斯传统文化特点的国家形象。其中，俄裔侨胞是俄语在海外发展的重要力量，这个群体也是俄罗斯与其他国家建立友谊的重要纽带。加强俄裔侨胞群体的俄语教育是新时代俄语政策的重点。

第二，俄语作为俄罗斯传统文化的载体，在新时代承担着四大职能：俄语是俄罗斯全境的国语；俄语是各民族之间的语言；俄语是独联体国家一体化进程的基础和国际对话的重要手段。俄罗斯政府从地缘政治角度，逐步扩大俄语作为俄罗斯文化符号的影响力。

第三，俄语政策具有强烈的安全导向，将俄语安全上升到国家安全的高度。近年来，俄罗斯政府和学界保持着高度的语言安全意识，对语言主权、俄语纯洁性、言语文化素养等问题十分关注，俄罗斯正进行着一场艰难的俄语保卫战。

三、俄语政策形成的动因分析

通过对俄罗斯俄语政策核心内容与基本特点的分析，结合俄罗斯国内外政治、经济、文化背景可以看出，现实战略需求和意识形态是影响该政策体系的主要因素。

（一）现实动因

政治上，鉴于20世纪末俄罗斯不断经历的社会危机和21世纪风云变幻的国内外局势，俄罗斯政府决心建立完善、持续的国家战略管理体系，将“俄罗斯新思想”和“普京主义”作为当代俄罗斯政府的指导思想，它是包括俄语政策在内所有政策措施的出发点和立足点。[①]1999年12月30日，普京就任总统前夕发表了具有纲领性意义的长文——《千年之交的俄罗斯》[②]，提出“俄罗斯新思想”的概念，标志着当代俄罗斯政治改革理念的诞生。民主与权威相结合（сильная государственная власть в России - это демократическое, правовое,дееспособное федеративное государство）、国家权力（государственничество）、爱国主义（патриотизм）、强国意识（державность）、社会团结（социальная солидарность）、科学文化教育（поддержки науки, образования, культуры）等构成了“俄罗斯新思想”体系的核心。普京政府的施政方针和一系列改革措施被称为“普京主义”（Путинизм），其核心思想是强国富民，巩固国家权力，恢复大国地位。主权民主（суверенная демократия）、国家主权（суверенитет）、生活水平（уровень жизни）、社会稳定（стабильность）是其主要内容。经过20多年政治经济和社会领域的改革，俄罗斯政府形成了一套立足现实国情、民主与权威并存、国家权力与市场机制结合、现代观念与传统文化交融的政治体系。

---

① 徐臻：《普京政治改革及其影响研究》，南京师范大学博士学位论文，2017年，第56页。
② *Россия на рубеже тысячелетий*，http://www.ng.ru/politics/1999-12-30/4_millenium.html，访问日期：2018年10月10日。

经济上，国家权力与市场机制相互作用，凸显了俄罗斯政府在确保市场机制有效性的指导和协调作用，确保国家经济平稳运行。此外，俄罗斯政府强调，在经济领域要顺应全球化潮流，引入数字技术，加强国际经济合作，在“国际”框架下实现高效的经济运作。实现这一目标需要构建良好的国际形象，培养创新型的高素质人才，俄语政策作为俄罗斯文化政策和教育政策的重要组成部分，承担着重大使命。

在文化教育方面，在俄罗斯人民的精神、道德和文化价值观的基础上强化公民身份认同，增加文化领域的数字资源；保护国家历史文化遗产；保护统一的文化空间，包括语言空间、教育空间和信息空间等。值得注意的是，俄语作为俄罗斯文化战略的一部分，承担着维护国家统一和文化安全的使命。这主要体现在两个方面：一是俄罗斯民众学习用俄语编写的书籍，以俄语为媒介了解国家辉煌灿烂的历史文化，增强民族自信和爱国意识；二是俄语作为俄罗斯文化遗产的一部分，是俄罗斯文化的根基，是重建俄罗斯主流价值观的基础。

（二）意识形态动因

俄罗斯的俄语政策呈现出新的特点，其背后具有深层次的意识形态动因。俄罗斯政府具有强烈的权威意识、统一意识、安全意识和全球化意识，积极建构新时代的俄语政策体系。

俄语政策具有明显的权威意识因素。首先是集权意识。在国家法律层面保障俄语作为俄罗斯全境国语的地位，是俄语政策贯穿始终的主题。俄罗斯政府尊重民族语言发展的前提，是保障俄语的权威性。俄罗斯政府进行教学改革，在具体措施上增强俄语在境外的影响力。此外，俄罗斯科学文化教育部致力于形成稳定的连续性的与国家接轨的现代化俄语教育体系，体现了俄罗斯政府在俄语政策中的主导和调控作用，蕴含着国家权力高度集中的政治倾向。其次是民族自信和强国意识。俄罗斯一直致力于恢复世界大国甚至强国地位，希望本国重新成为世界权威之一。俄语是全国的教学语言和媒体广告用语，民众从各种渠道以俄语为媒介学习国家历史文化，增强民族自信。同时，加强俄语在世界的推广传播，旨在增强俄罗斯文化在世界的吸引力，扩大俄罗斯的国际影响力。

民族与社会领域的统一意识对俄语政策有深远影响。俄语是俄罗斯各民族发展过程中共同的文化根源，承担着国家统一、民族和谐发展的使命。俄罗斯各个教育阶段都用俄语进行教学，全社会接受统一的俄语教学资源，缓和了社会分化和贫富差距导致的民众心理失衡的矛盾，增强了社会认同感。爱国情怀是社会团结的基石，俄罗斯民众以俄语为媒介学习传统文化，从传统和历史中寻找归属感，重新激发爱国热情，社会凝聚力大大加强。此外，散布世界各地的俄裔侨胞也是当代俄语政策的重点关注对象。以俄语为纽带连接俄罗斯人民和旅居境外的俄裔侨胞，增强他们的文化认同感，是俄语扩大国外影响力的第一步。

一直以来，俄罗斯政府和学界保持着高度的语言安全意识，对语言主权、俄语纯洁性、言语文化素养等问题十分关注。语言安全成为维护国家安全的基本领域。俄罗斯政府的俄语政策以“回归传统文化”为宗旨，进行俄语教学改革，旨在避免俄语教育流于应试形式，真正提升学生的俄语运用能力和俄罗斯文学鉴赏分析能力，提高俄语语言文化修养。现代俄语政策高度重视俄语在俄罗斯全境的国语地位，并向全社会提出统一的俄语使用规范。

面对风云变幻的国际形势，俄罗斯政府具有强烈的全球化意识，加大俄语在境外的传播力度。俄罗斯先后成立了联邦独联体事务局、俄裔侨胞和国际人文合作署、俄罗斯世界基金会、科学文化中心、“普希金研究院”合作网等机构，与世界其他国家政府及教育机构开展广泛的俄语交流与合作，在国外开设俄语学校，建立俄语学习门户网站，学习俄语的外国留学生人数逐年增加。俄罗斯不仅关注俄语活动和俄语学习者的数量，而且注重教学质量，致力于形成科学的与国际接轨的对外俄语教学体系。

四、对我国语言政策的借鉴意义

作为国别语言政策中相对成功的案例，俄罗斯的俄语政策对我国语言政策的制定具有一定的借鉴意义。

我国与俄罗斯都是多民族、多语言的国家，语言文字政策需要处理好标准语与民族语之间的关系。俄罗斯语言政策以回归传统文化、弘扬爱国主义、促进民族团结为目标，以俄语为媒介构建新时代的意识形态体系。我国语言政策的制定可取其精华，以中华文化为基石，以语言为媒介，紧扣时代需求，在大力“推普”的背景下尊重各民族语言文字的使用权利，实现语言与民族的和谐发展。同时，我们还要密切关注海外华人华侨的汉语教育，开发海外教学资源，构建“大华语”观，以语言文化为纽带团结海外同胞。

* 参考文献

[1] 《普京俄罗斯语文协会成立大会致辞》，http://www.kremlin.ru/events/president/news/52007，访问日期：2018 年 10 月 10 日。

[2] 徐臻：《普京政治改革及其影响研究》，南京师范大学博士学位论文，2017 年。

[3] 赵蓉晖等：《语言与现代国际政治述论》，载《云南师范大学学报（哲学社会科学版）》，2019 年第 2 期。

[4] *Государственная программу Российской Федерации "Развитие образования" на 2013-202. годы*，https://detsad155.caduk.ru/DswMedia/razvitieobrazovaniya2013-2020.pdf，访问日期：2018 年 10 月 6 日。

[5] *Конституция Российской Федерации*，http://www.constitution.ru/，访问日期：2018 年 10 月 5 日。

[6] *Об образовании в Российской Федерации*，http://legalacts.ru/doc/273_FZ-ob-obrazovanii/，访问日期：2018 年 10 月 6 日。

[7] *О государственном языке Российской Федерации*，http://legalacts.ru/doc/federalnyi-zakon-ot-01062005-n-53-fz-o/，访问日期：2018 年 10 月 5 日。

[8] *О федеральной целевой программе "Русский язык" на 2002-2005 годы*，http://docs.cntd.ru/document/901791286，访问日期：2018 年 10 月 5 日。

[9] *О федеральной целевой программе "Русский язык" на 2006-2010 годы*，https://elementy.ru/Library9/p833.htm，访问日期：2018 年 10 月 5 日。

[10] *О федеральной целевой программе "Русский язык" на 2011-2010 годы*，http://docs.cntd.ru/document/902285752#loginform，访问日期：2018 年 10 月 5 日。

[11] *О федеральной целевой программе "Русский язык" на 2016-202. годы*，http://www.apkpro.ru/doc/%D0%A4%D0%A6%D0%9F%20%D0%A0%D1%83%D1%81%D1%81%D0%BA%D0%B8%D0%B9%20%D1%8F%D0%B7%D1%8B%D0%BA%20%D0%BD%D0%B0%20 2016%20-%202020%20%D0%B3%D0%BE%D0%B4%D1%8B.pdf，访问日期：2018 年 10 月 5 日。

[12] *О языках народов Российской Федерации*，http://legalacts.ru/doc/zakon-rsfsr-ot-25101991-n-1807-1-o/，访问日期：2018 年 10 月 6 日。

[13] *Россия на рубеже тысячелетий*，http://www.ng.ru/politics/1999-12-30/4_millenium.html，访问日期：2018 年 10 月 10 日。

（作者单位：上海外国语大学）

“狼”的形象与社会变革——以中国和保加利亚文学作品为例

詹彦怡

内容提要： “狼”这种动物形象在世界文学史中从未缺席，却经历多次起落。它曾是原始社会的“狼神”、氏族祖先、民族思想家呼唤的“狼性”以及生态恶化的代言人，也曾是宗教中的邪恶力量和西方童话里的“大灰狼”。它与人类社会的发展密不可分。本文选取中、保两国不同历史时期的“狼”形象中最具代表性的文学作品进行分析，反观各时期的社会现实，试探讨“狼”形象的变化与社会变革的关系，从而加深人们对保加利亚文学的理解。

关 键 词： 狼；“狼”意象；“狼”文学形象；社会变革

一、原始社会中的狼崇拜

在原始社会，人类与自然的关系极为密切。对古时候的人类来说，大自然拥有着无穷的不可知的巨大力量。他们认为，风、雨、雷、电等自然现象均为神力使然，这种极度悬殊的力量使他们不得不对大自然产生敬畏，于是他们开始把那些自己没有能力解释的现象与力量奉为图腾来崇拜。“狼”这种动物在人类社会中扮演着极其重要的角色，因为它身上具有独特性，如勇敢和忠诚、超常的忍耐力，以及狼群间的团结与合作精神……这些正是处于发展初期的人类需要或希望掌握的。于是一部分人选择将“狼”作为图腾，奉为自然神来崇拜。以此为起点，“狼”便成为人类文化中的重要符号之一。

“神话被认为是文学艺术的源头，而图腾神话是人类世界最早的神话。古时人类崇拜图腾的各种原因促成了各种不同的图腾神话，无论人类选择什么样的物象作为图腾，都离不开感情的作用，于是图腾成为人类的一种情感表达。”[①]“图腾是人类历史上最早的文化现象之一，是远古时代人类祖先、

① 谭勇：《“狼”中西文学中的隐形意象研究》，广东技术师范学院硕士学位论文，2013 年，第 4 页。

保护神和亲属的标志与象征。”[①] 而且，出于对动物身上那些人类不具备的能力的向往，远古时期的人类常常认为自己的祖先就是某种动物或植物，于是图腾信仰与祖先崇拜联系在了一起。如前文所述，狼因为其生存优势与独特品格，成为许多早期部族选择的图腾，如匈奴族、犬戎族、突厥族、印第安人等，当然也包括来到巴尔干半岛的古保加尔人。

公元 650 年，在黑海北部建立“大保加利亚（Стара велика България）”的古保加尔人首领库布拉特（Кубрат）去世之后，这个部落联盟一分为五，汗王的儿子阿斯巴鲁赫（Хан Аспарух）带领其中的一支部落在公元 7 世纪越过多瑙河，来到今天的保加利亚东北部地区。“古保加尔人的到来，给巴尔干半岛的人种补充了新的血液。”[②] 他们与当地的斯拉夫人一起，共同建立了保加利亚国家，这便是现在保加利亚共和国最初的国家形式。

巴尔干半岛同样也是古希腊文明遗产的受益者，而且“由这种（希腊）文明开始，巴尔干半岛多元文化融合开始了漫长的过程”。[③] Нина Котева 认为，在保加利亚人和罗马尼亚人祖先的神话传说中，均用 Ликейски[④] 一词来代替希腊神话中的宙斯与阿波罗，[⑤] Епитет Ликейски 就是阿波罗作为狼（或狼的守护神）的形象出现。[⑥] 虽然罗马帝国统治巴尔干半岛 500 余年，充满了血腥暴力和残酷剥削，但其继承的古希腊文化、帝国政治框架、交通系统、基督教及法律体系等仍对巴尔干半岛的文化发展作出了重要贡献，[⑦] Нина Котева 这样解释“狼崇拜”以及传播的原因：“（这里）存在着很多种表达对狼的崇拜的行为，它们都是所谓的‘启蒙’结果。每一个原始社会部落，包括达奇亚人和古保加尔人，都有一套内在的神话传承机制，正是通过这一机制来‘启蒙’青壮年男子形成他们的世界观。”[⑧]

对神话传说的一代代传承形成了部族的传统，世界观就这样延续下来。对狼的认识成为一种文化符号，在后世中代代相传。

---

① 王智慧：《图腾崇拜与宗教信仰：民族传统体育文化传承的精神力量》，载《体育与科学》，2012 年第 33 期，第 13 页。

② 马细谱：《保加利亚史》，中国社会科学出版社 2011 年版，第 6 页。

③ 陈志强：《巴尔干古代史》，中华书局 2007 年版，第 73 页。

④ Eliade M. *De la Zalmoxis la Genghis Han*. Paris, 1970, №26.

⑤ Eliade M. *De la Zalmoxis la Genghis Han*. Paris, 1970, №26.

⑥ Котева Н. *Вълкът в румънската и българската култура. Въведение в темата*, 2011. https://www.slav.uni-sofia.bg/index.php/.../743-koteva，访问日期：2018 年 11 月 29 日。

⑦ 陈志强：《巴尔干古代史》，中华书局 2007 年版，第 86—91 页。

⑧ Котева Н. *Вълкът в румънската и българската култура. Въведение в темата*, 2011. https://www.slav.uni-sofia.bg/index.php/.../743-koteva，访问日期：2018 年 11 月 29 日。

二、宗教礼制、封建统治的打压——狼形象的低谷

当游牧民族的铁蹄踏遍欧亚大陆，人类心中狼的形象产生了分化，一部分是崇拜，另一部分是对游牧民族的凶残暴虐产生了敬畏。游牧民族处于相对艰险的生存环境，因此他们必须学习各种动物身上的生存技能，以此来武装自己，对抗大自然。无论是在中国还是保加利亚，都出现了将狼奉为“狼神”或氏族祖先的“狼崇拜”。但是，游牧民族在中、保两国历史中的参与程度不同，因此狼作为“自然界中的强者”的形象对两国文化的影响也不同。保加利亚受游牧民族文化影响较大，因为其最主要的三个民族成分早期均为游牧民族：以马术著称的色雷斯人，早期的斯拉夫人，有着突厥血统的古保加尔人。但是，斯拉夫人内部的原始公社制度在公元7世纪已经瓦解，由军事民主制过渡到阶级社会。“考古学、语言学及外国历史文献一致认为，当时斯拉夫人的主要经济活动是土地耕作，原始农业耕作很早就是斯拉夫部落的基本生产活动。”[①]如前所述，在公元7世纪末[②]，古保加尔人的一支部落联合当地斯拉夫人建立了保加利亚王国，于是在保加利亚研究的视野中，可以把斯拉夫人看成保加利亚民族构成中的农耕文明元素。

当游牧文明与农耕文明相遇时，游牧民族常因其武力优势而占政治主导地位，而农耕文明的文化影响力则会占上风。在保加利亚，游牧民族中代代相传的体现狼的正面品质的神话传说，也受到了农耕文化的挤压。同时，因为人类逐渐强大，图腾崇拜逐渐衰弱。

到了全面的封建社会时期，狼形象中的正面因素不仅不再发展，还作为负面的符号出现在民族文化之中。保加利亚的东正教思想和中国的儒家礼教思想作为封建统治的思想工具，都开始对人的自然本性进行压制，而“狼”由于其自然属性中的野性、叛逆和不受控制，被认为是人身上“肮脏不堪”的原始本性，同时也成为反神意、反皇权、反封建礼教的文化符号。当封建社会发展到顶峰，狼的负面形象也到达了顶峰，成为“邪恶残忍”“狡猾贪婪”“见利忘义”“恩将仇报”等负面品质的典型象征。“在保加利亚及罗马尼亚的传统民族信仰中，狼这种捕食者一直被归为‘肮脏势力’和‘邪恶魔鬼’，属于死亡与寒冬。”[③]公元864年，拜占庭使团访问保加利亚，为当时在位

① 程人乾：《古代斯拉夫人和早期斯拉夫国家的若干问题》，载《山西大学学报（哲学社会科学版）》，1979年第2期，第56页。

② 关于确切的建国年份目前史学界仍无定论，仅能通过拜占庭历史记载中第一次承认保加利亚以国家形式存在来推断。

③ Котева Н. *Вълкът в румънската и българската култура. Въведение в темата*, 2011. https://www.slav.uni-sofia.bg/index.php/.../743-koteva，访问日期：2018年11月29日。

的博里斯(Борис)可汗进行洗礼，标志着东正教成为保加利亚的国教，古保加尔人也被迫接受了东正教。而在基督教文化中，狼正是邪恶与撒旦的意象。殷国明认为，斯堪的纳维亚神话中勇于对抗天神的“狼魔”罗基，应该是“撒旦的前辈”，[①]其形象以荣格所说的“原型(Archetypes)”留在了人类心中。因为“狼”反映了人类本性中不屈叛逆的反抗精神和对自由的渴望，所以它便被宣扬“原罪论”的基督教当成罪恶的象征。

保加利亚的节庆历法中有许多“原型符号(archetype symbols)”，而狼作为异端教派的邪恶象征也参与其中，如“狼日循环(период на вълчите дни)历法”。[②]“狼日”来临时，农户会在门、陵墓及羊圈前放上剪刀、棉花或麻布，以此方式来驱赶狼——邪恶力量与异端教派。而每个“狼日”所对应的圣人则被当成“牧狼人”，他们负责带领这些猛兽找到归途。

公元10世纪，在大公佩特尔一世(Цар Петър Ⅰ)统治时期，因拜占庭教会施加压力，保加利亚国内形成了复杂的教阶制度，取代了简单的宗教等级，从而引起了社会各阶层的广泛不满，因此爆发了“博戈米尔教派运动”(Богомилство)。博戈米尔教派呼吁宗教回归原始本真、拒绝一切繁文缛节，痛斥高级教士阶层的奢侈生活；他们主张“善恶二元论”，认为上帝创造了世界，但是主宰人间的却是恶魔，因为真正的上帝是不会约束人的自由个性的，于是他们呼吁人们从恶魔的控制中解脱出来。在当时的社会中，人们直接体会到的“恶”就是教会的压迫和教条的束缚。在博戈米尔教派的创世纪神话中，狼再次作为恶魔一方，是作恶人间的始祖。[③]有趣的是，被称为“异端”的博戈米尔教派却用象征异教的“狼”形象来代表封建的宗教统治者们。在这场由巴尔干蔓延至拜占庭和西欧的反封建人道主义宗教思潮中，封建宗教统治者正以“狼”的形象出现在其思想与文学作品里。

在中国漫长的封建社会时期，也出现了这样几种典型的狼形象：(1)成为屡屡进犯边疆、行事残忍的北方蛮族的象征，如《古风·西上莲花山》诗中所云：“俯视洛阳川，茫茫走胡兵。流血涂野草，豺狼尽冠缨。”(2)作为忘恩负义、恩将仇报的“中山狼”形象，如马中锡的《中山狼传》中，狼得到东郭先生解救，后欲利用其兼爱之心而食之：“先生即墨者，思一利天下，又何吝一躯啖我而全微命乎？”(3)作为贪残凶酷、阴险悍毒的后母形象，

---

① 马细谱：《保加利亚史》，中国社会科学出版社2011年版，第23页。

② Veselina Miteva. *Paganism and Christianity in the Bulgarian Wolf Festivals*, Сборник с материали от Интензивна програма “Стандарти на всекидневието през средновековието и ново време”, том 3. 2014. p.586.

③ Veselina Miteva.*Paganism and Christianity in the Bulgarian Wolf Festivals*, Сборник с материали от Интензивна програма “Стандарти на всекидневието през средновековието и ново време”, том 3. 2014. p.586.

如《聊斋志异》中的《黎氏》一篇。（4）作为贪婪腐败、作恶多端的贪官污吏形象，如《聊斋志异·梦狼》中所言：“窃叹天下之官虎而吏狼者，比比也。即官不为虎，而吏将为狼，况有猛于虎者也！”这一点与博戈米尔教派中的狼形象有异曲同工之妙。

“人类长期的情感体验，往往通过主体对文化符号的解读，由主体感官摄入并深入人心，由物象抽象化为意象。于是，这种令人毛骨悚然的意象就积淀为一种思维定势，而文学艺术恰好又成为这种情感体验的载体。”[①]在封建社会，文学审查力度加大，狼的正面形象一同被打压，“恶狼”形象逐步固化并且深入人心，狼形象由此走向低谷。

三、民族意识的觉醒，人性的探索与解放——“狼性”的回归

中、保两国文学中都存在“狼性的回归”，[②]狼的形象开始回归其本真，并且被赋予了更多的人性。文学作品中的“狼”开始有了愤怒、孤独、嫉妒、悲伤、痛苦等情绪，甚至有了对族群的责任感。“狼”从单一的动物形象逐步发展成为具有人格的动物，有时候甚至“比人更像人”，是因为“狼性”在文学中的回归源于人类对自身本性的探索与解放。

人的欲望和本能长时间被压制，找不到合理的释放途径时，会在某个时刻爆发出来。在近现代中国，这样一个转折点便是新文化运动和新文学革命。以中国现代文学的奠基人、新文化运动的重要参与者鲁迅为例，人们认为“鲁迅是喝狼奶长大的”。这里的“狼奶”指的是西方文化。[③]“狼”在新文学中第一次以新的形象登台，鲁迅的《狂人日记》便在其中。鲁迅对狼的同情与敬佩则更为明显地展现在其短篇小说《孤独者》中：“我快步走着，仿佛要从一种沉重的东西中冲出，但是不能够。耳朵中有什么挣扎着，久之，久之，终于挣扎出来了，隐约像是长嚎，像一匹受伤的狼，深夜里在旷野中嚎叫，里面夹杂着愤怒和悲哀。”[④]狼用来比喻游荡于荒野并且带着悲伤、绝望、愤怒和无奈情绪的主人公，同时也是鲁迅自己的化身。鲁迅赋予了这种动物一种战士的形象，狼身上的叛逆和孤独，与处在当时从传统文化向现代化文化转型的时代浪潮中的他非常相似。作为文学改革的先行者，“他像生活在狗群中的

---

① 孙步忠：《<聊斋志异>中“狼”意象的美学创造》，载《蒲松龄研究》，1998年第3期，第72页。
② 谭勇：《“狼”中西文学中的隐形意象研究》，广东技术师范学院硕士学位论文，2013年，第4页。
③ 鲁迅在《我怎么做起小说来》中这样写道：“当时大约所仰仗的全是先前看过的百来篇外国作品和一点医学知识。”
④ 鲁迅：《鲁迅文集》，黑龙江人民出版社2001年版，第320页。

狼一样，不安分地想要回到自然”。[1]

在保加利亚，这个转折点便是民族复兴运动（Възраждане，也称为“文化复兴运动”）。18世纪初，统治着整个巴尔干半岛的奥斯曼土耳其帝国在欧洲文明的冲击下，不得不进行资本主义制度改革。而从18世纪中期到1878年的这段时间里，保加利亚的资本主义经济关系逐渐发展起来，民族资产阶级逐渐形成；民族意识开始觉醒，出现了民族文化和教育；奥斯曼土耳其帝国在欧洲列强的打击下日趋衰败，保加利亚人民掀起了反抗斗争。

或许正是因为前文提到的敢于反抗天神的“狼魔”留在了人类神话里，或许是因为古保加尔人认为狼象征着骁勇的战士，狼以“抗击强权”的形象出现在反抗奥斯曼土耳其帝国暴力统治的歌谣里，狼由此成为人们使用最为频繁的动物意象之一。[2]哈伊杜克歌谣中最常出现的三个首领名称——“Вълчан”“Вълчо”“Вълко”都来自狼，象征着矫健强壮、勇敢无畏。他们手下的战士们常被称为“момчета като вълчета”，意思是“像狼一样的男孩子们”。

正是以此为基础，保加利亚文化复兴的先驱诗人Христо Ботев同样将狼的形象引入自己的诗中。“它（狼的意象）饱含着民俗和神话所赋予的意义，同时又带着作家多次强化的创作印迹，成为一个强大而稳固的意象。”[3]虽然它只出现了三处（“Хаджи Димитър”“Обесването на Васил Левски”及“Борба”），但其“所蕴含情感力量却足以给读者留下深刻的印象”。[4]在一首名为“Хаджи Димитър”的诗中，为了国家和民族的独立、自由而负伤的战士躺在地上血流不止，奄奄一息……诗人将这一场景与祖国人民联系在一起。不知何时，一只狼躺在战士的身边，舔舐着他的伤口。此时，似乎回到了人与自然密不可分的史前时期，[5]这个正在被狼拯救的战士正如奄奄一息却仍然拼死抵抗的保加利亚人民。

保加利亚文学中的“狼”，时而象征着争取民族独立的战士，时而象征

---

① 谭勇：《“狼”中西文学中的隐形意象研究》，广东技术师范学院硕士学位论文，2013年，第19页。

② Даскалов Н, *Знаковият образ на вълка у Яворов, Ботев и Борис Христов*, “Аз не живея, аз горя”, сборник материали от Третата национална конференция в Поморие, организирана по случай 10. години от “В полите на Витоша” и Националните поетични празници “Яворови дни”, Поморие, 2011, https://www.meridian27.com/article/znakoviyat-obraz-na-vlka-u-yavorov-botev-i-boris-hristov，访问日期：2018年12月9日。

③ 同上。

④ Даскалов Н, *Знаковият образ на вълка у Яворов, Ботев и Борис Христов*, “Аз не живея, аз горя”, сборник материали от Третата национална конференция в Поморие, организирана по случай 10. години от “В полите на Витоша” и Националните поетични празници “Яворови дни”, Поморие, 2011, https://www.meridian27.com/article/znakoviyat-obraz-na-vlka-u-yavorov-botev-i-boris-hristov，访问日期：2018年12月9日。

⑤ 同上。

着受伤而绝望的祖国，时而成为大自然派来拯救战士的守护神，其形象正代表着保加利亚人民不惧死亡、誓死顽抗的精神。

四、现代文学——“狼”形象的逐步丰富

步入现代文学阶段，文学作品（尤其是动物文学）中的“狼”形象一直朝着更为丰富的形象发展，其整体形象更加接近人，具有人的真实性与复杂性。在动物文学中，狼的内心世界被深入地剖析和解读，作家试图挖掘狼性与人性的相通之处。而当人与狼相遇时，人与动物之间的界限则变得模糊，狼甚至会比人要更有人性。这时，狼的形象朝着原始的本真和野性方向发展，甚至用在反理性、反文明的逻辑中。①

当环境恶化逐渐成为全球议题时，在西方生态文学的影响下，20 世纪 90 年代末的中国文学领域也开始思考人与自然的关系。此时，以“狼”为代表的一系列野生动物作为人类掌控自然的直接受害者，并以“生态恶化的代言人”的角色出现在文学中，展现岌岌可危的生存处境，控诉人类的过度行为。贾平凹的《怀念狼》和姜戎的《狼图腾》是中国生态文学的两大代表作，其中前者在学术圈引起了巨大反响，后者在商业市场上获得了巨大成功，它们都代表着中国文学界和民众对生态问题的共同关注与思考，同时也反向证明作品中刻画的“狼”形象得到人们的认可，并使人们心中的“狼”形象开始往正面的、丰富的、偏人性的方向变化。谭勇认为，《怀念狼》在 20 世纪 90 年代掀起了“狼”形象和生态文学的小高潮，而《狼图腾》在市场上获得空前成功，标志着中国的“狼”文学到达了一个真正的高潮。②

在保加利亚现代文学的发展过程中，狼经常出现在动物文学里。1979 年，Атанас Георгиев 和 Власта Миклашова-Райска 共同出版文选“Ловни разкази”，③其中收录了一些捕猎题材的作品。在该书的前言中这样写道：“他们的作品是对现代捕猎观念的映射。捕猎活动成为人与自然最直接的交流方式。”④这些文学作品中渗透着浓厚的现代捕猎观念。由于技术进步，人与大自然的关系愈发疏远，动物被抓捕，被送进屠宰场，进行处理之后再被送到人类餐桌上，增加了人与自然之间的隔阂。

---

① 谭勇：《“狼”中西文学中的隐形意象研究》，广东技术师范学院硕士学位论文，2013 年，第 28 页。
② 谭勇：《“狼”中西文学中的隐形意象研究》，广东技术师范学院硕士学位论文，2013 年，第 22—23 页。
③ Атанас Георгиев, В. Миклашова-Райска.*Ловни разкази*, ДИ „Земиздат“, София, 1979.
④ Атанас Георгиев, В. Миклашова-Райска.*Ловни разкази*, ДИ „Земиздат“, София, 1979.

Емилиян Станев 是保加利亚动物题材文学的代表作家。Станев 作品中对大自然无尽的爱与崇敬正是缘于他早年对捕猎的热情，“他十岁大的时候就已经是个技艺娴熟的垂钓者、猎手及游泳健将了”。①狼是 Станев 作品中的常客。在他以狼为主角的故事“Вълчи нощи”中，五只饿狼游荡在山谷中，寻求着生存的希望。作品用拟人的手法展现了每只狼完全不同的性格特征。其中，对主角“白狼（Белезникавия вълк）”的描写最为细腻，摘录如下：

“他落在队伍后面，嚼着光秃秃的雪白的骨头。虽然这块骨头不足以充饥，但至少能骗过自己的胃。”（顽强而坚韧）

“因为他还没被饥饿折磨得那么厉害，行动仍十分敏捷——他快速灵活地躲过了她（母狼）的牙齿，没有表现出任何的愤怒或烦躁，而这份冷静沉着使母狼不再打他的主意。”（谨慎而冷静）

“直觉告诉他，这一定是某种陷阱……哪儿有人走过，哪儿就有食物——这是他的经验。”（猎手般的直觉，敏锐的观察力和丰富的捕猎经验）

这些品质特征正是原始社会中人类所崇拜的，也正符合现代人类希望找回远古时代人与自然和谐相处的状态。

与原始社会中的“狼”形象不同的是，捕猎文学中的“狼”形象更丰富。Станев 通过形态各异的狼群，赋予了“狼”这种动物既凶猛又温柔、既强大又脆弱、既勇敢又谨慎、既坚韧又善变的复杂形象。作者以拟人的手法对狼的心理进行了十分细腻的描写，并通过狼的眼睛来看世界。

然而，保加利亚的现代文学中仍然保留着一定的“恶狼”元素，主要出现在童话故事及民间故事中。保加利亚民间故事中的“狼”形象并不单一，可分为以下几类：（1）凶恶、愚蠢的形象，常是聪明的食草动物智斗的对象。例如，在故事“Глупавият вълк”中，狼被聪明的老马欺骗，失去了口中的食物；（2）在遇到狐狸的时候，成为忠厚的那一方，盲目信任狡猾的狐狸，如故事“Болен здрав носи”“Кума лиса кръстница”等；（3）作为猛兽，衬托主人公的机智勇敢，并起到一定的警醒作用，如故事“Житната питка”中的“大灰狼”形象；（4）作为“恶有恶报”“江山易改，本性难移”等警示寓言的范例。例如，在故事“Вълкът и свраката”中，狼想逃离森林，因为他觉得所有动物都无缘无故地讨厌他。喜鹊跟他说：“如果你还留着自己的习惯与牙齿，不论去到哪里，大家都不会喜欢你。因为你的习惯太坏、牙齿太尖，所以大家才讨厌你。”童话、寓言、民间故事常用正、反两个角色来起到启

---

① Стоянова С. *Анималистичните разкази на Емилиян Станев*, Филологически факултет, Югозападен университет “Неофит Рилски”, Благоевград, http://literatura.dokumentite.com/art/animalistichnite-razkazi-na-emiliqn-stanev/330, 访问日期：2017 年 3 月 8 日。

发和警示作用，正面的角色代表着人们希望拥有的品质，如聪明、机警、勇敢等，而反面角色则象征着人身上的某些错误的思想和做法。

保加利亚学者 IvanDerzhanski 和 OlenaSiruk 对约有 1200 万字的乌克兰语和保加利亚语平行文本中的动物俗语、习语进行了双语对照研究，结果显示："狼"多以"食肉猛兽(fierce carnivore)"的形象出现，包括"awolf' shunger/appetite" "awolf' seyes/glance"及俗语"(go) intothewolf' smouth"等。由此可见，狼作为猛兽的形象仍保留在民族语言中，并以民间故事、神话典故、俗语习语等形式存在着。但同时，古保加尔人萨满信仰中对狼的崇拜的影响依然存在，时至今日，保加利亚人仍会给孩子以"Vulko" "Vulkan"等词根给孩子取名。因保加利亚人认为，团结的狼群象征着家族统一，狼是古往今来最骁勇的战士。

通过以上的分析与归纳可以看出，"狼"形象的褒贬变化与人类社会的发展变革密切相关。参考费尔克拉夫的批判性话语分析论点，批判性话语分析与权力、意识形态和社会密不可分；人类语言并非自然界的产物，而是一种意识形态、权力关系、社会与文化所影响的社会活动。社会意识形态对人类的内心世界的影响不必多言，会通过语言潜移默化地表现出来，人们的观念、情绪和诉求也会以不同方式表现出来，而文学便是其中一个重要的出口。

* 参考文献

[1] 陈志强：《巴尔干古代史》，中华书局 2007 年版。

[2] 程人乾：《古代斯拉夫人和早期斯拉夫国家的若干问题》，载《山西大学学报(哲学社会科学版)》，1979 年第 2 期。

[3] 鲁迅：《鲁迅文集》，黑龙江人民出版社 2001 年版。

[4] 马细谱：《保加利亚史》，中国社会科学出版社 2011 年版。

[5] 孙步忠：《< 聊斋志异 > 中"狼"意象的美学创造》，载《蒲松龄研究》，1998 年第 3 期。

[6] 谭勇：《"狼"中西文学中的隐形意象研究》，广东技术师范学院硕士学位论文，2013 年。

[7] 王智慧：《图腾崇拜与宗教信仰：民族传统体育文化传承的精神力量》，载《体育与科学》，2012 年第 33 期。

[8] 殷国明：《狼与西方文明的起源》，载《华东师范大学学报(哲学社会科学版)》，2002 年第 6 期。

[9] 52 *Български приказки. С любими приказни герои*, София, издателска къща "Пан", 2011.

[10] Аначков М. История на България 681-1945. *Примерни кандидатстудентски теми*, София, 2002.

[11] Георгиев А.В. Миклашова-Райска, *Ловни разкази*, ДИ „Земиздат", София, 1979.

[12] Даскалов Н. *Знаковият образ на вълка у Яворов, Ботев и Борис Христов*, "Аз не живея, аз горя", сборник материали от Третата национална конференция в Поморие, организирана по случай 10. години от "В полите на Витоша" и Националните поетични празници "Яворови дни", Поморие, 2011. https://www.meridian27.com/article/znakoviyat-obraz-na-vlka-u-yavorov-botev-i-boris-hristov，访问日期：2018 年 12 月 9 日。

[13] КотеваН. *Вълкът в румънската и българската култура. Въведение в темата*，2011，https://www.slav.uni-sofia.bg/index.php/.../743-koteva，访问日期：2018 年 11 月 29 日。

[14] VeselinaMiteva.*PaganismandChristianityintheBulgarianWolfFestivals*, Сборник с материали от Интензивна програма "Стандарти на всекидневието през средновековието и ново време", том 3. 2014.

（作者单位：北京外国语大学欧洲语言文化学院）

保加利亚语言政策的演变

刘 虎　　张志军

内容提要： 保加利亚语属于印欧语系中的南斯拉夫语支，是最早的斯拉夫标准语言。保加利亚语从古保加利亚语到现代保加利亚语，经历了无数次的改变和发展，保加利亚语成为一种独特的民族语言。保加利亚的语言政策关系到保加利亚的民族传统、政治走向和社会发展，反映了保加利亚人的语言思想和观念，渗透到了保加利亚人民的生产和生活中。保加利亚的语言政策包含单一语言政策、多语言政策、国际化语言政策三个方面，体现了保加利亚语言政策的演变和发展过程。

关 键 词： 保加利亚；语言政策；演变

保加利亚语属于典型的斯拉夫语，其使用者主要集中在巴尔干半岛上，分布在保加利亚及其周边地区，"除保加利亚外，它还通行于俄罗斯、希腊、罗马尼亚等国家的部分地区"。[①] 如今，保加利亚语的使用者逐渐增多，使用范围也在不断扩大。

关于"语言政策"的定义，学界还没有明确。广义上，语言政策是一个国家法律或制度层面对语言进行的一种规划，反映了一个民族的语言思想，更是用语言进行的一种战略安排。狭义上，语言政策就是一种语言法律或语言规定。好的语言政策可以发挥很大的作用，对国家的政治地位、外交策略、科学研究等具有促进作用；相反，如果语言政策不符合本国的发展趋势，则会导致社会动荡，经济水平下降，甚至危及国家安全。"语言政策、语言规划和语言思想是三个内容既不相同又相互关联的概念。要想研究一个国家或地区的语言发展脉络，就必须从语言思想着手，然后分析语言政策的产生、发展和实施过程。"[②] 语言思想是语言政策的一个缩影，反映了一个民族的语言文化。保加利亚语言政策主要反映在其语言思想中，在不同的历史阶段，保加利亚的语言政策也不尽相同。本文从保加利亚的语言思想起源入手，

---

① 信德麟：《信德麟集》，黑龙江大学出版社 2009 年版，第 262 页。
② 张宏莉等：《哈萨克斯坦的语言政策》，载《世界民族》，2006 年第 3 期，第 28—37 页。

探索保加利亚语言政策的演变过程，从保加利亚单一语言政策、多语言政策、国际化语言政策等方面探讨保加利亚语言政策的转变，并根据保加利亚语言政策的特点，分析其存在的问题和不足。

一、保加利亚的单一语言政策

保加利亚的单一语言政策主要体现了保加利亚人对民族语言的热爱。保加利亚的单一语言政策与新保加利亚标准语的形成过程密切相关。Ю.С.Маслов（1956）在"Очерк Болгарской Грамматики"（《保加利亚语法纲要》）中分析了保加利亚语的发展过程，主要经历了如下三个阶段：一是从9世纪开始的古保加利亚语；二是出现新的语言特色的现代保加利亚语；三是19世纪形成的新保加利亚标准语。[①]

古保加利亚语是公元9世纪至11世纪在马其顿的斯拉夫人的语言，也称教会斯拉夫语或原始斯拉夫语。基里尔和麦托迪在大摩拉维亚国发明了斯拉夫文字，但他们去世后，大摩拉维亚国内日耳曼人的势力越来越强大。基里尔和麦托迪的弟子和信徒遭到了排挤，后来逃到了保加利亚。当时保加利亚刚接受基督教，为了统一人们的思想，国王鼓励克利门特等人在保加利亚传教并发展教育，于是保加利亚成为斯拉夫文字的发展中心。保加利亚文学也随之繁荣起来，从而奠定了保加利亚人对民族语言的热爱。

保加利亚被拜占庭帝国征服后，古保加利亚语发生了一些变化，逐渐失去了名词的"格"，因而形成了保加利亚自己的语言特色，这也是教会斯拉夫语言的主要特征。南斯拉夫诸多国家的语言不尽相同，但它们极其相近，能够追溯到原始的斯拉夫语。"南斯拉夫诸语言的语音系统由原始的斯拉夫语语音系统改造而成"。[②]这说明，保加利亚语在斯拉夫语中占有重要地位。此外，保加利亚也非常重视语言文字的保护，如今，保加利亚国内每年都会举办与斯拉夫语言文字相关的节日和庆典，这些节日和庆典已发展成为该国非常重要的民族节日。

现代保加利亚标准语在19世纪后才定型。保加利亚语在发展过程中，一些使用较广的"借词"保留了下来并继续使用。这是语言发展的必然阶段，任何一种语言都不可能一成不变，总会与其他语言或方言发生碰撞和融

---

① Маслов Ю. С. *Очерк болгарской грамматики*, М., изд. Литературы на Иностранных Языках, 1956, с. 7-8.

② Гудков В.П.《南斯拉夫诸语言》，徐来娣译，载《外语学刊》，2016年第4期，第8页。

合。“自19世纪保加利亚民族解放运动兴起后，在东部方言中巴尔干次方言的基础上形成现代保加利亚标准语的统一规范。”[①]所以，现代保加利亚标准语是在保加利亚方言的基础上“标准化”了的语言。在保加利亚标准语中，还融入了中亚游牧部落的语言，游牧民族定居在现代保加利亚境内，并采用了当地的斯拉夫语，与之发生了碰撞和融合。

保加利亚的复兴是在奴隶制下进行的。复兴时期，无论是学校教育还是民间团体，都强调复兴保加利亚语，保持保加利亚语的纯粹性。保加利亚人认为，语言、传统和民族美德都受到了外来文化的污染，有必要进行民族文化保护，这是保加利亚民族对本土文化的情感。虽然保加利亚的国家性质在1878年发生了变化，但这种民族情感一直延续至今。

最初，保加利亚单一语言政策只体现在教育部部长的法令上，规定学校优先使用保加利亚文字来书写，而非强制性地要求所有书写都用保加利亚文字。这种语言规定并没有实际效力。直到保加利亚人民共和国时期，语言问题才在制度上得到解决。政府先后通过了两项法令，授权并要求保加利亚科学院语言学研究所开发保加利亚标准语的规范，主要是发音规则和拼写规范。

“语言立法是体现语言政策的最基本方式之一。”[②]语言法律化能够树立语言本身的权威性，保障公民的语言权利，统一语言思想。1991年，保加利亚通过了新的《保加利亚共和国宪法》，语言立法凸显出来。在最高立法中，保加利亚语首次正名。宪法中明确规定：（1）学习和使用保加利亚语是所有公民的权利和义务，这在法律层面树立了保加利亚语的权威地位，保障了公民使用语言的权利和义务；（2）保加利亚非本地人在学习保加利亚语的同时，也有学习和使用其母语的权利；（3）规定了一些只能使用官方语言的具体情况。这是对保加利亚语使用领域的具体规定，此后出台的所有法律都包含与语言问题相关的条款。保加利亚语的使用在国家机构、军队、警察、政党、教育、司法、医疗、新闻媒体以及商业合同等领域都有相关的法律规定。

语言立法使保加利亚的语言政策更加单一，既促进了保加利亚语言的统一，又有利于民族语言的发展与保护。语言立法也保护了世界语言的多样性，有利于世界语言的发展。但是，语言政策的单一性必须建立在国内大多数人的需求基础上，采取适合本国发展的语言政策，因此，保加利亚需要采取多语言政策，有效解决由单一语言政策带来的不足。

---

① 信德麟：《斯拉夫语通论》，外语教学与研究出版社1991年版，第232页。
② 王辉等：《“一带一路”沿线国家语言政策概述》，载《北华大学学报（社会科学版）》，2016年第2期，第23页。

二、保加利亚的多语言政策

保加利亚的多语言政策处于萌芽阶段，主要是国内的少数民族对扩大本族语言的使用范围和提升本族语言地位存在一定的需求。保加利亚国内的土耳其民族都渴望保留自己的语言，并希望得到国家的支持和帮助。是否广泛使用土耳其语是保加利亚多语言政策中最突出的问题。由于保加利亚曾经长期受到土耳其的残酷统治，所以保加利亚人拥有很强的民族意识和民族观念，土耳其民族的语言问题也随之凸显出来。

在保加利亚，有土耳其人、犹太人、亚美尼亚和其他一些较小的族群。根据 2011 年保加利亚人口普查数据显示，保加利亚族群占总人口的 84.8%，土耳其人占 8.8%，罗姆人和柬埔寨人占 4.9%。[①] 到目前为止，他们的语言权利和义务尚未在立法和制度层面得到解决。20 世纪 50 年代初，国家创建了用民族语言中学，主要是土耳其语中学。此外，一些培训机构专门教授土耳其语，到 20 世纪 60 年代末，国家关停了这些学校和培训机构。但是，国内将近 9% 的土耳其人对土耳其语的渴求不可忽视。一个民族的语言如果得不到有效的采用，就会引发许多冲突和矛盾。而今，大多数土耳其人仍然使用本民族的语言，他们在与保加利亚人的沟通和交往中会产生障碍，一些民主权利和公共服务也得不到有效保障，得不到公正对待，这无疑加剧了土耳其语和保加利亚语之间的矛盾。

2009 年，在保加利亚的许多地区举行了一场语言保护运动。他们收集签名，公投表决是否使用土耳其语在保加利亚电视台（БИТ）播放新闻。但是，“反对党”对在国家媒体中使用土耳其语这一问题一直持反对态度。这场运动虽然未能取得成功，却表明保加利亚国内存在多语言政策的诉求。2017 年，在议会选举前，土耳其试图通过组织当地的土耳其移民，推动“亲土耳其党派人士”进入新的保加利亚议会，以此来影响选举结果。有些地区的市长呼吁，所有移民都要进行投票，以便让居住在保加利亚的土耳其居民的影响力变得尽可能大。他们明确提出了“让土耳其语成为保加利亚的官方语言”这一口号，这对语言政策的发展来说具有突破性。的确，使土耳其语成为官方语言，能够有效解决民族之间的矛盾和冲突，但伴随着某种政治利益和第三方的干预，保加利亚政府不得不慎重考虑，甚至会遏制土耳其语的发展，以维护国家的安全与稳定。民族之间的磨合需要一个长期的过程，所以要从根本上解决土耳其语和保加利亚语的冲突，还需要付诸长期的努力。

---

① Димитрова М. *Языковое Законодательство в Республики Болгарии*, Языковая ситуация и языковая политика в странах славянского мира, 2012,с.362.

除土耳其语外，俄语在保加利亚也曾受到过重视。自 20 世纪 40 年代起，俄语是保加利亚最重要的外语，被列入从三年级到八年级的义务教育科目中。伴随而来的是，在保加利亚出现了许多“俄罗斯学”的研究者和爱好者。现在，几乎所有在 1975 年以前出生的保加利亚人都非常熟悉和了解俄语。但是，俄语在保加利亚的发展出现了断层。20 世纪 90 年代，由于苏联解体，俄语并未在保加利亚获得更大的发展。苏联解体后，俄罗斯与保加利亚在很长一段时间关系“非正常化”，但两国有相同的文化起源、相似的语言以及民族文化的认同，一旦两国有了某种共同的利益诉求，极易使两国关系重新恢复，并且带动俄语在保加利亚的发展。

三、保加利亚的国际化语言政策

保加利亚的大多数学术著作使用保加利亚语，很少用其他语言，这无疑限制了保加利亚与国际社会的合作和交流，阻碍了保加利亚的科学研究和经济发展，这种现状需要改变。

早在 1996 年，保加利亚就加入了 WTO。2007 年，保加利亚正式加入欧盟。保加利亚语成为欧盟的官方语言之一，地位逐渐提高，这也反映了保加利亚语言战略的作用。但是，保加利亚语的使用人数较少，所以保加利亚需要改变语言政策。保加利亚议会尚未通过任何有关语言的法律草案，并未做出任何实质性的改变。

如今，保加利亚议会正在考虑颁布新的语言法案。政府还在商榷是否推广英语或其他使用面较广的语言。值得注意的是，英语在保加利亚渐渐流行起来，出现了许多英语学校和培训机构，公立学校也开始开设英语课。

随着保加利亚与国外的经贸往来不断加深，一些外语也流行起来了。中国与保加利亚的合作逐渐加深，在诸多领域交往日益密切。“近二十年来，中、保两国贸易额已从 1997 年的 0.7 亿美元增长到 2017 年的 21.3 亿美元，累计增长超过 30 倍。到 2017 年，中国是保加利亚的第 11 大贸易伙伴，也是除欧盟成员国外的第三大贸易伙伴国。”[①] 中、保两国贸易额在逐年增多，两国贸易往来和友好合作不断加深。保加利亚的汉语学校报名人数也在激增，掀起了一股保加利亚“汉语热”。中国与保加利亚的合作更加多元化，汉语是双方交往和沟通的桥梁，双方也期待汉语的发展能够给中、保两国带来共赢。

---

① 《深化中国中东欧合作 促进中保经贸发展》，http://www.mofcom.gov.cn/article/i/jyjl/m/201807/20180702764200.shtml. 访问日期：2018 年 7 月 9 日。

四、结语

本文对保加利亚的单一语言政策、多语言政策和国际化语言政策分别进行了分析。保加利亚人的单一语言政策，主要是在现代保加利亚语的历史发展过程中对民族语言的保护。在保加利亚的多语言政策中，主要存在的问题是：如何在保加利亚语与土耳其语之间取得平衡。有效解决不同民众对不同语言的需求，是多语言政策发展的根本问题。保加利亚国际化语言政策是时代发展的产物，任何一个民族必须适应社会发展的需要，排除语言障碍，加强语言沟通，促进国际交往与合作。保加利亚的语言政策显得有些滞后。因此，想要从根本上找到适应保加利亚的语言政策，还需要年轻人之间互相学习和交流，促使保加利亚采取有效的语言政策，从而满足本国的语言需求。

* 参考文献

[1] 王辉等：《"一带一路"沿线国家语言政策概述》，载《北华大学学报（社会科学版）》，2016 年第 2 期。

[2] 信德麟：《斯拉夫语通论》，外语教学与研究出版社 1991 年版。

[3] 信德麟：《信德麟集》，黑龙江大学出版社 2009 年版。

[4] 张宏莉等：《哈萨克斯坦的语言政策》，载《世界民族》，2006 年第 3 期。

[5] 《深化中国中东欧合作 促进中保经贸发展》，http://www.mofcom.gov.cn/article/i/jyjl/m/201807/20180702764200.shtml，访问日期：2018 年 7 月 9 日。

[6] Великое Народное Собрание, *Конституция Республики Болгарии*. Държавен вестник, брой 56. 1. июля 199. г.

[7] Гудков В.П.《南斯拉夫诸语言》，徐来娣译，载《外语学刊》，2016 年第 4 期。

[8] Димитрова М. *Языковое Законодательство в Республики Болгарии*. Языковая ситуация и языковая политика в странах славянского мира, 2012.

[9] Маслов Ю.С. *Очерк болгарской грамматики*. М., изд. Литературы на Иностранных Языках, 1956.

（作者单位：刘虎，俄罗斯科学院斯拉夫学研究所；张志军，哈尔滨师范大学科学研究所）

俄罗斯外来移民子女的高等教育定位*

石 峰　徐 佩

内容提要： 随着世界各国政治互信的不断加深，各国关系不断深化，尤其是在“一带一路”倡议下，各国迎来了新的合作契机。然而，由于各国之间的政治、经济、文化差异较大，来自不同国家的外来移民融入俄罗斯社会还存在一些问题，必须采取一些措施来解决。例如，外来移民应重塑自身形象，尽快消除他们对俄罗斯人的刻板印象。如今，俄罗斯发展越来越好，吸引着更多的外来移民，迫使俄罗斯政府尽快解决外来移民子女的高等教育的问题。外来移民置身于俄罗斯，虽然能更好地了解俄罗斯的文化和风俗，但需要解决许多问题，诸如气候变化、语言环境、生活方式等。

关 键 词： 俄罗斯；外来移民子女；高等教育；定位

本文的创作基于笔者近年来收集和研究的资料。在研究过程中，笔者完成了以下研究任务：分析俄罗斯外来移民子女的入学条件，确定他们对高等教育的定位，评估他们进入高等教育机构的潜力，找出影响他们接受高等教育的主要因素。该研究在俄罗斯的三个地区进行——莫斯科、斯摩棱斯克地区和斯塔夫罗波尔地区。莫斯科是外来移民的主要城市，斯摩棱斯克地区是一个外来移民相对平稳的地区，而斯塔夫罗波尔是一个“反移民”情绪高涨的地区。俄罗斯是世界外来移民较多的国家，大量外来移民缓解了俄罗斯人口不断减少的压力，有助于解决俄罗斯人力资源严重不足的问题，对俄罗斯经济社会的发展起到一定的推动作用。然而，由于俄罗斯的外来移民管理存在诸多问题，给俄罗斯造成了一系列的负面影响。

近几年，俄罗斯发展越来越好，中国的“一带一路”倡议给俄罗斯带来了新的发展机遇，越来越多的外来移民来到俄罗斯，希望寻找更好的发展机会，这为俄罗斯的发展注入了新的血液。但在俄罗斯，外来移民群体不断扩大，外来移民及子女出现越来越多的问题。本文在对外来移民子女高等教育

* 本文系黑龙江省普通高校基本科研业务费专项资金资助（编号：LGYC2018JC067）“中俄民间文学中‘人’的观念比较研究”的中期研究成果。

的调查的基础上，分析其中原因，提出解决问题的方法。

一、俄罗斯外来移民子女的高等教育

俄罗斯的高等教育在世界上独树一帜，享有很高的声誉。但从20世纪90年代开始，随着俄罗斯经济与社会的转变，俄罗斯的高等教育发展受到了一定的冲击。21世纪初，俄罗斯把“教育现代化”作为高等教育发展的主要目标，并为此不断进行改革。

（一）俄罗斯高等教育现状

自20世纪90年代以来，俄罗斯高等教育在办学方式与办学理念上更加自由化。为加快高等教育对外开放的步伐，俄罗斯于2003年签署了《博洛尼亚宣言》，正式进入“欧洲教育一体化”。此后，俄罗斯高等教育在学制、学位授予、课程设置、教育质量评估等方面进行了改革，使之更加方便自身与欧洲的交流。[①]2003—2008年，俄罗斯实施了一系列对高等教育具有重要影响的改革措施。对俄罗斯高等教育来说，这五年是推进和深化改革的重要阶段，对高等教育的发展产生了非常重要的影响。俄罗斯加强了评估主体多元化建设和内外保障机制建设，扩大了高等教育的财政支出与投入，建设了信息系统与网络平台。随着俄罗斯和欧洲各国的联系逐渐加深，俄罗斯越来越注重对人才的培养，比如创新能力、判断能力、随机应变能力、团队合作能力、适应变化的能力、分析能力、终身学习的能力等。俄罗斯高校举办了很多大学生竞赛活动，让学生参与科研，为学生创造实习机会等，对提高学生的综合素质和自主学习能力起到了非常重要的作用。[②]

（二）外来移民子女获得高等教育的机会

外来移民子女获得高等教育的机会，一方面来自政府的支持，另一方面来自外来移民自身的努力。俄罗斯颁布了一系列关于外来移民管理的政策法规，比如，确定外来移民人才引进和劳务制度，对来自独联体和其他国家的外来移民入境、登记、就业、居留有明确规定，建立比较完善的外来移民管理制度等。俄罗斯联邦移民局主要负责全国的移民工作，由于劳动移民占外来移民总数的大部分，所以联邦劳动就业局也参与国家移民管理。此外，移

---

① 张岩：《论俄罗斯高等教育的现代化改革》，载《湖南人文科技学院学报》，2016年第3期，第105页。
② 赵红旭：《适应博洛尼亚进程——俄罗斯高等教育变革的分析》，华东师范大学硕士学士论文，2017年。

民政策委员会及跨部门工作组参与制定俄罗斯外来移民方面的法律法规。除国家层面的移民管理机构外，各联邦主体地方政权机关、联邦移民局在各地的垂直管理机构也负责移民管理事务。俄罗斯联邦移民局是承担国家移民法律制定和管理的部门。按照外来移民政策规划，俄罗斯将在国内建设良好的移民环境，进一步完善移民的法律法规，完善移民登记、统计制度，减少非法用工，规范劳动移民程序。政府在最大程度上保证经济发展所需要的劳动移民，大力吸引高技术人才，努力保障外来移民的各项权利。此外，俄罗斯许多外来移民子女希望了解俄罗斯，尽快融入俄罗斯。他们不断克服交流障碍，努力适应语言环境，接受俄罗斯的文化与传统。他们的父母也在不断努力，让他们能够更好地接受俄罗斯的高等教育。

二、影响外来移民子女获得高等教育的因素

我们对外来移民子女适应俄罗斯高等教育的情况进行了研究。例如，在2010年到2015年期间，我们研究了斯塔夫罗波尔地区教育机构中外来移民子女的情况。调查显示：有69%的受访父母表示，当地人对他们很好；有26%的人表示中立；只有个别家庭感到当地人有排外情绪。另外，有83%的家长认为，他们的孩子在俄罗斯没有受到任何骚扰，只有5%的家长表示存在骚扰。当然，当地人对外来移民越好，外来移民的适应性就越强。教师以及当地人的态度是影响外来移民子女获得高等教育的主要因素之一。

（一）社会因素

外来移民子女经常面临的问题有：课堂上的巨大转变，对俄语的了解不足，不适应学校教学，学习成绩下降等。其中，心理问题是一个令人担忧的问题，许多孩子都会出现抑郁、恐惧和精神不稳定等问题。教师在教育学生的过程中，需要采取一些具体措施，比如给予学生正确的教导，使其尽快适应本国的教育机制，关注外来移民子女对各类教育的接受程度等。这就需要对教师进行适当的培训，向他们提供必要的教材。根据居住地的不同，外来移民子女接受高等教育的情况也不同，比如，在斯摩棱斯克地区的村庄和小城镇，大约有一半以上的外来移民子女在中学毕业后会放弃上大学的机会。然而，莫斯科地区除外，居住在大城市的外来移民子女接受高等教育的比例要高很多。

俄语能力对外来移民子女获得高等教育也会产生重大影响。调查结果

表明，尽管来自独联体的移民俄语比较流利，但30%的受访者认为，他们对俄语了解不足。在俄罗斯，以俄语为母语的学生中，进入大学的可能性为73%；而在俄语不流利的学生中，进入大学的可能性只有50%。因此，对俄语缺乏了解是接受高等教育的一个重要阻碍因素。这一因素造成人们获取高等教育的机会是不平等的。此外，当局对外来移民的态度、政治因素等都会对外来移民子女接受高等教育产生干扰。缺少身份证明文件也是造成外来移民子女难以获得高等教育的一个重要因素。

外来劳动移民因技能水平较低，大多数从事俄罗斯当地居民不愿从事的职业，如搬运、建筑、资源采掘或城市清洁等工作。[①]外来移民子女的父母在这样的环境下工作，对孩子接受高等教育会产生很大的影响。

（二）家庭因素

父母是否受过高等教育是影响中学生进入大学的重要因素。父母拥有学位（尤其是硕士学位和博士学位），子女最终会选择上大学。然而，外来移民子女的教育与其父母的社会地位密切相关。非法移民子女很难得到高等教育的机会。俄罗斯对非法移民制定了一系列政策，在实施移民政策，缓解本国的人口危机时，如何避免移民潮所带来的种种问题，是俄罗斯当局面临的一个重要挑战。普京强调："国家应制定一些有效的移民政策，首先要从经济需求的角度来考虑引进外国劳动力的问题。对非法劳动移民在俄罗斯务工的现象，应加大雇主违反使用外国劳动力的规定所承担的责任。"[②]

对那些经济上比较拮据的外来移民来说，接受高等教育的能力也会相对弱一些。相比之下，经济条件较好且来自完整家庭的孩子，进入大学的比率较高。对贫困家庭的移民子女而言，无法支付就读学校的费用，无法支付课外辅导和其他形式的入学费用，无法支付自费上学的教育费用……这些都是限制他们获得高等教育的主要因素。

三、俄罗斯外来移民子女高等教育的发展前景

近几年俄罗斯移民政策的变化趋势是：更规范，更严格，更理性，更有张力，更便民。俄罗斯陆续增补和修订了一些移民法规，对外来移民入境、居留、就业的方方面面做出了新的规定，目的是使移民的行为更规范、更有

① 蒋莉：《俄罗斯的外来移民问题》，载《国际研究参考》，2015 第 10 期，第 27 页。
② 俄罗斯总统网，http://www.kremlin. ru/20061006/41551661.html，访问日期：2019 年 7 月 6 日。

序。[①]2013 年 3 月 1 日，俄罗斯颁布了《俄罗斯调整移民进程构想》，说明了外来移民对俄罗斯国家社会经济、人口稳定发展及其国家安全的影响，因此，俄罗斯要解决经济增长对劳动资源的需求，合理安排移民分布，充分挖掘移民人口的劳动潜能，为实现俄罗斯的富强、繁荣作出贡献。[②]

研究表明，在接受调查的外来移民人口和地区，对高等教育的评价都很高。与此同时，移民家庭在获得社会服务和文化价值方面会受到限制，包括教育环境和社会关系。在大多数情况下，新的社会关系无法建立，会对他们获得高等教育产生负面影响。另一方面，教育成为进一步推动人文交流的重要机制，将外来移民成功融入俄罗斯社会，将其转变为俄罗斯人口的有机组成部分，将会促进他们的成长与进步。

社会融入实际上是一种社会行动，是主体与周围环境在持续互动过程中实现融合，并且这种互动与他人的行为密切相关。不同文化背景的外来移民要在俄罗斯长期生活和工作，必然要调整自身，适应新的环境，从而顺利融入当地社会。然而，社会融入受俄罗斯移民政策、文化传统等方面的影响，再加上外来移民在经济能力、素质等方面的差异，其社会融入往往会面临诸多困境。俄罗斯政府开始对以工作为目的的移民进行语言、法律、历史知识的测试，俄罗斯公民应以此为契机，自觉提高俄语水平，增强法律意识。由于商人或劳务人员在俄罗斯主要从事的是小商品贸易类、建筑类、农业种植类等工作，对俄语的要求不高，所以他们的俄语水平普遍不高，而且他们对当地法律法规不太关注，法律意识薄弱。2015 年开始执行的考试制度，应成为在俄罗斯的外国人普遍提高俄语能力的一种有效路径。各国移民应按照相关移民新政规定，主动提高语言水平，积极提高融入意识，在保护自我、提升自我的基础上，塑造移民的良好形象，同时提高外来移民子女接受高等教育的比重。

* 参考文献

[1] 俄罗斯总统网，http://www.kremlin. ru/20061006/41551661.html，访问日期：2019 年 7 月 6 日。

[2] 蒋莉：《俄罗斯的外来移民问题》，载《国际研究参考》，2015 第 10 期。

[3] 汪晓波等：《俄罗斯外来移民：现状、问题与政策思考》，载《黑龙江社会科学》，2015 年第 6 期。

① 于晓丽：《近几年俄罗斯移民政策的新变化》，载《世界民族》，2017 年第 6 期，第 88 页。
② 汪晓波等：《俄罗斯外来移民：现状、问题与政策思考》，载《黑龙江社会科学》，2015 年第 6 期，第 39 页。

[4] 张岩:《论俄罗斯高等教育的现代化改革》,载《湖南人文科技学院学报》,2016 年第 3 期。
[5] 赵红旭:《适应博洛尼亚进程——俄罗斯高等教育变革的分析》,华东师范大学硕士学士论文,2017 年。
[6] 于晓丽:《近几年俄罗斯移民政策的新变化》,载《世界民族》,2017 年第 6 期。

(作者单位:哈尔滨理工大学外国语学院)

利哈乔夫跨文化对话观研究

李园园

内容提要： 在全球化语境下，随着不同文化之间的冲突日益凸显，研究跨文化对话越来越具有重要的现实意义。利哈乔夫是20世纪俄罗斯杰出的文化大师，且对俄罗斯的民族文化进行了深刻研究，对跨文化对话有着独到的见解。他站在全人类的角度，呼吁跨文化对话。本文从文化子系统对话观、过去—现在文化对话观、全球化条件下的跨文化对话观等方面研究和分析利哈乔夫的跨文化对话观。

关 键 词： 利哈乔夫；跨文化对话；全球化；人道主义

一、利哈乔夫跨文化对话观的提出

利哈乔夫一生都在从事文学、历史学、艺术学、社会思想史和文化等方面的研究，是俄罗斯20世纪具有重要影响力的学者。他的研究不仅具有文化的纵向深度，而且具有文化的横向延展度。在人生的后半期，他从很多方面对俄罗斯文化进行了研究，并为后代留下了弥足珍贵的文化遗产。2001年5月23日，普京颁布了《有关利哈乔夫记忆永存》的法令，并在每年举办利哈乔夫国际学术报告会。每年参加会议的人员有国内外学者、艺术家、社会活动家以及政治家。他们继承并发扬了利哈乔夫的重要学术观点，并运用这些观点去分析、解决人类在自身发展中遇到的问题。

利哈乔夫的跨文化对话观是在他对文化的深层次研究分析基础上提出的。首先，我们应该看到他对文化所持的观点。他认为："文化是一个巨大的整体现象，使得居住在某个确定空间的民众从普通居民变成民族，并组建国家。在研究文化的同时，要研究文化所在国的宗教、科学、教育和人的行为和道德准则。"①他指出，把文化看成一个整体现象，看成一个不同方面有

① Лихачев Д. С. *Культура как целостная среда* // Лихачев Д. С. Избранные труды по русской и мировой культуре. СПб., СПбГУП, 2006, с.21-53.

着共同的文化趋势、规律的环境来研究是非常重要的。他认为，必须把文化看成是一个确定的空间来研究，不可以拿掉其中某一部分，每一部分都是不可或缺的。文化的堕落就是因为它缺失了整体中的某一部分。利哈乔夫的这种观点是基于他对现代文化学的研究。他对“文化”最广泛的外延是“文化是人类一切活动的结果，是一切非自然的结果”。基于这种观点，经济、法律和科技等也属于文化范畴。这种观点是把经济、法律和科技等看作是文化的一个子系统，这就揭示了子系统之间的相互依赖性。比如，经济作为一个子系统，会依赖于意识形态、社会生活方式、文化传统和民族心智等。

利哈乔夫引入了“文化环境”这一概念。他注意到，文化的完整性是在动态发展中一直存在的。利哈乔夫把文化理解为不同现象、不同成分、不同层次、不同子系统和文化综合体之间的“对话”，即“跨文化对话”，而进行“对话”的主体是人。

二、利哈乔夫的跨文化对话观

（一）文化子系统之间的对话

利哈乔夫在《古罗斯语言和形象》[①]中把文化子系统之间的对话看成是文学和艺术之间通过题材、客体和艺术家思想的对话来研究。他指出，在艺术发展的过程中有许多现象是同时发生的，并且它们有一个共同的根源。文学和艺术影响着现实社会，它们处在彼此之间的对话系统中。同时，它们又组成一个完整的最能展示文化的子系统。在《俄罗斯文学史上的主要发展线》[②]中涉及艺术与现实社会的对话，即俄罗斯文学与其他国家的文学的关系。他明确指出，一个民族的文学不可能单独存在，在历史上从来没有孤立存在的俄罗斯文学。俄罗斯文学产生于俄罗斯民众的内在需求，但它与从保加利亚、拜占庭直接传到俄罗斯的文学作品放在一起时，这些文学作品都有共同点，都属于欧洲文学。

文化自身可以进行内部对话。以文学为例，利哈乔夫指出，文学不仅能从外部环境，而且能从自己本身得到自己所需的内容。文学作品不仅服务于现实社会，也服务于自身，并且能够促进其他作品的形成和发展。一部文学

---

① Лихачев Д. С. *Слово и изображение в Древней Руси* // Лихачев Д. С. Избранные труды по русской и мировой культуре. СПб., СПбГУП, 2006, с.75-80.

② Лихачев Д. С. *Русская культура Нового времени и Древняя Русь* // Лихачев Д. С. Избранные труды по русской и мировой культуре. СПб., СПбГУП, 2006, с. 173-180.

作品要有关心其他文学作品的能力，也要有自我调控的能力。研究一部文学作品，主要研究文学本身，研究它从自身汲取的力量以及它对其他作品的产生的影响。

（二）过去—现在的文化对话

利哈乔夫提出，文化发展不仅通过文化内部的自我变化来实现发展，而且通过文化价值的积累来实现发展。文化的价值与其说是在变化，不如说是在创造、积累或失去。对每一种文化来说，其特点就是，它有自己独特的对待过去和选择未来的方法。在18世纪至19世纪，俄罗斯最重要的有关文化的问题就是对待古罗斯文化的态度。在当前文化与过去文化对话的过程中，古罗斯文化在成长、壮大，并且变得越来越有意义。古罗斯文化的意义在于，现代俄罗斯文化对古罗斯文化的需求在不断增长。

分析一个民族过去与现在的文化对话可以揭示文化的内在发展规律。利哈乔夫认为，不仅过去的文化影响现代文化，参与现代文化的建设，而且现代文化也可以“注入”过去的文化。现代文化赋予过去文化新的时代意义，并且丰富了过去文化的内涵。在此基础上可以观察到一个重要的现象：现代文化与过去文化之间存在对抗性和补充性。一方面，年轻的现代文化拥有过去文化所没有的优越性；另一方面，现代文化也有过去文化的不足。“过去—现在”的文化对话丰富了过去文化，也为现代文化的发展提供了必要的条件。

（三）全球文化语境下的跨文化对话

А.С.Запесоцкий 指出，当下世界上存在两种跨文化对话问题的主要观点：一种观点认为，作为一种“更高”文化类型的所谓“盎格鲁－撒克逊”文明，这种文明在世界历史发展的全过程中证明了自己的优势，并成为所有其他文明的参考模型。[①]另一种观点则认为，每种文化都有它的价值，文化间的对话就是文化间的平等互动，并在互动中实现更大的发展。利哈乔夫显然是第二种观点的支持者。

1995年，利哈乔夫在《文化权利宣言》中提出以下几个跨文化对话观点[②]：

1. 文化是人类人性化的主要来源。

2. 任何决定其精神独特性的民族文化都在表达自身的创造力，同时也

---

① Запесоцкий А.С. *Проблематика диалога культур в научном и нравственном наследии академика Д.С.Лихачева* // Диалог культур и партнерство цивилизаций: становление глобальной культуры. X Международные научные Лихачевские чтения. 13-14 мая 2010 года. СПб., 2010, с.1-6.

② Лихачев Д.С. *Декларация прав культуры: (проект)*, ИРЛИ (Пушкинский Дом) РАН, СПбГУП. СПб., СПбГУП, 1995.

是全人类的文化遗产。

3. 文化对话保证了各民族之间相互理解，揭示了每个国家的精神独特性。

4. 保护和发展每个民族的文化，应该是整个国际社会的工作。

5. 文化是人类、民族和文明社会发展的基础，是人类精神和道德的提升。

6. 无法理解和丰富彼此的文化并进行跨文化对话，是20世纪冲突和战争的原因之一。

7. 现代国际社会经济和政治一体化条件下的跨文化对话，是预防战争和暴力的条件。

8. 民主生活和人权价值观的实现，在很大程度上取决于社会文化发展的水平。

9. 失去文化遗产是不可挽回的损失，会导致整个人类文明的精神贫困化。

10. 在加速文明进程的条件下，世界各民族的文化受到了威胁。

11. 大规模商业化的“不人道”现象日益扩大，威胁到各个民族、各个国家和整个人类的文化发展。

12. 有必要制定措施来保护文化，确保每个国家的文化得到发展，促进各国之间的互动和富有成效的对话。

利哈乔夫在全球化条件下的跨文化对话观是基于每个民族或国家文化的完整性、平等性等条件下提出的。每种民族、国家文化在全球化条件下都是一个完整、独立且自由的个体，都有行使本民族文化功能的权利，都有保持本民族文化完整性的权利。而在全球化条件下，在经济、科技、教育等方面发展较快的某些发达国家鼓吹自身的优越性，试图控制其他国家的文化意识形态，这种思想观念及做法严重威胁了世界各民族的文化多样性、独特性和完整性。利哈乔夫的跨文化对话观就是反对发达国家文化对其他民族文化进行控制。每个民族的文化都是平等的、自由的，每个民族的文化起源和根基是不同的，破坏其中的一部分就是破坏文化的完整性，也是破坏整个人类的文化完整性。跨文化对话应该是平等的、自由的和人道主义的。这种跨文化对话是预防战争和暴力的重要手段，是保护全人类文化遗产的重要举措，是发展自由个性、人道主义精神的重要条件。因此，在全球化条件下保证跨文化对话的平等性、自由性、人道主义是每个民族、每个国家乃至整个国际社会的责任与义务。

三、对跨文化对话观的评价

利哈乔夫指出，无法理解和丰富彼此的文化并开展跨文化对话，是20世纪冲突和战争的原因之一。不同的民族有自己的文化环境、宗教信仰、法律法规和道德准则，所以在进行文化交流时，不可避免地会产生文化冲突，甚至影响国家在政治、经济、法律等方面的决策。跨文化对话是为人类创造的一个特殊的精神范式。А.С.Запесоцкий 指出，关于文明多样化的问题需要哲学家、文化家、民族研究者共同解决，这样就回到斯拉夫派、欧亚派和西方派的争论上了。学者们把跨文化对话看成是一个超越国界的富有创造力的有机体，在经济、政治和社会等领域形成了全球化的意义。学者们试图得出一个共同的看法，即在全球化条件下，市场意识形态使欧亚地区产生了文明的幻觉，忽视了民族文化的独特性。因此，跨文化对话的目的在于：提出对民族心智的思考，认识到每一个民族都是独一无二、不可复制的。

Л. Ф. Лебедева 认为，跨文化对话是21世纪国际安全的一个重要因素。[①]跨文化对话是世界历史进程中不可或缺的一部分，在全球化的条件下有着特殊的现实意义，并且对处于相互影响的所有层面要承担的责任提出需求，这些层面包括国际民族、国家结构或非国家结构上的一体化联盟和个人组织。他认为，把跨文化对话的发展作为21世纪世界秩序形成的战略性方向是非常重要的。他指出，在20世纪已经提出要尊重每种文化的存在，尊重每个个体的宗教信仰，而当下对文化权利的关注却很少。全球化条件下跨文化对话的发展促使移民现象增多，尽管大多数移民现象发生在发达国家，但依然需要引起关注。总之，跨文化对话不仅是文化之间相互丰富的因素，而且是保障国际安全的重要因素。

Ю. Б. Борев 认为，在全球化条件下跨文化对话不应该是“美国式”的。[②]在全球化条件下，美国在世界范围内传播自己的文化，让其他文化服务于自己的文化，这是不应该被提倡的。Ю. Б. Борев 的这一观点与利哈乔夫的跨文化对话观是相符的。每个民族和国家的文化都是基于特定的地理、特定的人文环境、特定的宗教信仰形成的。世界上的每种文化都有自己存在的权利。在全球化条件下，跨文化对话应该是人道主义的，各种文化应该彼此包容，相互吸收，共同发展。

---

① Любедева А.Ф *Диалог культуры как фактор международной безопасности в XXI веке: Международные научные Лихачевские чтения 2014 года*. СПБ., 2014, с. 1-2.

② Борев Ю.Б. *Глобализация и диолог культуры* // Диалог культур и партнерство цивилизаций: Международные научные Лихачевские чтения 2014 года. СПБ., 2014, с.1-4.

四、利哈乔夫跨文化对话观的意义

利哈乔夫指出，在世界文明进程中，世界各民族的文化受到了威胁。[①]以俄罗斯为例，在俄罗斯社会转型时期，随着西方文化的传入与渗透，俄罗斯民族的文化受到了严重的威胁。新一代的年轻人在全球化的风波中受到西方文化的影响。在西方文化意识的冲刷下，新一代年轻人很难深刻地认识到自己本民族文化的深刻内涵。一个民族的文化是在长期的历史累积中形成的，是与地理环境、政治形态意识以及人类创造活动息息相关的。在全球化条件下，跨文化对话应该理解并尊重每一种文化，在对话的同时也进行文化合作。

跨文化对话必须统一"文化共同流"。实现跨文化对话的环境是一个"文化共同流"，其中包括各种文化的代表。跨文化对话能够丰富一个国家的历史和现实文化体验。在这种情况下，跨文化对话成为传统主义理解多元文化的新形式。跨文化对话是一种互动过程中不断扩展和更新的技术。在这个过程中的倡导者不只是国家和文明，公民协会、文化协会和科学协会同样也是倡导者。

跨文化对话的任务主要在以下几个方面：认识由现代文明所引起的具有现实意义的现代文明问题，用现有的民族文化资源解决问题；创造一个理论家和实践者相互影响的沟通平台，使文化的历史潜力得以开发，从而实现社会的再生产。国家权力的改变会动态地改变世界，文化权利是国家权力变化的源泉，而文化权利是民族文化不可分割的一部分，是民族心智的体现。

* 参考文献

[1] БоревЮ.Б. *Глобализацияидиологкультуры* // Диалог культур и партнерство цивилизаци: Международные научные Лихачевские чтения，201. года. СПБ.，2014. с.1-4.

[2] Запесоцкий А.С. *Проблематика диалога культур в научном и нравственном наследии академика Д.С.Лихачева* // Диалог культур и партнерство цивилизаций: становление глобальной культуры. X Международные научные Лихачевские чтения. 13-1. мая 201. года. СПб., 2010.

① Лихачев Д. С.*Русская культура в современном мире* // Лихачев Д. С. Избранные труды по русской и мировой культуре. СПб., СПбГУП, 2006, с.53-67.

[3] Лихачев Д. С. *Декларация прав культуры:*（проект）, ИРЛИ （Пушкинский Дом）РАН, СПбГУП. СПб., СПбГУП, 1995.

[4] Лихачев Д. С. *Культура как целостная среда* // Лихачев Д. С. Избранные труды по русской и мировой культуре. СПб., СПбГУП, 2006.

[5] Лихачев Д. С. *Слово и изображение в Древней Руси* // Лихачев Д. С. Избранные труды по русской и мировой культуре. СПб., СПбГУП, 2006.

[6] Лихачев Д. С. *Русская культура Нового времени и Древняя Русь* // Лихачев Д. С. Избранные труды по русской и мировой культуре. СПб., СПбГУП, 2006.

[7] Лихачев Д. С. *Русская культура в современном мире* // Лихачев Д. С. Избранные труды по русской и мировой культуре. СПб., СПбГУП, 2006.

[8] Любедева А.Ф *Диалог культуры как фактор международной безопасности в XXI веке: Международные научные Лихачевские чтения 2014 года.* СПБ., 2014. с. 1-2.

（作者单位：青岛科技大学外国语学院）

从 судьба 的联想场看俄罗斯人的民族性格和认知观 *

李珊珊　　赵秋野

内容提要： 特殊的社会历史和宗教文化因素造就了俄罗斯人独特的语言意识、思维和认知方式。本文以 Ю.Н.Караулов 等人编纂的《俄语联想词典》(1996 年版)为依据，通过分析 судьба 的联想场，探究俄罗斯人对命运的认识，在分析其语言意识当中折射出的民族文化特点和民族性格的同时，进一步阐明与之相关的历史文化背景因素，希望能为俄语教学和中俄跨文化交际活动提供参考。

关 键 词： судьба/ 命运；语言意识；联想场；民族性格；认知观

一、引言

作为世界心理语言学的重要组成部分，俄罗斯心理语言学有自身的理论基础和发展历程，语言意识（языковое сознание）是其研究的重要内容。不同民族在自然、历史、社会等方面的差异，导致语言意识具备鲜明的民族性。通过自由联想实验获取语言单位的联想场，是研究语言意识的有效途径。本文从心理语言学的语言意识视角出发，以 Ю.Н.Караулов 等人编纂的《俄语联想词典》（Русский ассоциативный словарь，1996 年版）为依据，来分析俄罗斯人的民族性格和认知方式。

语言和文化的关系一直是语言学界关注的焦点。近年来，国内学者从不同角度探究了俄罗斯语言文化的诸多方面，并取得初步成果。“судьба（命运）”是具有“俄罗斯特色”的词汇，该词本身就具有深刻的意义，是俄罗斯的文化观念词。奥地利籍波兰语言学家 А.Вежбицкая 将民族文化的特殊性压缩至“душа（心灵）”“судьба（命运）”“тоска（苦难）”这三个关键词，因此，对 судьба 一词的研究，能够帮助我们更全面地了解俄罗斯民族的文化特点、民族性格和认知方式。目前，国内俄语界对该词的研究较少，仅有的研

* 本文系国家社科基金项目“汉俄语言意识对比研究及联想数据库建设”（项目编号：18BYY234）的阶段性成果。

究也都集中在语言文化学领域，即将该词作为文化观念词来研究。例如，朱思然（2011）在《俄语观念词 судьба 研究》一文中以观念理论为依据，运用观念分析法，概括了 судьба 一词的词源和词典释义，在对成语语料归纳总结的基础上分析并阐释了俄罗斯人的命运观。她认为，俄罗斯民族的命运是建立在共同的民族意识上的一种观念，是民族精神的彰显。目前，在心理语言学视角下对该词的研究暂未出现。

因此，下面从语言意识角度，以 Ю.Н.Караулов 等人编纂的《俄语联想词典》为依据，对 судьба 一词的联想场进行分析和解读，揭示俄罗斯人的语言意识和认知特点，以及他们对命运独特的理解。本研究无论是在语料上，还是在分析内容层面上，都对语言文化学的研究起到了积极的补充作用，在认知层面上也更能深刻地反应俄罗斯人对 судьба 一词的解读。

二、语言意识与自由联想实验

作为俄罗斯心理语言学的核心概念之一，语言意识研究备受国内外学者的关注。语言意识是通过语言这一中介反应个体和民族的语言哲学观。自由联想实验（свободный ассоциативный эксперемент）是研究语言意识的科学方法之一，也是俄罗斯心理语言学界普遍认可的研究方法。

（一）语言意识理论

德国语言哲学家威廉·冯·洪堡特（Wihelm von Humboldt）较早地关注了语言意识，注重考查各民族语言的特殊性，强调民族的语言和思维密不可分。他的语言哲学观对俄罗斯心理语言学产生了重大影响。在俄罗斯，对语言意识的研究独树一帜且成果丰硕，出现了 А.А.Леонтьев、Н.В.Уфимцева、Е.Ф.Тарасов 等著名代表人物，这些学者也从不同角度对语言意识进行了解读。А.А.Леонтьев 认为，有了意识就可以掌握语言，掌握语言就可以理解语言的意义，而语言意义是意识的基本单位。从这个意义上来理解，意识是符号性的。[①] Н.В.Уфимцева 指出，语言意识是借助语言来记录人的意识。[②] 语言和意识是反映人类存在的两种相互关联的形式。语言意识是一

① Леонтьев А.А. *Языковое сознание и образ мира*, М., Язык и сознание: парадоксальная рациональность. 1993, с. 31.
② Уфимцева Н.В. *Русские глазами русских*, М., Язык - система. Язык- текст. Язык - способность.1995, с.181.

种语言思维，而语言是一个载体，将人的意识通过语言这一手段外显出来。Е.Ф.Тарасов 认为，语言意识和语言是密不可分的，语言意识通过语言媒介来反映世界现实，它能够像民族语言一样承载对世界现实的认知，并通过语言的形式体现出来。[①] 近年来，国内学者也开始关注语言意识的研究。赵秋野指出，语言意识反应人的内在思想，与其外部表达形式相互交叉、相互渗透。[②] 赵秋野及其团队进行了中俄大学生语言意识对比研究，试图阐释中俄大学生语言意识的异同点，为俄语教学和跨文化交际提供有益指导。尽管国内外对语言意识的界定各有侧重点，但都强调意识是通过外化的手段来表征内在的思维，并以此揭示不同民族语言文化的特殊性。

由于自然、地理、社会、人文、宗教等方面的差异性，各民族对世界的认识和理解也有不同，即语言意识具有鲜明的民族性。在学习外语的过程中，只有将语言知识和文化背景结合起来，才能更有效掌握所学语言，了解所学语言的民族文化，有效减少、避免跨文化交际中的障碍。

（二）自由联想实验

自由联想实验是在提出实验假设的前提下提供一定数量的刺激词（слово-стимул），要求被试对象在看到或听到刺激词时写出大脑中第一个出现的反应词（слово-реакция）。因为是初试对象进行的自由联想，所以实验对反应词的性质不进行限定，可以是不同的词，也可以是词组、短语或句子。通过统计反应词的联想频率，最终得到刺激词的联想场。由于思维的内在性和隐蔽性，人们的意识无法直接被观察到，借助于联想实验可以帮助实验者获取系统的意识内容，这种意识内容是通过语言单位外显出来的。俄罗斯学者通过大规模自由联想实验，编写了一系列“联想词典”，比如 Ю.Н.Караулов 与 Н.В.Уфимцева 等人合著的《俄语联想词典》（1994 年版），俄罗斯科学院出版的《斯拉夫语联想词典》（2004 年版）等。“联想词典”为研究民族语言意识提供了可靠的方法和依据，它不仅可以直观展现某语言团体的语言思维和特性，也可以间接揭示该民族的思维方式、认知特点和民族心理。

---

① Тарасова Е.Ф. *Языковое сознание: содержание и функционирование: тезисы докладов 13-ов Международного симпозиума по психолингвистике1-3 июня*, М., 2000, с. 172.

② 赵秋野：《俄罗斯语言意识核心词综述》，载《解放军外国语学院学报》，2008 年第 1 期，第 26 页。

三、судьба 的联想场研究

（一）судьба 的联想场分析

以 Ю.Н.Караулов 等人编纂的《俄语联想词典》为例，刺激词 судьба 的联想场如表 1 所示。

表 1　刺激词 судьба 的联想场

词语	频次
человека（人的）	20
рок（不幸的命运、厄运）	7
горькая（苦难的）	6
жизнь（生活，生命），злодейка（凶犯、歹徒）	4
моя（我的），неизбежность（不可避免），тежёлая（艰难的）	3
наша（我们的），нелегкая（不易的），фортуна（福尔图娜女神，象征幸福、好运和成功）	2
беда（不幸），гороскоп（占星图），дорога（道路），житуха（自由自在的生活），жуть（恐怖不安），зараза（病原体，传染病），злоя（凶恶的），зло（恶），индейка（火鸡），интересная（有趣的），комсомельца（共青团员的），легка（轻松地），ложь（谎言），любого（任何人的），на руке（在手中），назло（故意作对），нас свела вместе（使我们走到一起），настоящая（真正的），независимо（不取决于），неотвратимость（不可避免），одолеть（驯服），поломанная（打破的，被急剧改变的），поэта（诗人的），предназначено Богом（上天注定的），предначертана（预先规定的），предписание（指示、命令），пришла（到来），прожитая жизнь（度过的一生），проказница（捉弄人的命运），разлучница（拆散……的人）резидента（驻扎官，侨民等）роковая（不幸的），свадьба（婚礼），смерть（死亡），смирения（妥协），сон（梦），счастливая（幸福的），такая（这样的），фатализм（宿命主义），фатальный（宿命的），фатум（厄运），хреновая（辣的、极坏的），человак（人）	1
综合指数	108+57+5+4 （199：173）

表 1 中右栏的数字表示由刺激词 судьба 得到的相同反应词的数量，即联想词频；联想场末尾的数字，表示由刺激词 судьба 得出的反应词的总量为 108，表示不同反应词的数量为 57，表示受试拒绝联想的数量为 5，表示反

应频率的反应词数量为 4。

由表 1 可以看出，由刺激词 судьба 产生的联想场中频率最高的反应词是 человека（人的），反应频次为 20，其次是 рок（不幸的命运，厄运）和 горькая（苦难的），反应频次分别是 7 和 6。从联想场中不难发现，俄罗斯人关于命运的联想呈现出多样性的特点，具体表现为反应词词类丰富。其中名词最多，其次是形容词和动词。联想场出现了部分语义对称现象，联想内容既有具体的事物，又有抽象的事物，这与俄罗斯人独特的民族个性、宗教传统、历史文化特点有密不可分的关系，体现了俄罗斯人特有的人生观和命运观。

整个联想场中，表示悲观、消极的词汇占多数，如 рок（不幸的命运）、горькая（苦难的）、злодейка（凶犯、歹徒）、тяжелая（艰难的）、нелегкая（不易的）、беда（不幸）、жуть（恐怖不安）、зараза（病原体、传染病）、злая（凶恶的）、зло（恶）、ложь（谎言）、роковая（不幸的）等，说明俄罗斯人将命运与不幸、灾难、恐惧、疾病等负面因素联系在一起。俄罗斯人认为，命运是充满苦难的，他们对命运的理解也充满了消极的因素。笔者认为，这种消极的态度不仅是俄罗斯人对个人命运的理解，也是他们对国家命运的解读。A.Вежбицкая 研究的俄罗斯民族文化的特殊性关键词之一 тоска（苦难）也证实了这一点。① 俄罗斯自古是一个苦难的民族，在长期的农奴制统治下，底层农奴受到严重的压迫和束缚。作为游牧民族，俄罗斯又长期受到外敌的入侵，导致战事不断。“二战”更是给俄罗斯民族带来了沉重的打击和巨大损失。20 世纪 90 年代，俄罗斯民族又经历了苏联解体，这些历史现实在很大程度上影响了俄罗斯人对命运的看法。历史和现实的因素增添了俄罗斯人认知观中的消极成分。

联想场中出现了诸如 Бог（上帝）、гороскоп（占星图）、предназначено Богом（上帝注定的）、предначертана（预先规定的）、фотализм（宿命主义）等词，说明在俄罗斯人的世界观里宗教色彩较浓，他们相信宿命主义论和上帝决定论。俄罗斯人将命运与宗教紧密联系起来，这与俄罗斯人特有的宗教情节密不可分。俄罗斯是一个典型的东正教国家，自公元 988 年“罗斯洗礼”以来，东正教成为俄罗斯的“国教”，并对国家的政治、经济、文化等方面产生了持久而深远的影响。东正教观点认为，人的命运是由上帝掌控的，人在上帝面前是无能为力的，命运的好与坏都不是由自己决定的，所以人在精神上要绝对服从上帝的意志。宗教的这种根深蒂固的影响也体现在俄罗斯人对 судьба 的联想中。受宗教的影响，俄罗斯人对命运的顺从在很多谚语、俗语中也有体现。例如：От лиха не уйдёшь（在劫难逃）；Все（мы）под богом

---

① Вежбицкая А. *Язык. Культура. Познание*, М., «Русские словари», 1996, с. 246.

ходим（听天由命）；Не так живи，как хочется，а так，как Бог велит（不要按自己的意志生活，而要按上帝的意志生活）；Человек предполагает，а бог располагает（谋事在人，成事在天）。这些成语也从另一方面说明宗教对俄罗斯的影响已经渗透到很多方面。正因为这样，俄罗斯人相信宿命主义，认为一切都是上帝的安排，遇事一般不采取积极的行动，经常将希望寄托于偶然和侥幸当中，这种消极态度和"碰运气"的心态在很多谚语俗语中也有体现。例如，具有俄罗斯语言意识特点的词汇 авось（碰运气），表现出俄罗斯人一种盲目的自信，认为一切问题都会自己解决。例如：Авось не Бог, а полбога есть（碰运气不是上帝，但也算是半个上帝）；На авось и вся надежда наша（侥幸成功是我们的希望）；полагаться на доброго дядю, куда кривая выведёт（也许会时来运转，或许会成功）。俄罗斯人将"命运"和"偶然"联系在一起，这在一定程度上与他们的侥幸心理有关。

此外，联想场中出现了一系列表现归属成分的词。例如，联想频率最高的词是 человека（人的），说明俄罗斯人认为命运首先是"人的命运"或"人类的命运"。此外，笔者认为，человека 的联想频率最高的原因还在于《一个人的命运》（Судьба человека）是俄罗斯著名作家肖洛霍夫的代表作，这本身就构成了一种民族文化现象，说明俄罗斯人的语言意识在很大程度上受到经典文学的影响。联想场中还出现了 моя（我的）、наша（我们的）、моя!（我的！）、Поэта（诗人的）等词，说明俄罗斯人在对待命运时首先联想到的是自己的命运。命运是与自己息息相关的，同时，命运是一次从生到死的过程，这一过程是从开始到结束过程中许多片段或重要事件的集合，如 жизнь（生命）、смерть（死亡）、свадьба（婚礼）等。

值得一提的是，俄罗斯人对待命运的态度是消极悲观的，但也有积极乐观的成分，这在联想场中也表现出来了。一方面，俄罗斯人将命运与 рок（不幸的命运）、злодейка（凶犯，歹徒）、беда（不幸）、жуть（恐怖不安）、ложь（谎言）等负面因素联系在一起；另一方面，他们又将命运与 фортуна（福尔图娜女神），интересная（有趣的），житуха（自由自在的生活），счастливая（幸福的），на руке（在手中）等词联系在一起，说明俄罗斯人的性格存在矛盾性、两面性等特点。他们无法摆脱苦难的命运，认为一切都是命中注定，不可避免的，同时又向往幸福和成功，希望成为命运的主人，将命运掌握在自己的手中。自然环境恶劣，地跨欧亚大陆导致的东西方文明的激烈碰撞，为俄罗斯人的矛盾性格埋下了伏笔。别尔嘉耶夫（Н.А.Бердяев）在《俄罗斯思想》一书中指出："东西方两种世界历史潮流在俄罗斯产生了激烈的冲突。俄罗斯民族是一个巨大的东西方文化聚合体，它连接了东、西两个世界。”[①]正是因为这种矛盾性，他们试图抗争，通过主观努力改变自己的命运。因此，联想场中出现了одолеть(驯服)等词语。因此，我们可以认为，俄罗斯人“在意识中绝对服从自己的命运，有时又在行动中却又盲目地做出果敢的举动”。[②]

（二）судьба 联想场中的隐喻

为了使研究更具说服力和针对性，能清晰地认识和解读俄罗斯人的命运观，笔者对照了 Г.А.Черкасова 和 Н.В.Уфимцева 编纂的《俄语区域联想词典》(Русский региональный ассоциативный словарь，2014 版)中反应词 судьба 对应的一系列刺激词的统计数据，如表 2 所示。

表 2　反应词 судьба 的刺激词统计数据

词语	频次
случай（事件、偶然性）	12
крест（十字架）	8
неудачник（失败者）	6
имя（名字）	5
изменить（改变）	4
выбор（选择），жизнь（生活），несчастный（不幸的）3; будущий（未来的），мой（我的），покорный（顺从的），путь（道路）	2
бедность（贫穷），власть（权力），влияние（影响），внутренняя（内在的），все（所有的），встреча（相遇），гармоничный（和谐的），голод（饥饿），дети（孩子们），зависимость（依赖），зеркало（镜子），история（历史），книга（书），колесо（车轮），любовь（爱情），надеяться（希望），натолкнуться（遇到，碰到），независимый（独立的），непонимание（不解），неудача（失败），никогда（从不），определенный（确定的），орел（鹰），остальной（剩余的），отчаяние（绝望），покинутость（遗弃），проститутка（妓女），решить（解决），сбежать（逃避），свидание（会见），сигнал（信号），след（痕迹），счастье（幸福），умереть（死亡），упасть（跌倒），успех（成功），хозяин（主人）	1
综合指数	89+49（2014: 668）

① [俄]别尔加耶夫：《俄罗斯的命运》，汪剑钊译，云南人民出版社 1999 年版，第 37 页。
② 王兰霞：《俄语谚语中的语言世界图景》，载《中国俄语教学》，2002 年第 4 期，第 23 页。

我们不难发现，俄罗斯人由 случай（事件，偶然性）、крест（十字架）、неудачник（失败者）等词都能联想到 судьба，这与前文的分析相呼应。случай 表示某事件，是指生命中的各个片段；крест 指“十字架”，是基督教的象征，正是受宗教观念的深远影响，俄罗斯人才把命运和十字架联系在一起；неудачник 意为“失败者”，与前面分析的“俄罗斯人对待命运存在某种消极因素”这一观点有关。

隐喻不仅是一种修辞手段，而且是一种能够反映人类认知特点的心智活动。Lakoff 将隐喻的本质概括为“理解抽象概念和进行抽象思维的主要机制”，[①]通常指人们用熟悉的具体的事物去理解抽象的陌生的事物。徐盛桓认为，语言主体觉察到一个现实的或想象中的事物与本体有同一性，就会有隐喻。[②]在这一过程中，事物之间的联系就通过相似性体现出来，这种相似性不仅在形式上，还包括特征、关系等方面的相似性。概括地说，隐喻是基于事物之间的相似性从始源域到目标域的映射。

根据对隐喻的界定，我们可以认为，俄罗斯人对 судьба 一词的认知中出现了一系列隐喻。下面列举部分隐喻，以表征俄罗斯人对命运的态度（如表 3 所示）。

表 3　俄罗斯人对“命运”认知的隐喻

Выбор（选择）	“选择”存在于个人或民族的各个时期，重要时刻的选择甚至会改变个人和民族群体的命运。俄罗斯人将命运看成是一种选择，选择的结果直接关系到个人的成败，甚至影响整个民族的命运。例如，俄罗斯历史上的两次著名的革命都是历史的和人民的选择，俄罗斯的国家命运也因此发生了巨大的变化。
Дорога，Путь（道路）	俄罗斯人将命运隐喻为“道路”，道路有起点、终点以及沿途风景。俄罗斯人认为，命运有始有终，个人或民族的经历构成了沿途的风景，但在未到达终点之前，路人对沿途的风景往往一无所知，这说明俄罗斯人对命运的态度暗含一种不可预见性。
Встреча（相遇）	俄罗斯人将命运当成一场“相遇”。相遇往往是双方或多方的，并且大多数是偶然发生的，这说明俄罗斯人认为命运是不确定的。

待续

① Lakoff，G & Johnson M. *Metaphors we live by*, Chicago：The university of Chicago press, 1980, p. 32.
② 徐盛桓：《隐喻的起因、发生和建构》，载《外语教学与研究》，2014 年第 3 期，第 366 页。

续表

Зеркало（镜子）	“镜子”是最常见的日常生活用品，因为它的特殊功能，常被人们赋予隐喻意义。文学作品中的“镜子”常作为一种意象，向读者呈现。中国古代诗词中就有大量的描写与“镜子”这一意象有关，例如：“心是菩提树，身为明镜台”（《菩提偈》）；“晓镜但愁云鬓改，夜吟应觉月光寒”（《无题》）。诗人笔下的镜子是表达情感的窗口，反映了深刻的文化内涵。 俄罗斯的“镜”文化更是历史悠久，其形象也渗透到民俗、宗教、文化等不同领域。俄罗斯人将命运和镜子联系在一起，体现了他们对“生死”等抽象概念的认知和解读时的参照。俄罗斯人将命运比作镜子，说明俄罗斯民族是一个善于反思的民族。只有以国家或个人的命运为参照，不断反思总结经验教训，才能获得个人的成功和民族的兴旺。
Книга（书）	书籍是知识的载体，书的内容有充实、浅显之分，映射了命运的不同维度和生命的不同经历。俄罗斯民族是一个热爱知识的民族。他们将命运比喻成书，表明人们可以在命运中获取经验、知识，也说明了“只有认真品读，才能理解命运”的真谛。

四、结语

通过以上分析我们认为，俄罗斯人性格中的矛盾性与社会历史、宗教文化等因素密不可分，这些因素综合在一起导致俄罗斯人对命运具有独特的看法和理解。

联想场是透视民族文化和民族心理的重要方法。本文通过分析 судьба 的联想场，揭示了俄罗斯人的性格特点、认知方式和民族文化特性。俄罗斯人对 судьба 有着特殊的认识和解读，了解其语言意识的特点和思维方式，可以清除跨文化交际过程中的潜在障碍，并能为俄语教学活动提供一定的启示。有效的语言学习实际上是一个不断探索的过程，语言的学习不仅是对词汇、语法知识的掌握，还要在语言知识的基础上不断扩展延伸，深刻了解所学语言的深刻文化内涵，因为语言和文化是相互促进、密不可分的，语言能够折射民族文化和心理。通过解读文化来学习语言，是培养语言意识的有效途径。只有不断加强语言意识，才能减少学习过程中母语迁移所带来的负面影响，从而培养语言思维，轻松掌握语言技能。

* 参考文献

[1] 王兰霞：《俄语谚语中的语言世界图景》，载《中国俄语教学》，2002 年第 4 期。

[2] 徐盛桓：《隐喻的起因、发生和建构》，载《外语教学与研究》，2014 年第 3 期。

[3] 赵秋野：《俄罗斯语言意识核心词综述》，载《解放军外国语学院学报》，2008 年第 1 期。

[4] [俄]别尔加耶夫：《俄罗斯的命运》，汪剑钊译，云南人民出版社 1999 年版。

[5] Вежбицкая А. *Язык. Культура. Познание*, М., Русские словари,1996.

[6] Леонтьев А.А. *Языковое сознание и образ мира*, М., Язык и сознание: парадоксальная рациональность，1993.

[7] Тарасова Е.Ф. *Языковое сознание: содержание и функционирование: тезисы докладов 13-ов Международного симпозиума по психолингвистике1-3 июня*, М., 2000.

[8] Уфимцева Н.В. *Русские глазами русских*, М., Язык - система. Язык- текст. Язык - способность，1995.

[9] LakoffG & Johnson M. *Metaphors we live by*, Chicago： The university of Chicago press, 1980.

（作者单位：哈尔滨师范大学斯拉夫语学院）

中国和斯拉夫国家生死观语言意识对比研究

姚久员

内容提要： 生与死贯穿人生始终，是每个人都无法回避的人生课题。本文对中华民族和斯拉夫民族的生死观语言意识进行了对比研究，能够帮助我们更好地理解中华民族和斯拉夫民族的文化本质特征，避免或克服在交际中可能会产生的误解与分歧。

关 键 词： 中国；斯拉夫国家；语言意识；生死观

一、引言

随着"一带一路"倡议的推进，进一步加强"一带一路"沿线国家的人文、科技、经济等方面的合作显得尤为重要。语言是沟通和交流的重要工具，人们运用语言能够认识世界、表达思想。各民族不同的语言，蕴含着各自独特的民族文化。通过语言意识，我们能了解一个民族的世界观、价值观及其对个人的影响。

德国语言学家威廉·冯·洪堡特（Wihelm von Humboldt）从19世纪就开始对语言与民族的关系进行了研究。他认为，"每一种语言都带有某种印记，反映着一个民族的特点"；[①]"要给一个'民族'下定义，首先要从这个民族的语言出发；民族就是一个以某种确定的方式构成的语言群体"。[②]

人的生死有其自然规律，生死观一直是人们探讨的话题。在对这个问题的思考中，由于每个民族有着独特的看法，所以每个民族对生死的评价也不同，在此基础上会形成独特的生死观。本文对中华民族和斯拉夫民族生死观进行对比研究，旨在深入了解不同民族的文化特点、语言意识、民族思维等，以期帮助人们更好地理解不同民族文化的本质特征，避免在交际中可能会

① [德]洪堡特：《洪堡特语言哲学文集》，姚小平译，商务印书馆2011年版，第4页。

② [德]洪堡特：《论人类语言结构的差异及其对人类精神发展的影响》，姚小平译，商务印书馆2009年版，第263页。

产生的误解或分歧。

杜桂枝认为，“语言意识是一种‘外显’意识，是由外在的语言手段表现出来的意识；它是借助语言单位（词、词组、句子和篇章）表述和表现出来的意识总和”。[①] 语言意识要通过一定的语言手段表现出来，能够揭示该民族的语言文化特点。

二、语言意识

德国语言学家洪堡特首先提出了“语言意识”这一概念，并且认为语言创造了一种“民族语言意识”。俄罗斯语言学家对语言意识的研究与欧洲学者和美国学者的研究有所不同。鲁宾斯坦（С. Л. Рубинштейн）、维果茨基（Л. С. Выготский）、卢利亚（А. Р. Лурия）等俄罗斯心理学家均对“意识”做过深入的研究，提出了有关“意识”的重要观点。卢利亚（А. Р. Лурия）在《语言和意识》（1979）中论证了意识是以语言为基础，并随着语言的发展而发展。他认为：“语言的产生和劳动是从动物行为过渡到人的意识的决定性因素。语言逐渐成为标记事物的代码体系，对人类活动的进一步发展有决定意义。”[②]

塔拉索夫（Е. Ф. Тарасов）认为，语言意识是一种意识形象，通过词汇、短语、成语、语篇、联想场和知识的联想词库来表现。联想场和联想词库能够使口头记忆和语言意识“模式化”。[③] 笔者认同此观点，并以此为理论基础展开研究。

三、通过联想场分析“生死观”语言意识的异同

本文关于斯拉夫国家刺激词的联想场取自《斯拉夫联想词典》（Н. В. Уфимцева, Г. А. Черкасова, Ю. Н. Караулов, Е. Ф. Тарасов, 2004 年版），[④] 其中包括俄罗斯、白俄罗斯、保加利亚和乌克兰四个斯拉夫国家。汉语刺激词

---

① 杜桂枝：《论语言意识》，载《外语学刊》，2006 年第 4 期，第 1—5 页。

② 赵坤：《中俄大学生道德核心词语言意识对比研究》，哈尔滨师范大学硕士学位论文，2015 年，第 21 页。

③ Тарасов Е.Ф. *Актуальные проблемы анализа языкового сознания*, М., 2000. с, 30-34.

④ Уфимцева Н.В, Черкасова Г.А, Караулов Ю.Н, Тарасов Е.Ф. *Славянский ассоциативный словарь*, 2004, с.116-118, 20-227.

的联想场取自赵坤的论文《中俄大学生道德核心词语言意识对比研究》中的实验数据。本文只选取联想场中的前 5 个高频反应词，其原因是：前 5 个高频反应词的数量占总数量的 30% 以上，具有代表性，能够显示出联想场中最核心的语言意识。

我们先看表 1 提供的信息。表 1 列举了中国和斯拉夫国家刺激词“生”的前 5 个高频反应词及其词频。

表 1　中国和斯拉夫国家刺激词“生”的前 5 个高频反应词及其词频

生 （中国）	死 202；生活 91；生命 56；活 21；熟 21；生存 10
ЖИЗНЬ （俄罗斯）	смерть（死）99；прекрасна（美好）25；долгая （长久的）21；коротка（短暂的）17；радость（快乐）15
ЖЫЦЦЁ （白俄罗斯）	радасць（快乐）41；смерць（死）38；доўгае（长久的）25；маё（我的）；шчасце（幸福）19；шлях（道路）13
ЖИВОТ （保加利亚）	смърт（死）81；кратък（短暂的）16；дълъг（长久的）15；борба（战斗）13；щастие（幸福）12
ЖИТТЯ （乌克兰）	довге（长久的）40；смерть（死）30；коротке（短暂的）27；щасливе（幸福）20；прекрасне（美好）19

（注：表格中词语后面的数字表示前一个词出现的频率，即词频。）

从表 1 可以看出，斯拉夫国家刺激词“жизнь（生）”的联想场是这样的：жизнь→прекрасна（美好）、долгая（长久的）、коротка（短暂的）；而由汉语刺激词“生”产生的反应词是“死”“熟”“生活”“生命”“生存”等词。这说明，汉语联想场中的反应词与刺激词在联想方式上呈聚合联想，斯拉夫各国的反应词则与刺激词呈组合联想。

中国和斯拉夫国家对“生”的反应高频词中均有“死”一词，这种联想方式也属于语义对称联想，说明“生”和“死”是对立的，有生就有死，不同民族对这一认识趋于统一。斯拉夫国家“生”的联想场中有“美好”“快乐”“幸福”等积极词汇，说明斯拉夫国家对“生”的态度是积极乐观的；联想场中均出现“长久的”，同样表明斯拉夫人对“生”是一种积极的认识；而俄罗斯和乌克兰的高频反应词不仅出现“长久的”，还出现“短暂的”，这说明斯拉夫民族认为生死难以预测，变化无常。

在汉语刺激词“生”的前 5 个高频联想词中，并没有出现表示评价或态度的词。除“死”之外，反应词“生活”“生命”“活”“生存”是根据刺激词

"生"进行的构词联想，这跟汉语的独特性有关。《现代汉语词典》(第6版)中对"生"的解释为：(1)生育；(2)生长；(3)生存，活(跟"死"相对)；(4)生计；(5)生命；(6)生平；(7)具有生命力的，活的；(8)产生，发生；(9)使柴、煤等燃烧；(10)没有成熟，没有煮过或煮得不够，没有进一步加工过；(11)生疏；(12)健康，生硬，勉强。[①]由此可以看出，"生长，长出"是"生"的基本含义。"生"作为名词，表示"生命""生活"等，也是由基本义项引申得到的。生育会产生新的生命，有了生命之后就要生存，要生存就要生活，所以，由"生命"引申出了"生存""生活"。[②]而且，由于新生力量一般都是积极向上、朝气蓬勃的，所以"生"又有"具有生命力的，有活力的"的含义。由此说明，中华民族对待"生"的态度也是积极向上的。而反应词"熟"成为高频反应词的原因，我们可以根据词典第(10)项释义进行解释。在汉语中"生"可以表示"没有煮过或煮得不够，没有进一步加工过"，而斯拉夫国家中"生"并没有这样的释义，其原因归结于汉语词汇的多义性。

我们再来分析表2提供的信息。表2列举了中国和斯拉夫国家刺激词"死"的前5个高频反应词。

表2 中国和斯拉夫国家"死"的前5个高频反应词及其词频

死（中国）	生 162；死亡 113；活 37；死人 20；亡 17；生死 10
СМЕРТЬ（俄罗斯）	жизнь（生）88；горе（痛苦）26；конец（结束）18；гроб（棺材）16；пришла（到来）；страх（恐惧）14
СМЕРЦЬ（白俄罗斯）	гора（痛苦）63；жыццё（生）42；канец（结束）29；каса（钱柜）24；вайна（战争）20
СМЪРТ（保加利亚）	край（结束）65；живот（生）61；тъга（痛苦）18；мъка（哀思）15；гроб（棺材）；черно（黑色）13
СМЕРТЬ（乌克兰）	кінець（结束）26；горе（痛苦）22；страшна（恐惧）21；життя（生）19；втрата（损失）16

（注：表格中词语后面的数字表示前一个词出现的频率，即词频。）

从表2可以看出，中国和斯拉夫国家关于"死"的联想场的相同之处是：反应词"生"以高频率出现，这进一步验证了"生"和"死"是互为对立的概念，不同民族有对"死"同样的认识。不同之处在于：中国联想场中词频较高的反

① 《现代汉语词典》，https://cidian.51240.com，访问日期：2019年8月5日。
② 王思慧：《中俄生死观比较》，北京外国语大学硕士学位论文，2015年，第12页。

应词还有“死亡”“活”“死人”“亡”，这些反应词与刺激词“死”多是同义、近义或反义关系。同时，《现代汉语词典》(第6版)中对“死”的解释为：(1)(生物)失去生命(跟“生、活”相对)；(2)不顾生命，拼死；(3)至死，表示坚决；(4)表示达到极点；(5)不可调和的；(6)固定，不活动；(7)不能通过。[①]由此可以看出：“丧失生命”是“死”的基本含义。在《说文解字》中，对“死”的解释为：“死，澌也，人所离也。”“死”和“澌”异部叠韵，以“澌”释“死”，是用“声训”的办法解释死亡的本质，即油尽灯枯，形体与魂魄相离，意思就是生命的终止，与“生”“活”相对。此外，“死”字常带有悲观、绝望、终结之意。

斯拉夫国家的联想场中都出现反应词“结束”，这说明斯拉夫人认为“死”等同于“结束”，这一点与中华民族对“死”的认识是一致的；其次，频率较高的反应词是страх（恐惧）、горе（痛苦）、черно（黑色）等，这些反应词是斯拉夫人对“смерть（死）”的认知和评价，认为死是可怕的、痛苦的。斯拉夫人认为死亡是恐怖的，他们害怕死亡，敬畏死亡。在俄语联想场中，高频联想词是пришла（到来）、смерть пришла（死亡来临），这是俄罗斯人典型的组合联想；此外，在白俄罗斯和乌克兰的联想场中出现的高频反应词为вайна（战争）、втрата（损失）等，这是由于它们受到战争、自然灾害等社会动荡因素的影响。

四、结语

通过以上分析可以看出，中国和斯拉夫国家联想方式存在差异，联想场的内容也不尽相同。因此，他们对生死观的认识有同有异。相同之处在于：对“生”的认识都是积极向上的；认为“死”代表结束。不同之处在于，斯拉夫国家的联想场中出现了明显表示评价和态度的词，而汉语联想场中则没有，这是因为汉语存在独特的构词特点。不同的语言对人们思维方式的影响也是不同的，这种影响程度与语言结构本身有关。仅从前5个高频反应词来看，斯拉夫国家对“生”与“死”的认识具有显性特征，而中华民族对其认识具有隐性特征。这进一步揭示了不同民族的“生死观”语言意识的差异性，反映出民族间不同的思维方式、心理特点及民族文化特点。

---

① 《现代汉语词典》，https://cidian.51240.com，访问日期：2019年8月5日。

* 参考文献

[1] 杜桂枝：《论语言意识》，载《外语学刊》，2006 年第 4 期。

[2] [德] 洪堡特：《洪堡特语言哲学文集》，姚小平译，商务印书馆 2011 年版。

[3] [德] 洪堡特：《论人类语言结构的差异及其对人类精神发展的影响》，姚小平译，商务印书馆 2009 年版。

[4] 王思慧：《中俄生死观比较》，北京外国语大学硕士学位论文，2015 年。

[5] 《现代汉语词典》，https://cidian.51240.com，访问日期：2019 年 8 月 5 日。

[6] 赵坤：《中俄大学生道德核心词语言意识对比研究》，哈尔滨师范大学硕士学位论文，2015 年。

[7] Тарасов Е.Ф. *Актуальные проблемы анализа языкового сознания*, М., 2000.

[8] Уфимцева Н.В, Черкасова Г.А, Караулов Ю.Н, Тарасов Е.Ф. *Славянский ассоциативный словарь*, 2004.

（作者单位：哈尔滨师范大学斯拉夫语学院）

中国和斯拉夫国家“祖国”语言意识对比研究*

张玺玺　　赵秋野

内容提要： 本文以《斯拉夫联想词典》(2004 年版)和自由联想实验数据为材料，对比分析斯拉夫国家(主要是俄罗斯、白俄罗斯、保加利亚和乌克兰)与中国关于“祖国”一词的联想场的异同，旨在揭示斯拉夫民族和中华民族语言意识的民族文化特点，促进跨文化交际，为俄语教学及情感价值观的培养提供借鉴。

关 键 词： 祖国；语言意识；自由联想实验

一、引言

俄罗斯心理语言学派指出，语言意识是借助语言手段——词、词组、句子、篇章以及联想场等形式构成的意识总和。[①] 当今世界，培养人们的“祖国”观念对国家的经济发展和社会稳定具有十分重要的意义。因此，本文以“祖国”一词为切入点，探究其在不同文化中的语言意识特点。

国内外对“祖国”观念的研究成果有很多。俄罗斯学者的研究包括：Д.Г.Ларионова 的《родина 观念形成的语言文化条件》(2011)从语言文化学的角度分析了“родина(祖国，故乡)”观念形成的条件；Т.А.Чикаева 的《俄罗斯思维中“祖国—母亲”的原型》(2017)着重分析了文学作品和网络用语中的“祖国—母亲”的原型，指出 родина 在俄罗斯人的精神文化中象征着母性、亲属、爱、关心和神圣等内涵；С.Г.Воркачев 的《科技语体中 родина 的言语化表达》(2014)研究了 родина 在科技语言中的表达，并将“祖国”分为两种：一种是政府，一种是民族及其文化；М.Г.Церцвадзе 的《不同语言体系中的 родина 观念》(2014)采用观念分析的方法，指出 родина 包含着祖国、家园、出生地等典型的认知特征；Н. Ю. Казокова 的《人类普遍价值观词汇——“祖

* 本文系国家社科基金项目“汉俄语言意识对比研究及联想数据库建设”(项目编号：18BYY234)的阶段性成果。

① 赵秋野：《试论语言意识的民族文化特点》，载《外语学刊》，2003 年第 3 期，第 70 页。

国”“家园”“家”的语言意识研究》(2013)以联想试验为基础，对比分析了俄罗斯人和德国人在родина认识上的异同。

国内学者主要从文学和语言文化学的角度对“祖国”进行了研究。例如：林洁的《俄罗斯文学中祖国观念的动态研究——以普希金、丘特切夫、叶赛宁的作品为例》(2016)对比分析了普希金、丘特切夫、叶赛宁的作品中的“родина(祖国，故乡)”观念；孟德宏等人的《从一组表达“祖国”概念的汉英字词看“心理”认知差异对语言结构的影响》通过对汉英概念词“祖国”的考察，用义素分析法和词义引申理论分析了“祖国”一词的不同特征，指出心理认知差异是造成词汇语义民族性特征和汉英语言结构不同的重要原因；徐翔的《重审儒家的“家—国”观》从权利与道德两个角度论证了“国之本在家”的观点；陈廷湘的《中国传统天下观的断裂与现代性“祖国意识”的形成及其变异》从历史角度分析了“祖国”观念的发展与变化。

以上对“祖国”观念的研究仅限于俄罗斯与中国，未对其他斯拉夫国家“祖国”观念进行研究。因此，本文以俄罗斯心理语言学理论为依据，以《斯拉夫联想词典》(2004年版)①和自由联想实验数据为材料，对比四个斯拉夫国家(俄罗斯、白俄罗斯、保加利亚和乌克兰)与中国的“祖国”语言意识的异同，探究语言意识的民族文化特点，旨在促进跨文化交际，为俄语教学及情感价值观的培养提供借鉴。

二、中国的“祖国”联想场分析

“祖国”联想场的前5个高频词所占的比重较大，成为联想场的核心范畴，是被试对象语言意识中对这些词的核心联想内容，最能体现中国人对“祖国”的认知。② 因此，笔者通过分析“祖国”的联想场，绘制出了前5个高频反应词分布情况，如表1所示。

---

① Уфимцева Н.В., Черкосова Г.А., Караулов.Ю.Н., Тарасов Е.Ф. *Славянский ассоциотивный словарь: русский, белорусский, болгарский, украинский*, Б., изд.Алтайский государственный университет, 2004.

② 赵秋野、陈美玉：《从俄语面部器官词联想场看语言意识的民族文化特点》，载《中国俄语教学》，2013年第4期，第40页。

表1　中国的“祖国”联想场前5个高频反应词分布情况

刺激词	反应词	词频	词频百分比
祖国	中国	91	28.17%
	母亲	21	6.50%
	国旗	11	3.41%
	红旗	10	3.10%
	山河	9	2.79%

由表1可知，“祖国”联想场的前5个高频反应词依次为：中国（91），母亲（21），国旗（11），红旗（10），山河（9）。高频反应词“中国”构成了“祖国”一词语言意识的核心意义。这源于被试对象对中国的心理认同感和心灵归属感。中国自古就是一个统一的多民族国家，新时代经济飞速发展，人民安居乐业，大团结、大统一的趋势不断增强，这一良好的社会形态为各族人民将“中国”视为“祖国”奠定了物质基础。第二个高频反应词是“母亲”。母亲作为书面语，带有明显的情感色彩。在中国传统文化中，母亲象征着慈爱、宽容、亲切和温暖。她守卫家园，养育子女，坚韧、无私并且顽强。由祖国联想到母亲是基于“祖国—母亲”这一隐喻。由此可见，在中国人的文化观念中，祖国是神圣而庄严的，每一位中华儿女都爱着自己的祖国。第三个高频反应词为“国旗”。这源于被试对象将国旗视为国家的象征。第四个高频反应词是“红旗”。五星红旗是中国的国旗，由“祖国”联想到“红旗”，根源于中国人将“中国”视为“祖国”的心理认知。第五个高频反应词是“山河”。在中国传统文化中，“山河”代指“祖国”，如杜甫《春望》中的诗句“国破山河在，城春草木深”等。同时，“山河”也暗指祖国完整的领土和主权。

三、斯拉夫国家“祖国”联想场的对比分析

表2呈现了斯拉夫国家（俄罗斯、白俄罗斯、保加利亚和乌克兰）“祖国”联想场中的前5个高频反应词及其词频。由于各国自由联想实验的被试对象数量不同，因而笔者又统计了前5个高频反应词在整个联想场中的百分比，旨在更直观、更清晰地呈现出斯拉夫国家的前5个高频反应词的对比情况。

表 2　斯拉夫国家“祖国”前 5 个高频反应词及其词频

刺激词	俄罗斯	白俄罗斯	保加利亚	乌克兰
родина（家）	мать（母亲）221（37.33%）	Беларусь（白俄罗斯）136（21.22%）	България（保加利亚）112（19.24%）	Україна（乌克兰）100（20.88%）
	моя（我的）56（9.46%）	маці（母亲）41（6.40%）	страна（国家）39（6.70%）	рідна（家园）78（16.28%）
	Россия（俄罗斯）41（6,93%）	мая（我的）38（5,93%）	майка（母亲）28（4,81%）	моя（我的）39（8.14%）
	страна（国家）23（3.89%）	дом（家园）30（4.68%）	дом，отечество（家园，祖国）25（4.30%）	дім，земля（房屋，土地）15（3.13%）
	дом（家园）20（3.38%）	зямля（土地）28（4.37%）	моя（我的）22（3.78%）	єдина，мати（唯一的，母亲）13（2.71%）

（一）共性分析

从联想方式上看，斯拉夫民族的联想方式呈现聚合联想的特点：俄罗斯联想场中前 5 个高频反应词的词频是 361，其中 мать、Россия、страна 和 дом 属于聚合联想，词频是 305，占总反应词频的 84.49%；白俄罗斯联想场中前 5 个高频反应词的词频是 273，其中 Беларусь、маці、дом 和 зямля 属于聚合联想，词频是 235，占总反应词频的 86.08%；保加利亚联想场中前 5 个高频反应词的词频是 226，其中 България、страна、майка、дом 和 отечество 属于聚合联想，词频是 204，占总反应词频的 90.27%；乌克兰联想场中前 5 个高频反应词的词频是 245，其中 Україна、рідна、дім、земля、єдина 和 мати 属于聚合联想，词频是 206，占总反应词频的 84.08%。此外，各国的联想场中有较多近义词联想，如俄语中有 страна、отчизна、отечество 等，保加利亚语中有 страна、отечество 等。

由表 2 可知，在各国的高频反应词中均有“母亲”“我的”“家园”这三个高频反应词，它们构成了关于“祖国”语言意识核心。这说明，“祖国”在斯拉夫民族的观念里是非常神圣的，“祖国”与家园、个人息息相关、荣辱与共，各国人民将祖国视为给予自己生命的母亲，对祖国充满了爱与崇敬。

从联想内容看，各国的联想场中多为积极正面的词汇。例如，俄语中有

мать、лобовь、родная、большая 等词；白俄罗斯语中有 дарагая、любоў等词；保加利亚语中有 мила, патриотизъм，любов 等词；乌克兰语中有 любов、патріотизм 等词。由此可知，各国人民对祖国的情感含有爱、亲近及爱国主义的要素。

从语言世界图景来看，斯拉夫国家"祖国"语言意识比较抽象，偏向于情感表达。高频联想词中，страна、мать（маці、майка 或 мати），моя（或 мая）等抽象化和情感类词所占比重较高，这体现了斯拉夫国家偏理性的思维方式。

（二）差异分析

从高频反应词来看，俄罗斯有"мать（母亲）"，其他国家均为本国的国名。这表明在俄罗斯的文化中，родина 与 мать 不仅是一种固定搭配，而且包含着强烈的情感因素。在俄罗斯人的语言意识中，родина 一词本身就带有爱的感情色彩。它不受地域的局限，只要心中有爱，祖国就永远存在。它如母亲般温暖，并与每一个俄罗斯人血脉相连。而其他三个国家均首先联想到本国的国名，这表明在他们的观念中，对祖国的认知是基于地理位置和领土边界的客观事实。

从前 5 个高频反应词看，斯拉夫国家的联想场中均有"母亲""我的""家园"这三个反应词，但词频百分比各不相同。мать 在俄罗斯人的联想场中的百分比为 37.33%，远高于其他三个国家，这或许与俄罗斯文化中"родина — мать"的隐喻相关。而且，随着时间的推移，"родина － мать"已经不仅是一个隐喻，而且作为固定搭配存储在俄罗斯人的语言意识中。"我的"在俄罗斯和乌克兰的联想场中的词频百分比分别为 9.46% 和 8.14%，这说明在俄罗斯和乌克兰的文化中，祖国与个人休戚与共，体现了个人和集体的统一。"家园"在白俄罗斯和保加利亚的联想场中的词频百分比较高，分别为 4.68% 和 4.3%，这说明在它们的文化中"家国一体化"的观念更强。

乌克兰的联想场和其他三个国家相比，具有一些特殊性。在高频反应词中，乌克兰联想场中出现了"єдина（唯一的）"，这一反应词在其他国家的联想场中未出现，这是因为乌克兰社会动荡，人们渴望统一，这体现了社会文化对语言意识的影响。

四、中国和斯拉夫国家"祖国"联想场异同分析

（一）共性分析

从联想方式来看，在中国的"祖国" 联想场中，前 5 个高频反应词的词

频是 142，均为聚合联想。俄罗斯、白俄罗斯、保加利亚、乌克兰的“祖国”联想场中，前五个高频联想词中聚合联想分别占 84.49%、86.08%、90.27% 和 84.08%，也以聚合联想为主。此外，俄罗斯在 родина 的联想场中出现了高频反应词“страна（国家）”“отчизна（家园）”和“отечество（祖国）”，中国的“祖国”联想场中出现了高频联想词“国家”，这表明两者都有同义联想的特点。

从高频反应词来看，斯拉夫国家的“祖国”联想场中包含了“母亲”和“俄罗斯”“白俄罗斯”“保加利亚”“乌克兰”这两类高频反应词，中国的“祖国”联想场中前两个高频反应词为“中国”“母亲”，具有相似性，均包含了“母亲”和各自的祖国两个核心要素，这体现了人类普遍的价值观。

从联想内容来看，斯拉夫国家的“祖国”联想场中均包含高频反应词“мать（母亲）”，这一联想源自斯拉夫文化中的“родина － мать（家庭——母亲）”的隐喻，中国的“祖国”联想场中出现了“华夏”“地大物博”“五千年”等联想词，这些联想则是基于中国自身的文化积淀。上述现象体现了社会文化对语言意识的影响。

从语言世界图景来看，斯拉夫国家和中国的“祖国”联想场中多为积极正面的词汇，如“любовь（爱）”“热爱”“强大”等，这反映了中国人民和斯拉夫人民对祖国的热爱与崇敬。此外，斯拉夫国家的“祖国”联想场中出现了反应词“家园”“国家”，中国的“祖国”联想场中有“中国”“家乡”“家”，这体现了人类共同的“家国一体化”观念。

（二）差异分析

从联想方式来看，中国的“祖国”联想场中出现了“繁荣昌盛”“豪情壮志”“地大物博”这类四字联想词，而斯拉夫国家中未出现这类联想词。这体现了中国传统文化中四字成语对联想方式的影响。

从高频反应词来看，由“祖国”联想到“中国”“俄罗斯”“白俄罗斯”“保加利亚”“乌克兰”的频率分别为 28.17%、6.93%、21.22%、19.24%、20.88%，反应词“中国”的频率最高。这表明，与斯拉夫国家相比，中国人对祖国的认同感和归属感更强。

从联想内容看，中国的高频联想词中出现了“国旗”和“红旗”的联想，而在斯拉夫国家中未出现与国旗相关的联想。这表明在中国人的观念中，国旗和红旗是祖国的象征，而在斯拉夫民族的文化中，国旗象征国家的观念较弱。

从语言世界图景来看，斯拉夫国家“祖国”语言意识更抽象，更偏重于情感因素，而中国则更具体化。例如，在斯拉夫国家的高频联想词中，

страна、мать（маці、майка 或 мати）、моя（或 мая）等词所占比重较高，而中国的联想场中除了“母亲”是表达情感的因素外，其他高频反应词如“中国”“国旗”“红旗”“山河”等，均是具体事物。这体现了中国人和斯拉夫人思维方式的差异，斯拉夫人偏理性，中国人偏感性。

五、结语

以上内容是以俄罗斯心理语言学语言意识理论为基础，对中国和斯拉夫国家“祖国”的联想场进行的分析，并得出以下结论：（1）在联想方式上，中国人和斯拉夫人均以聚合联想为主，都出现了同义联想，中国人的联想还呈现出四字联想的特点；（2）从高频反应词来看，中国人和斯拉夫人“祖国”语言意识中均包含了“国家”和“母亲”这两个要素，中国人的国家观念更强；（3）从联想内容来看，中国和斯拉夫国家的联想场均反映了民族文化对语言意识的影响，而中国人将国旗视为国家，斯拉夫国家文化中则没有类似的表征；（4）从语言世界图景来看，中国和斯拉夫国家在“祖国”的联想场中多为积极正面的词汇，均体现了“家国一体化”的观念，斯拉夫人的“祖国”语言意识更抽象，他们偏重于理性思考，而中国人更偏重于感性认知。

* 参考文献

[1] 赵秋野：《试论语言意识的民族文化特点》，载《外语学刊》，2003 年第 3 期。

[2] 赵秋野、陈美玉：《从俄语面部器官词联想场看语言意识的民族文化特点》，载《中国俄语教学》，2013 年第 4 期。

[3] Уфимцева Н.В., Черкосова Г.А., Караулов.Ю.Н., Тарасов Е.Ф. *Славянский ассоциотивный словарь: русский, белорусский, болгарский, украинский*, Б., изд. Алтайский государственный университет, 2004.

（作者单位：哈尔滨师范大学斯拉夫语学院）

斯拉夫民族“世界之树”文化溯源*

张冰楠　　赵秋野

内容提要：“世界之树”（Мировое дерево）又名“宇宙之树”，是不同民族文化中共有的神话建构模型，是连接整个宇宙的通用的“树”。斯拉夫民族存在一种普遍认知，即“世界之树”处于宇宙的中央，在时间维度上连接“过去”“现在”和“未来”，在空间维度上连接“天国世界”“人类世界”和“地下世界（亡灵世界）”。“橡树崇拜”作为“世界之树”的主要现实表征，贯穿了延绵千年的斯拉夫文明。本文从斯拉夫民族起源问题入手，基于时间和空间两个维度，建构“世界之树”模型，并从住房建构、传统仪式和医疗药用这三个角度来解读“橡树崇拜”现象，旨在找到斯拉夫民族“世界之树”的文化发展脉络。

关 键 词：斯拉夫民族；世界之树；橡树崇拜

一、斯拉夫民族起源

古斯拉夫民族是生活在中欧和东欧地区的一个庞大的部族群体。作为欧洲最大的民族共同体，斯拉夫民族的起源问题一直是语言学、历史学、考古学、古人类学、遗传学等诸多学科关注的前沿性课题。斯拉夫民族在古文献中被称为“维内德族”，有关斯拉夫民族起源的文字记录最早可以追溯到公元1世纪末至2世纪初的古罗马时期。古罗马作家大普林尼在其百科全书《自然史》中首次提及“维内德族”，记录了萨尔马特人、维内德人、斯基尔人和吉尔人的居住范围——从波罗的海东部延伸至维斯瓦河（今波兰境内）。[②]古罗马著名历史学家塔西佗也在著作《日耳曼尼亚志》中指出，维内德人分布在东起第聂伯河、西至奥得河、南临喀尔巴阡山脉、北达波罗的海

* 本文系国家社会科学基金项目“汉俄语言意识对比研究及联想数据库建设”（项目编号：18BYY234）的阶段性研究成果。

② 《斯拉夫人》，https://baike.baidu.com/item/斯拉夫人，访问日期：2019年7月19日。

的广大地区。[1]公元4世纪至6世纪，因哥特人南下和匈奴人西迁等历史原因，斯拉夫民族开始大规模迁徙，逐渐分化成东斯拉夫人（安特人）、南斯拉夫人（斯拉文人或斯克拉文人）和西斯拉夫人（维内德人）。

虽然学界很早就确定了古斯拉夫民族的大致生活范围，但其具体发源地仍是个悬而未决的问题。从大方向上看，俄罗斯学界有关斯拉夫民族起源的假说可划分为“原住民说”和“移民说”两大类，前者指出该民族自古以来便是当地的原有居民，后者则强调该民族是其他地方迁徙过来的外来者。学界就斯拉夫民族起源问题的科学性探究主要集中于18世纪末至19世纪上半叶，学者们提出过十几种有关斯拉夫民族起源的假说，但绝大多数假说都随着时间的流逝而被否定和推翻，留存至今的假说主要有如下三种：“多瑙河—巴尔干起源说”“维斯瓦—奥得河起源说”和“第聂伯河中游起源说”。其中，“多瑙河—巴尔干起源说”盛行于中世纪早期，并在古罗斯编年史《往年纪事》中有所记载：“С незапамятных времен осели（сидели）славяне по берегам Дуная, где ныне Венгерская земля и Болгарская. И от тех славян разошлись по земле и прозвались своими именами…（远古时期，斯拉夫人便在多瑙河河岸定居，现为匈牙利人和保加利亚人的领地。这些斯拉夫人分散而居，并以自己的名字来命名居住地……）。”[2]由此可见，斯拉夫人自古便在“多瑙河—潘诺尼亚—巴尔干山脉”定居。“多瑙河—巴尔干起源说”可归类到“原住民说”，这种假说最初被斯拉夫历史学家采纳，尤其受到以卡杜贝克、博古赫瓦和梅日瓦为代表的波兰学者及以达里米尔、普尔卡瓦为代表的捷克学者的认同。

“维斯瓦—奥得河起源说”在18世纪末被人们提出，直到20世纪初才受到广泛关注。该假说指出，斯拉夫民族自古便定居在维斯瓦河与奥得河之间的区域。波兰学者科斯切夫斯基、切卡诺夫斯基、鲁德尼茨基、科兹洛夫斯基等人综合运用考古学、人类学、语言学和古植物学等学科知识来支持该假说，而持反对意见的大多数学者则支持“第聂伯河中游起源说”。“第聂伯河中游起源说”认为，斯拉夫民族起源地位于第聂伯河中游地带。苏联语言学家菲林对古斯拉夫语中表示水域、树木、动物、禽类等方面的词汇进行语言学分析，并得出结论：至少在公元前5世纪，古斯拉夫人就生活在第聂伯河中游一带。[3]

---

① 同上。

② Дуличенко А.Д. *Введение в славянскую филологию*, М., ФЛИНТА, 2014. с. 141.

③ Филин Ф.П. *Происхождение русского, украинского и белорусского языков: Историко-диалектологический очерк*, М., Наука, 1972. с. 625-639.

二、斯拉夫民族的“世界之树”

“世界之树”（Мировое дерево）又名“宇宙之树”，是不同民族文化中共有的神话建构模型，是连接整个宇宙的“通用之树”。在斯拉夫神话中记载着这样一个传说：“Давным-давно, когда не было еще ни неба, ни земли, а только синее море плескалось повсюду, стояли посреди него два дуба, на ветвях которых сидели два голубя. Однажды голуби вспорхнули, потом нырнули на дно моря и принесли оттуда песок и камешки. Из этого материала и были построены небо с землей и все небесные светила.（很久很久以前，没有天空，没有大地，到处都是蓝色的海洋，在海的中央有两棵橡树，树上有两只鸽子。一天，鸽子从树上飞走，潜入海底，用海底的沙子和鹅卵石建构出了天、地和日月星辰）。”① 由此，“世界之树”初具雏形。斯拉夫人认为，“世界之树”处于世界的轴心，是整个宇宙的象征。在时间维度上，它连接着“过去”“现在”和“未来”；在空间维度上，它连接“天国世界”“人类世界”和“地下世界（亡灵世界）”。“世界之树”在现实中的具象化表征有很多种，橡树、桦树、梧桐、柳树、菩提树或松树都有可能是“世界之树”，但学界普遍相信“世界之树”的本源是橡树，因为古斯拉夫民族信仰多神教，诸神之中他们最尊崇雷神佩伦，而橡树作为具有魔力的“圣树”与雷神关系非常密切，并在古斯拉夫民族的民间活动中占据不可替代的位置。因此，将“橡树”视为斯拉夫民族“世界之树”的现实表征也就有据可依。

（一）时间维度上的“世界之树”模型建构

在时间维度上，“三位一体”的宇宙观念与“世界之树”的构造密切相关。若树根指向“早晨”，那么树干和树冠分别指向“白天”和“夜晚”；若树根表征“过去”，那么树干和树冠分别表征“现在”和“未来”；若树根代表“先祖”，那么树干和树冠分别代表“现世的人”和“后代”。此外，这种“三位一体”的宇宙观念在我们熟知的童话故事中也有体现。例如，故事的主人公一般是三兄弟，故事人物受到的考验通常为三次。

此外，“世界之树”在熟语中也有所体现。我们知道，根据斯拉夫民族的传说，橡树是“世界之树”在尘世的化身。在俄罗斯民间，流传着有关橡树的谜语：“Стоит дуб, на дубу 12 сучьев, на каждом сучке по 4 гнезда, в

---

① *Деревья в жизни древних славян*，http://voldemort.ru/diplom/10/grifon/glava5.htm，访问日期：2019年7月20日。

каждом гнезде по семь птенцов.（那里矗立着一棵橡树，其上有12根枝条，每根枝条上有4个巢穴，每个巢穴内有7只雏鸟）。”[①]显然，这里把“世界之树”看作“以年进位”的时间整体，即一年包括12个月，每个月有4个星期，每个星期有7天。

（二）空间维度上的“世界之树”模型建构

在空间维度上，“世界之树”位于宇宙的轴心，连接“天国世界”“人类世界”和“地下世界”。根据传说，“世界之树”的树冠之上是七重天外的“天国世界”，树根是下达幽暗深处的“地下世界”，树干则是我们人类生存的凡世。其中，“天国世界”位于云层深处的一座岛屿上，那里生活着光明之神和一切动物的始祖。“地下世界”位于树根深处，那里有被锁链拴住的恶魔、邪恶的毒蛇和数不尽的亡灵，由破坏之神“切尔诺博格”、死亡之神“马林”以及其他黑暗之神统治。

“世界之树”的存在是万物和谐共生的有力证明。相传，盘卧在树根上的蛇与栖息在树冠上的鸟发生了争吵，蛇总是威胁着鸟，要将树烧毁，而鸟则每次都巧妙地保护了大树。蛇和鸟维持着微妙的平衡关系，这正是自然界和谐共生的体现。此外，“世界之树”这一概念也蕴含着人类的生死观。例如，俄罗斯辛比尔斯克市附近的伏尔加河流域盛传着这样一个民间故事：“Стоит древо,на древе сидит голубь, а под древом — корыто; голубь с дерева цвет щиплет, в корыто сыплет, — с дерева лист не убывает и корыто не наполняет!（有一棵树，树上有一只鸽子，树下有沟槽，鸽子将花朵啄进沟槽，但树上的花不见少，沟槽里的花也不见增加）。”[②]无独有偶，在俄罗斯的奥洛涅茨同样流传类似的故事，区别在于文本中的“鸽子”替换成了“鹰”：“Стоит дерево, на столбе — цвет, под цветами котел, над цветами орел, — цветы срывает, в котел бросает, цветов не убывает, а в котле не прибывает!（有一棵树，树上开满花，花的下方有个容器，花的上方有一只鹰，鹰将花朵啄进容器，但树上的花不见少，容器里的花也不见多）。”[③]对上述两个民间故事进行解析，我们不难发现，其中暗含的意义：“цветы（花）”代指尘世中的“人”，“дерево с цветами（开花的树）”代指“人的一生”，“голубь（鸽子）”和“орёл（鹰）”代指“死亡”，“корыто（沟槽）”和“котёл（容器）”代指“坟墓”。由此可见，上述两则故事描述的正是人类的生死过程，反映了一种“生死平衡”的自然规律，即万物生灵有生有灭，自

① Коринфский А.А. *Народная русь*, М., Институт русской цивилизации, 2013. с. 821.
② 同上。
③ 同上。

然界的平衡是永恒不变的法则。

三、斯拉夫民族的“橡树崇拜”

斯拉夫民族最初信仰多神教，崇尚自然力量，尊奉“万物有灵论”，即世间万物都是活的，都有属于自己的灵魂。诚然，树木也是如此。“树灵崇拜”现象在斯拉夫民间普遍存在，其中以“橡树崇拜”最为常见。人们将橡树作为主要朝拜对象主要有三个原因：其一，古时橡树被尊为“царь лесов（森林之王）”，指代世间万木。其二，古斯拉夫民族尊奉雷神。人们相信，雷神的神殿便是橡树，橡树的树枝仿佛时刻处在雷雨之中。人们用橡木制作成神像，供奉于神庙，神庙中的香火也必须以橡树为燃料。如果闪电击中了橡树，表明神灵发怒，将会发生不好的事情，而平息其怒火的方式便是献上牛、羊等祭品。其三，橡树是人类和天神之间的连接纽带。一般情况下，节日、婚丧、审判等重大活动都会在神圣的橡树林里进行，因为人们相信，橡树能帮助人们传达神灵的旨意。

与多神教一样，基督教的信奉者也非常尊崇橡树。十字架的取材可以是橡木，此时橡木不仅仅是信仰和美德的象征，还彰显着基督教徒面对逆境时坚韧不屈的品性。

即便在当今，“橡树崇拜”现象依然普遍见于斯拉夫民族文化中。比如，一部分波兰人和白俄罗斯人相信橡树有灵魂，橡树被砍时能感受到疼痛，甚至会流出血和泪；多数斯拉夫人认为信，砍伐橡树是一种亵渎神灵的行为，而亵渎神灵者将会受到审判。

从古至今，橡树在斯拉夫民族“树灵崇拜”文化中的地位不言而喻。为建构更为丰满的斯拉夫民族“橡树崇拜”文化框架，我们从住房建造、传统仪式和医疗药用三个方面分别进行阐述。

（一）住房建造

斯拉夫人在建造房屋时会充分考虑“世界之树”。在建造房屋之前，人们会将一棵小橡树（也可以是花楸树、白蜡树或桦树）种于中央，或者种在挂圣像的“红角落”，希望能为住宅积聚能量。在树种的选择上，不同地区的选择不尽相同。以俄罗斯为例，德米特洛夫区的人倾向于选择花楸树，而卡卢加省则选择小橡树，伏尔加河上游的居民优选枞树和白桦。

（二）传统仪式

“世界之树”这一要素在传统的斯拉夫婚礼中不可或缺。婚礼上伴娘唱颂歌以祈盼新人幸福美满，婚礼仪式结束后新婚夫妇会来到老橡树下绕上三圈，以求获得祝福，而新娘在迈进夫家大门时则会在心里默念“庭院四周长着橡树，家里要添儿子了”，以求将来生个男孩。

自古以来，“世界之树”被当成通往“另一个世界”的通道。最初，人们用树枝掩埋逝者，后来演变为将火化后的逝者骨灰安置到传统的俄式木屋（建在柱子上的小木屋）里，而这些柱子便是“世界之树”的雏形，用来帮助逝者升入天国，或帮助逝者回到人类世界。

除丧葬嫁娶外，每逢盛大的节日人们也会聚集在神圣的橡树下，献上祭品，尽情歌唱，跳圆圈舞。随着时代的变迁，这一古老传统在圣诞节、新年等重大节日中得到延续。比如，西方国家为迎接新年，会在家里放置一棵新年枞树，而新年枞树的原型便是“世界之树”。

（三）医疗药用

斯拉夫人认为，橡树是主权和力量的象征。东正教箴言有云：“За один раз дуба не свалишь.（你不能一次击倒一棵橡树）。”如果要形容一个人身体强壮，人们通常形容其“крепкий как дуб（壮如橡树）”。东斯拉夫人相信，如果有人看到第一只报春鸟时背靠橡树，那么他的背部会变得更加强壮有力。南斯拉夫人则相信，拖着病人通过被雷劈开的橡树树干，就可以将疾病转移到树干上。

橡树本身具有一定的药用价值，广泛应用于民间医疗。乌克兰人从橡树中提取汁液治疗疾病；保加利亚人用点燃的橡树叶对病人进行烟熏；白俄罗斯人会将病人沐浴后的洗澡水倒在橡树下，以期借助植物的力量带走疾病。值得一提的是，橡树的药用价值经常被夸大，人们甚至相信橡树能治疗不孕不育症，理由仅仅是橡树的果实数量多，有“多子多福”之意。

四、结语

综上所述，关于斯拉夫民族起源地的假说可分为“原住地说”和“移民说”两大类，而经受住时间考验的理论主要有“多瑙河—巴尔干起源说”“维斯瓦—奥得河起源说”和“第聂伯河中游起源说”。“世界之树”作为世界通用的宇宙建构模型，在斯拉夫文明的历史长河中占有极其重要的地位。斯拉夫人认为，“世界之树”在时间维度上能连接不同的时空；在空间维度上，橡树位于宇宙中央，是“天国世界”“人类世界”和“地下世界（亡灵世界）”互通的桥梁。斯拉夫人相信，橡树是“世界之树”在尘世中的主要化身，代指世间万木，与古斯拉夫民族最为尊奉的雷神有着紧密联系。“橡树崇拜”现象广泛见于斯拉夫文明发展历程当中。例如：在建造家宅前要在住宅中心或在挂圣像的“红角落”种下一棵象征“世界之树”的小橡树，以为家宅聚集能量。斯拉夫人往往将重大的民间传统仪式安排在橡树下举行，以期联通上天的旨意。橡树常被斯拉夫人当成充满神奇医疗效用的“圣树”，其药用价值常被夸大。不难看出，从古至今，“世界之树”和“橡树崇拜”观念一直根植于斯拉夫民族延绵千年的文化土壤之中。由此可见，文化溯源找到一个民族精神纽带。建构类似“世界之树”的斯拉夫民族文化模型，有助于我们更好地把握斯拉夫国家之间深层次的文化共性。

*** 参考文献**

[1] 《斯拉夫人》，https://baike.baidu.com/item/斯拉夫人，访问日期：2019 年 7 月 19 日。

[2] *Деревья в жизни древних славян*，http://voldemort.ru/diplom/10/grifon/glava5.htm，访问日期：2019 年 7 月 20 日。

[3] Дуличенко А.Д. *Введение в славянскую филологию*, М.,ФЛИНТА,2014.

[4] Коринфский А.А. *Народная русь*, М., Институт русской цивилизации, 2013.

[5] Филин Ф.П. *Происхождение русского, украинского и белорусского языков: Историко-диалектологический очерк*, М., Наука, 1972.

（作者单位：哈尔滨师范大学斯拉夫语学院）

俄汉语言中树木的象征意义对比分析与跨文化交际

任建新

内容提要： 有些表示树木的名词具有非常丰富的民族文化内涵和象征意义。本文通过俄汉语言中树木的象征意义进行对比研究发现，同一种树木的象征意义可能是相同的或相近的，也可能是完全相反的，甚至在一种语言中出现空缺。从树木的象征意义视角透视了俄、汉两个民族的文化差异，旨在减少交际失误，有效提高跨文化交际能力，促进中俄文化的沟通与交流。

关 键 词： 树木；象征意义；文化内涵；跨文化交际

远古时期，人类的祖先栖居于森林之中，以木为本，与树相连，饮食起居都与树木息息相关。随着社会的发展与进步，人们走出森林，但在衣、食、住、行等方面仍然离不开树木。人类与树木的密切关系反映在世界各民族的古老神话和传说中。人们根据各自的习俗赋予了各种树木不同的象征意义。

我们将俄汉语言中几种树木的象征意义对比后发现，相同树木的象征意义在两种文化中有的相同或相近，有的却截然相反，甚至有的树木在俄罗斯文化中有象征意义，而在中国文化中却只是植物的名称而已，反之亦然。

一、俄汉语言中象征意义相近的树木——柳树（ива 或 верба）

（一）ива 在俄语中的象征意义

1. 美丽，妩媚

在俄罗斯文化中，ива（柳树）是美丽的，纤细的枝条随风舞动，妩媚动人。俄国象征派诗人巴利蒙特也在诗中表达了自己对柳树的赞美和喜爱，原文和译文如下：

原文：

Над рекою, в час разлива

Дух узывчивый бежит

Ива,ива так красива

Тонким кружевом дрожит[①]

译文：

在春汛时的河面上

奔涌着欢快的精灵

柳树啊柳树

你如此美丽，抖动着精美的蕾丝

2. 悲伤，忧愁

人们在柳树婀娜的身影中看到了它的柔美和妩媚，也从它低垂的枝条里看到了它的沉思和忧愁。俄语中的柳树也常常用来表示悲伤和忧愁，常用的修饰语有"грустный（伤心）""плакучий（哭泣）"等。

原文：

Ночью в саду у меня

Плачет плакучая ива

И безутешна она

Ивушка, грустная ива[②]

译文：

夜晚，在我的花园里

低垂的柳树在哭泣

悲伤得难以自已

小柳树啊，忧愁的柳树

3. 消灾祈福

关于柳树"消灾祈福"的象征意义源于俄罗斯的宗教传说。在俄语中，bерба 是 ива 的另一个名称，通常指叶子尖尖的柳树。据说，百姓挥舞棕榈树枝去迎接耶稣基督进入耶路撒冷。在罗斯，柳树取代了棕榈树枝，верба 一词常出现在人们的生活中。

俄罗斯民间流传这样一种说法，柳树具有神奇的功能，它能驱妖除魔，避祸消灾。暴风出现时，把柳枝迎风扔去，风雨就会马上停止；火灾出现时，把柳枝扔进火里，火势马上就会熄灭；把柳枝插入天花板的缝隙中，可以使房屋免遭雷击。人们用柳枝抽打牲畜，把柳枝抛到田地上，是因为这样做可以把生命力传递给牲畜和田地。

---

① http://search1.ruscorpora.ru/search.xml. 访问日期：2018 年 11 月 8 日。

② 同上。

（二）汉语中柳树的象征意义

1. 婀娜多姿的女子

汉语中，柳树常用来比喻纤瘦柔弱、婀娜多姿的女子。古人常用“柳眉”来形容女子细长、美丽的眉毛，用“柳腰”来形容女子柔软、纤细的腰肢。

另外，除了形容女子的美丽柔弱，柳树也用来表示女子容易感伤，如“闲静时如姣花照水，行动处似弱柳扶风”。

2. 离别的忧愁，情思缠绵

由于“柳”和“留”谐音，古时候人们在离别时通常会折柳相送，借此表达依依惜别的深情。这一习俗最早可以追溯到汉朝，当时就有《折杨柳》的诗句“笛中闻折柳，春色未曾看”。

3. 祛病消灾

东汉时，由于佛教传入，柳树成了民间的吉祥物。佛教认为，柳枝充满神性。例如，佛教中的南海观音形象就是一手托净水瓶，一手拿柳枝，为人间洒遍甘露，祛病消灾。

南北朝时，人们迷信“柳可驱鬼”，因此民间出现了门前插柳的风俗。梁朝宗懔的《荆楚岁时记》中记载：“江淮间寒食日，家家折柳插门。今州里风俗望日祭门，先以杨柳枝插门，随枝所指以酒饮食祭之。”① 意思是说在寒食节期间，人们在门前插柳，祭拜天神，防止恶鬼侵扰。现在的陕西南部地区仍留有“柳枝鞭蝎”的民俗，即在谷雨当天，天刚亮时，用柳枝鞭打四壁，以便驱除毒蝎。

4. 春天

除上述内容外，在汉语文化中，柳树象征着春天。在中国古代神话中，太阳落山的地方叫柳谷。古人认为，太阳正是在柳树的山谷里得到生气，获得力量的，诗句有云“最是一年春好处，绝胜烟柳满皇都。”

二、俄汉语言中象征意义完全相反的树木——白杨树（осина）

（一）осина 在俄语中的象征意义

1. 祛病压邪

古时候的俄罗斯人认为，白杨树具有某种魔力，能够治病压邪。相传在古代，人们对一些为非作歹、残害百姓、横行乡里的恶霸十分痛恨，但碍于权

---

① 关传友：《中国植柳史与柳文化》，载《北京林业大学学报（社会科学版）》，2006 年第 4 期，第 8—12 页。

势又没有办法，只有在他死后在其坟头上打一根白杨木橛子，让他死后不再危害百姓，以解心头之恨。例如：

Коли ноги сводит, то кладут осиновое полено в ноги. 假如腿抽筋，那就夹一根白杨树劈成的柴。[①]

2. 邪恶，不祥

公元 988 年，罗斯受洗后，俄罗斯人把白杨树视为不吉之树。人们不用白杨木来建造住房，不用白杨树当柴火，不坐在白杨树下，不带白杨树进屋。人们认为，白杨树会带来厄运，带来疾病。[②]

俄罗斯人还认为，白杨树是苦树，青年男女谈情说爱时，都必须避开白杨树。例如：

Под берёзой целовались, под горькой осиной расставались. 白桦树下接吻，苦杨树下分手。

3. 胆小，软弱

在俄语中，人们常用"дрожит, какосиновыйлист; трясет, каклистнаосине（颤抖的白杨树叶）"来形容人们的害怕心理。例如：

Осина — и без ветру шумит. 不刮风，白杨树叶也沙沙响。

Осина бьёт в ладоши （листы на ней трепещут）. 受惊吓的人会像杨树叶一样颤抖。

（二）汉语中白杨树的象征意义

1. 比喻朴实无华、默默奉献的人

白杨树是我国西北最普通的一种落叶乔木，一般高 15 米左右，树皮呈灰白色。它是一种很普通的树，生存能力极强，大路边、田埂旁，只要有土的地方它就能生存。它用途多样，可以当柴烧，打家具，盖房子，制作农具等等。

《白杨礼赞》中这样写道："白杨不是平凡的树。它在西北地区普遍不被人重视，就跟北方的农民相似。它有极强的生命力，折磨不了，压迫不倒，也跟北方的农民相似。我赞美白杨树，就因为它不但象征北方农民，而且象征我们民族不可或缺的朴实、坚强、力求上进的精神……"[③]

2. 喻指边疆守护者

白杨树是西北地区普通的一种树，但却有鲜明的象征意义。它没有屈曲盘旋的虬枝，也没有婆娑的姿态，但它伟岸、正直、朴质、严肃，也不缺乏温和。

---

① 黄冬梅：《俄汉文化中树木象征意义的对比分析》，载《福建省外国语文学会 2010 年年会论文集》，2010 年，第 10 页。
② 刘光准、黄苏华：《俄汉语言文化习俗探讨》，外语教学与研究出版社 1999 年版，第 45 页。
③ 茅盾：《白杨礼赞》，载《文艺阵地》，1941 年第 3 期，第 3 页。

它的坚强不屈与挺拔，被誉为树中的“伟丈夫”。它就像是广大土地上坚强不屈、傲然挺立的守卫家乡的哨兵。歌曲《小白杨》歌颂的是具有白杨精神的人们，把白杨比喻成为祖国奉献青春的人民解放军战士。

三、俄汉语言中各自独有的树木的象征意义

（一）俄语中独有的树木的象征意义

1. 花楸树（рябина）的象征意义

（1）故乡，家园

全世界有 80 多种花楸树，而在俄罗斯就有 30 多种，所以俄罗斯人把它称为“俄罗斯之树”，把它看成是故乡和家园的象征。俄罗斯人对花楸树怀有一种特殊的感情。俄罗斯常说：“花楸树伴随我们成长，与我们一起感受人生的酸甜苦辣……”在俄罗斯民间，有这样一种说法：根据花楸树开多少花，人们可以预测天气和收成。假如花楸树的花开得特别多，那么亚麻（лен）和燕麦（овес）将会有很好的收成。

（2）姑娘，少女

在俄罗斯民间，人们把“花楸树”比作亭亭玉立、多愁善感、孤立无助的姑娘。

（3）爱情

俄罗斯人认为，花楸树是爱情之树。枝叶茂盛的花楸树是年轻人的爱情见证者，热恋中的俄罗斯人喜欢在花楸树下约会，倾诉衷肠。至今仍在我国广为流传的俄罗斯歌曲《乌拉尔花楸树》（又名《山楂树》），这首歌曲讲了这样一个故事：一个姑娘同时得到两个青年的表白，他们在花楸树下等她做出选择，姑娘就请花楸树帮她拿主意：“Милая рябинушка, сердцу подскажи!（亲爱的花楸树啊，请你告诉我！）”

2. 橡树（дуб）的象征意义

（1）备受尊崇的森林之王

古斯拉夫人认为，橡树是“世界之树”，深受人们的爱戴，一切重要的仪式都在橡树下进行，所有的贡品都必须用橡树枝来装饰。在俄罗斯的某些地方，新婚夫妇举行婚礼之后，要绕着高大的橡树转三圈，祈求神灵的保佑。此外，假如你牙疼，俄罗斯人会建议你咬一咬橡树的树皮或树枝。

在俄罗斯民间流传着这样一个古老的传说：在创世纪以前的混沌时期，四周是一片蓝色的大海，上连天，下连地，只有两棵橡树生长在大海上。橡树

上有两只鸽子，它们飞到海边，取来了石头和沙子，从而创造了天空、大地和星星。因此，俄罗斯人认为，橡树具有某种神奇的力量，还具有某种治病的本领。

(2)永恒的力量

在俄语中，дуб 代表“永恒的力量”。人们常用 вековой（古老的）、мощный（强大的）、огромный（巨大的）、могучий（强壮的）等形容词来修饰它。

(3)健壮的男子

人们将身材结实、意志坚定的人比作橡树。人们常说：“Человек непреклонный, непоколебимый, крепкий, как дуб.(这个人不屈不挠、坚忍不拔，如同一棵橡树。)”①

(4)愚钝的人

橡树也指那些思维过于直率、死板、缺乏激情、不懂幽默和讽刺的人，这种人被人们比喻成“橡树”。②

(二)汉语中独有的树木——松树的象征意义

松树是汉语中极具代表性的树木，具有丰富的象征意义。

1. 龙

龙是中华民族早期的民族图腾。有学者认为，龙的原型是松。尹荣方在《龙为树神说——兼谈龙之原型是松》一文中认为，龙的原型是四季常青的属松、柏一类的乔木，主要指松，认为老松与龙相似。③老松盘根错节，不仅局部与龙形似，而且整体造型也与龙相似。

从属性上看，松树是植物王国中的长青树种。王安石称松柏为“百木之王”，这一属性正好与龙相符，龙象征着高贵和至高无上的尊严，古人常用龙来象征君王。从精神上看，松树强大的生命力象征着中华民族的精神。由此可见，松象征龙并不是毫无理由的，在外形、属性、精神方面它们都与龙有异曲同工之妙。松与龙皆被中国人赋予崇高的地位，受到人们极大的尊重和喜爱。

2. 长寿，永生

松是植物界的长寿之树。据说，寿过千年的松树，松脂会变为茯苓，服用茯苓能够长生不老。象征长寿、永生的松树有很多例子，比如祝寿词“福如

---

① Гоголь Н.В. *Тарас Бульба*, повесть. СПб., 1902, с.171.
② http://rus-yaz.niv.ru/doc/small-academic-vocabulary/fc/slovar-196-22.htm，访问日期：2018 年 11 月 8 日。
③ 尹荣方：《龙为树神说——兼论龙之原型是松》，载《学术月刊》，1989 年第 7 期，第 43—44 页。

东海长流水，寿比南山不老松”。

3. 忠贞高洁，坚强不屈

松树遍布我国大江南北，它不择地生长，无论是一望无际的平原，还是干旱缺水的沙漠，松树都能蓬勃生长，甚至在悬崖峭壁上也能看见它的身影。在炎热的夏天，在酷寒的冬天，松树也能茁壮成长。它不畏霜雪风寒的恶劣环境，万花纷谢，草木凋零，唯有松树枝叶青翠，依然挺拔。① 所以，人们常用松树来形容忠贞高洁、坚强不屈的精神，如诗句所云："大雪压青松，青松挺且直；要知松高洁，待到雪化时。"

4. 淡泊隐逸

松树生长在深山中，任明月相照、随山风吟和，松树处幽就简的生态与隐者相似，有些隐者也会选择在松树周边栖居修养。如诗句所云："松下问童子，言师采药去；只在此山中，云深不知处。"

5. 友情，爱情

松树中的"友好使者"莫过于黄山的迎客松。迎客松伸出友谊的枝干，俊俏多姿，欢迎四方来客。松树除了象征长久的友谊，还象征爱情。古诗有云："女萝自微薄，寄托长松表；何惜负霜死，贵得相缠绕。"

四、树木的象征意义对跨文化交际的影响

跨文化交际的核心是文化，而语言是文化的载体。在各种语言要素中，词汇与文化的联系最为密切，也能直接反映文化。俄、汉两个民族文化的不同，造成了这两种语言中词汇的象征意义"同中有异，异中有同"，这给俄、汉两个民族进行跨文化交流带来了一定的影响。加强对俄汉语言中树木象征意义的研究，有利于提高俄、汉两个民族的跨文化交际能力。

在从事翻译工作时，我们要充分了解树木在两种文化中的象征意义，以保证翻译的准确性。例如，"柏树"一词在汉语中具有高尚和长寿的象征意义，而在俄语中与之相应的"кипарис"一词则会让俄罗斯人联想到永恒的悲哀和永久的回忆。译者想准确地译出柏树的"长寿"意义，就应该到俄语中寻找与其对应的词语。

同样，缺乏对俄、汉词汇象征意义的研究也可能会造成不必要的误会，甚至会导致跨文化交际的失败。人们在进行跨文化交流时，都会按照本民族

① 李莉：《中国传统松柏文化》，中国林业出版社 2006 年版，第 32 页。

的文化观点和标准去衡量异族文化。例如，在汉语中，由于白杨树的外形高大挺拔，被看成是正直、伟岸的化身，而俄语中的白杨树则象征胆小、懦弱的人。如果中国人不了解这一象征意义，在交际中用白杨树来夸赞俄罗斯人时，就会造成不必要的误会，最终会影响到跨文化交流的顺利进行。

五、结语

语言是文化的载体，而在语言的各个组成要素中，词汇与文化的关系最为密切，在汉、俄民族文化中，树木的象征意义不尽相同。对俄汉树木的象征意义进行研究和对比，既体现了文化的共性，又体现了文化的个性。在跨文化交际中，加强对树木的文化象征意义的研究，可以提高我们的交际能力。一方面，我们要努力把中华文化中优秀的内容传播给俄罗斯民族；另一方面，我们也要加强对俄罗斯文化的理解和借鉴，这样才能促进俄、汉两个民族的文化交流，促进两个民族跨文化交际活动顺利开展。

* 参考文献

[1] 关传友：《中国植柳史与柳文化》，载《北京林业大学学报（社会科学版）》，2006 年第 4 期。

[2] 黄冬梅：《俄汉文化中树木象征意义的对比分析》，载《福建省外国语文学会 2010 年年会论文集》，2010 年。

[3] 李莉：《中国传统松柏文化》，中国林业出版社 2006 年版。

[4] 刘光准、黄苏华：《俄语语言文化习俗探讨》，外语教学与研究出版社 1999 年版。

[5] 茅盾：《白杨礼赞》，载《文艺阵地》，1941 年第 3 期。

[6] 尹荣方：《龙为树神说——兼论龙之原型是松》，载《学术月刊》，1989 年第 7 期。

[7] Афанасьев А. Н. *Поэтические воззрения славян на природу*, 1968. Т. 2.

[8] Гоголь Н. В. *Тарас Бульба*, повесть. СПб., 1902.

[9] http://search1.ruscorpora.ru/search.xml，访问日期：2018 年 11 月 8 日。

[10] http://rus-yaz.niv.ru/doc/small-academic-vocabulary/fc/slovar-196-22.htm，访问日期：2018 年 11 月 8 日。

（作者单位：东北师范大学外国语学院）

青蛙在斯拉夫民间文化中的形象分析

姜泽娆

内容提要： 古斯拉夫人长期信奉多神教，动物崇拜是多神教中最鲜明的文化符号，青蛙是他们崇拜的对象之一。在斯拉夫民间文化中，青蛙的寓意深刻而独特，既有积极形象（如家的守护神、雨神、女性等），又有消极形象（如巫师、不洁之物等）。青蛙的形象已经融入斯拉夫人生活的方方面面，与劳动、婚嫁、生子等息息相关。同时，青蛙的形象在基督教中也有所体现。青蛙在斯拉夫民间文化中的形象体现了人与自然的关系，从侧面反映出斯拉夫民族的精神文化内涵。

关 键 词： 青蛙；斯拉夫民间文化；形象分析；动物崇拜

多神教是古斯拉夫人的宗教信仰。有学者认为，“它的特点是形式自由，信仰的内容主要通过古斯拉夫人的习俗和礼仪表现出来”。[①]“古斯拉夫人的动物崇拜存在于多神教文化的第一阶段——拜物阶段，是多神教文化的重要组成部分。”[②]青蛙是自然界中常见的动物，体型瘦小，长相丑陋，但在斯拉夫人心中却充满了神秘色彩，被赋予了特殊的感情。在古时候，人们对自然规律的认知非常有限，于是就凭直觉和经验来判断自然与生产生活之间的关系，使动物形象进一步提升，并赋予其象征意义。

一、青蛙在斯拉夫民间文化中的积极形象

（一）家的守护神

东斯拉夫人视青蛙为自己家的主人，是“家神（домовой）”。他们认为，青蛙停留在门槛边或火炉旁，可以守护家庭，使家人免遭不幸。“在俄罗斯

① 李敏：《古斯拉夫民族的多神教对俄罗斯民族文化的影响》，载《山西大同大学学报》，2012年第3期，第81页。

② 孙名蕊：《浅析多神教动物崇拜对俄罗斯文化的影响》，载《牡丹江大学学报》，2013年第8期，第8页。

的东南部地区，人们禁止捕杀出现在家中的青蛙（比如在地下室、炉子边、门旁等），因为人们杀死家中的青蛙，幸福就会离开，不幸就要到来。”[①]古斯拉夫人认为，动物图腾具有某种神秘的魔力，可保佑平安、辟邪消灾，使生产劳动顺利进行。曼西人（Манси）是西伯利亚西部鄂毕河流域的早期民族，以狩猎、捕鱼为生。“曼西人家中的圣像是用橡胶做成的青蛙，他们用手套将圣像包起来，保佑其狩猎、捕鱼等活动顺利进行。”[②]在布良斯克州，青蛙被人们称为“看院人”，因为人们相信，世界上的第一只青蛙就是由人变来的，总有一天青蛙会变回人，人会再次变为青蛙，因此谁要赶走或捕杀青蛙，谁就是在伤害自己。波兰人甚至认为，人们杀死青蛙会导致双目失明。波斯尼亚人认为，青蛙作为“家神”，可以保佑家中的奶牛顺利产奶。

（二）雨神

在斯拉夫民间文化中，人们称青蛙为“水世界的统治者”，并经常将其与天降吉雨、土地多产联系在一起。这种两栖动物与水有密切联系。东斯拉夫人认为，干旱是因为青蛙切断了水源，所以人们普遍相信，杀死青蛙就能求来雨水。“干旱之时，人们就会捕杀青蛙，用绳子将它们串起来，挂在灌木丛中。”[③]在白俄罗斯的波列西耶沼泽地区，人们为了求雨，会举行埋葬青蛙的仪式：给死去的青蛙穿上用粗布制成的衣服，并将其放在一个小盒中，埋到地下。直到20世纪50年代，奥伦堡州人都相信以下方法能求来雨水：让杀死的青蛙肚皮朝上，并把它埋在土里。青蛙也与许多关于降雨的征兆有关，比如俄罗斯民间谚语：青蛙在地上跳——要下雨；青蛙不停地呱呱叫——将是阴雨天；青蛙默不作声——即将有阵雨。人们认为，乌云里充满了青蛙、蛇、蟾蜍等，这些生物与雨水一起落到地上。

干旱时，斯拉夫人将希望寄托在青蛙身上，祈求天降吉雨。青蛙的外表与洼地里长满青苔的土堆的颜色相似，所以斯拉夫人认为，青蛙是一种来自地底下的动物。古斯拉夫人认为，这种动物之所以与土地有很多的相似之处，是因为青蛙是土地直接孕育出来的生命。天是青蛙的“父亲”，地是青蛙的“母亲”。因此，在斯拉夫民间文化中，青蛙的形象与雨水、土地联系密切，是天降吉雨、土地多产的象征。

---

① *Лягушка: славянская мифология*，http://www.a700.ru/animals/water-animals/34-lyagushka-slavyanskaya-mifologiya.html，访问日期：2019年6月13日。

② Сальникова Н.В. *Фигура семейного духа-покровителя мансисбронзовой лягушкой*, Проблемы археологии, этнографии, антропологии Сибири и сопредельных территорий: В 23 т. , 2017, с. 499.

③ *Лягушка : славянская мифология*，http://www.a700.ru/animals/water-animals/34-lyagushka-slavyanskaya-mifologiya.html，访问日期：2019年6月13日。

（三）女性形象

有些斯拉夫人看来，青蛙是由女人变来的，因为青蛙与女性有着密切的联系。因为青蛙的爪子与女人的手相似，所以乌克兰人认为，青蛙在过去其实就是一个女人；白俄罗斯人认为，如果圣诞节、复活节或其他大型节日活动的第一位访客是女性，那么这一年房子里将会出现很多青蛙。

青蛙还与女性婚礼、生产等方面的仪式有关。“青蛙是生命的储藏所，因此它在女人分娩、婚礼仪式中有着特殊的地位。”[①]古时候，由于生活条件较差，能顺利生下孩子的妇女比较少，于是人们把顺利产子的愿望寄托在青蛙身上。首先，青蛙本身就是多产的动物，繁殖能力强。春天之时，蝌蚪可以填满整个水洼。其次，在欧洲国家文化中，包括斯拉夫人都存在这样的想法：女性的子宫像青蛙，青蛙张开四肢的姿态与临产时的妇女几乎一样，“立陶宛人认为，女人像青蛙，腹部的子宫是活着的。”[②]在一些地区，人们认为孩子“是由青蛙变来的”。在维亚特卡地区的雅罗斯拉夫州，常年无法怀孕的女人，晚上就会坐在青蛙旁边，脱掉衣服，拥抱青蛙，以求怀上孩子。在该地区，人们还认为，青蛙能吸引异性。将一对青蛙埋在蚂蚁洞口，等到青蛙被蚂蚁咬得只剩骨头，并将其骨头挂在异性的衣服上，就能吸引异性。斯拉夫人为了治疗不孕不育症，会用铁和蜡制成青蛙制品，并把它们带到寺庙，在神像面前祈祷。在斯洛伐克的婚礼上，有一种舞叫“蟾蜍舞”，即模仿青蛙的姿态来跳舞。他们还以青蛙的形象来烤制婚礼上吃的面包（радостник）。“在俄罗斯的北部地区，人们通常会在新婚夫妇的床单上绣上青蛙图案，祝福他们早生贵子，多子多福。”[③]这种青蛙与生子之间的特别联系，使带有青蛙形象的刺绣图案成为婚姻幸福、繁衍后代、多子多福的象征。家中有带青蛙图案的物品是很普遍的，毛巾、垂饰绉边、女士套装、裙子的下摆都可见到青蛙刺绣图案，不仅仅是为了美观，还有辟邪驱鬼、家庭幸福的寓意。在俄罗斯神话《夜晚幽灵》（Ночные видения）中，夜晚朝圣的人路过一户人家，看到青蛙在床上跳来跳去，象征着婚姻幸福、家庭和谐。此外人们还相信，青蛙会把落水的婴儿带回家。

如果女人在怀孕期间踩过青蛙，生下来的孩子身上就会有痣。据乌克兰人认为，人们喝了用青蛙浸泡过的酒，肚子里就会有青蛙。在维亚特卡市还有着这样一种迷信传说：世界上的第一只青蛙实际上是婴儿的灵魂，因为他

---

① Сальникова Н.В. *Фигура семейного духа-покровителя мансисбронзовой лягушкой*, Проблемы археологии, этнографии, антропологии Сибири и сопредельных территорий: В 23 т., 2017, с. 500.

② *Лягушка*, https://mydocx.ru/8-102554.html, 访问日期：2019 年 6 月 10 日。

③ *Лягушка : славянская мифология*, http://www.a700.ru/animals/water-animals/34-lyagushka-slavyanskaya-mifologiya.html, 访问日期：2019 年 6 月 13 日。

在母亲肚子里遭到了母亲的诅咒，所以他在母亲肚子里变成了青蛙。普希金创作的童话故事《格维顿公爵》（Сказка о царе Салтане）中的情节就借助了这一传说，年轻的公主生下的不是孩子，而是一只青蛙。在该地区还有一种以青蛙命名的草，据说女人吃了这种草的根部，就会怀不上孩子。在斯拉夫民间文化中，关于青蛙起源的说法有很多，并且大多数与人有关。

（四）其他

在斯拉夫国家的某些地区，青蛙充当着探索者的角色。比如在阿尔泰地区，人们认为，青蛙最先发现了一座长满桦树的山。青蛙是冷血动物，所以人们认为青蛙可以用来治疗疾病。青蛙可以吸收蛇的毒素，净化毒源，还能使蛇起死回生。青蛙的尿液能使蜥蜴的伤口快速愈合。白俄罗斯人认为，将青蛙放在牛奶里，可使牛奶保鲜，如果有人不小心吞了青蛙，最有效的办法就是用牛奶把它引出来。

二、青蛙在斯拉夫民间文化中的消极形象

（一）巫师

在斯拉夫民间文化中，青蛙有时被人们当成是狡猾的动物。提到青蛙，斯拉夫人会想到巫术，巫师会从水中冒出来，化身为青蛙。比如，卢日支人（居住在德国东南部的西斯拉夫民族）认为，将青蛙的油脂涂到门上，会致使人失明。波兰人认为，青蛙是女巫的化身，可以穿过窝棚，偷喝奶牛刚产出的鲜奶。人们渴望通过青蛙来获得魔法知识，据说，俄罗斯北部的斯拉夫人为了获得法术，甚至会生吞青蛙。

（二）不洁之物

在斯拉夫民间文化中，青蛙是一种不洁之物。青蛙离不开水，它的皮肤在阳光下很快就会变干；它在白天会躲藏起来，夜晚或下雨时才会出来活动。因此，斯拉夫人认为，青蛙属于黑暗世界，与死亡有关。在某些地区，人们认为青蛙、蛇与其他两栖动物有亲属关系。乌克兰人认为，青蛙是蛇的母亲。还有一种说法是这样的：“青蛙可以与蛇交配，它们是夫妻关系。”[1]波兰人认为，蛇是由七年没见阳光的青蛙变来的。

---

① Nira_. *Лягушка в славянской мифологии*，http://carljung.ru/node/158，访问日期：2019 年 5 月 30 日。

三、青蛙在基督教中的形象

公元 988 年，罗斯受洗，基督教代替多神教成为“国教”，但已经形成的风俗习惯不可能马上改变。“多神教时期形成的礼仪和习俗早已深入人心，因此斯拉夫民族的宗教文化融合了多神教的诸多元素，古斯拉夫宗教的独特性就在于基督教与多神教融合。”①青蛙的形象就体现了这一特点。在基督教中，青蛙的形象与意义随着时间的改变而改变。“早期的基督教徒们会将印有‘Я есть воскресение（我是复活者）’等文字的青蛙形状的灯挂在寺庙里”，②可见早期青蛙的形象与复活联系在一起。同时，青蛙又象征着傲慢、无知，企图用虚假的空想来摧毁充满智慧的人。随着时间推移，青蛙被看成是未受过洗礼的婴儿的灵魂。在中世纪，青蛙这个神秘的两栖动物就成为邪恶、贪婪、世俗的象征。

四、结语

青蛙的形象与斯拉夫人的生产生活有着紧密的联系。古时候，人们仅凭借主观意识来判断人与自然的关系。人们发现，青蛙一叫天上就会下雨，于是人们就认为青蛙是呼风唤雨的神灵。根据青蛙的外貌特征，把青蛙与女性生产联系到一起。随着时间的推移，青蛙在基督教中的形象有所不同，这体现了多神教与基督教相融合的特点。古斯拉夫人认为，自然界的一切都具有灵性，于是就产生了一系列的祭祀仪式，对斯拉夫国家的文化产生了一定的影响。青蛙形象体现出古斯拉夫人的世界图景，反映出这个民族的个性与精神文化内涵。

* 参考文献

[1] 李敏：《古斯拉夫民族的多神教对俄罗斯民族文化的影响》，载《山西大同大学学报》，2012 年第 3 期。

---

① 于玲玲：《从斯拉夫民族的殡葬文化看其生死观和宗教信仰》，载《俄罗斯文艺》，2015 年第 4 期，第 136 页。

② *Лягушка: особенности и древнее значение*, https://secretofworld.ru/zhivotnye/reptilii/lyagushka.html，访问日期：2019 年 6 月 26 日。

[2] 孙名蕊：《浅析多神教动物崇拜对俄罗斯文化的影响》，载《牡丹江大学学报》，2013年第8期。

[3] 于玲玲：《从斯拉夫民族的殡葬文化看其生死观和宗教信仰》，载《俄罗斯文艺》，2015年第4期。

[4] Сальникова Н.В. *Фигура семейного духа-покровителя манси с бронзовой лягушкой*, Проблемы археологии, этнографии, антропологии Сибири и сопредельных территорий: В 2. т., 2017.

[5] Nira：*Лягушка в славянской мифологии*，http://carljung.ru/node/1581，访问日期：2019年5月30日。

[6] *Лягушка*，https://mydocx.ru/8-102554.html，访问日期：2019年6月10日。

[7] *Лягушка:славянскаямифология*，http://www.a700.ru/animals/water-animals/34-lyagushka-slavyanskaya-mifologiya.html，访问日期：2019年6月13日。

[8] *Лягушка*：*особенности и древнее значение*，https://secretofworld.ru/zhivotnye/reptilii/lyagushka .html，访问日期：2019年6月26日。

（作者单位：哈尔滨师范大学斯拉夫语学院）

俄罗斯人的民族性格在俄语谚语中的体现*

孙圣子

内容提要： 本文以俄语谚语为语料，阐释了俄语谚语与俄罗斯民族性格之间的关系，分析了俄语谚语中体现的俄罗斯民族的性格特点，如耐心与毅力、热情与慷慨、懒散与草率、英雄主义与集体主义、热爱阅读与蔑视金钱以及宗教性等，以便更好地引导人们认识和理解俄罗斯文化，更有效地进行跨文化交际。

关 键 词： 俄语；谚语；民族；性格

谚语是语言表达的重要载体，是非常富有表现力的语言单位。俄罗斯民俗学研究专家安妮金（В.П.Аникин）曾这样描述谚语：“谚语反映了人们的思想观念，包含着人们生活的价值和智慧。”① 俄语谚语是俄罗斯语言文化宝库中的一颗璀璨的明珠，闪烁着俄罗斯人的思想智慧和语言艺术的光彩。它是在俄罗斯民族和历史发展过程中逐渐形成的，反映和记录着一个民族的历史、经济、自然环境、社会制度、宗教信仰、民间习俗等，是俄罗斯民族语言和文化的结晶，具有鲜明的民族特点。②

人们对俄语谚语的研究由来已久，最早可追溯到17世纪，很多学者都从不同角度对谚语进行了研究，比如俄语谚语的起源和地位（С.И.Ожегов，1987; В.И.Даль，1957）、艺术特色（Е.М.Верещагин，1990）、语义（В.Г.Костмаров，1999. В.Н.Телия，1996）等。20世纪初，俄罗斯学者开始研究谚语中个别抽象名词的概念（З.А.Метыгуллина，2007. Л.В.Басова，2004）和俄语谚语与其他谚语的对比分析，主要是俄、英谚语对比分析（М.А.Назаренкова，2014；С.Б.Тенишева，2014）。我国也有一些学者对俄语谚语做过大量研究，涉及谚语的起源（王畅，2006；王光兴，1998）、文化内涵（林丽，2007；周长雨，2011；马鑫，2012）、俄汉谚语对比研究（谢红芳，2002；陈浩，2016；

* 本文系黑龙江省艺术科学规划项目“新时期黑龙江文化形象走出去的策略研究”（项目编号：2018B099）的阶段性成果。

① 王帅：《中国和俄罗斯民族性格在谚语和俗语中的体现》，载《俄语学习》，2016年第6期，第40页。

② 林丽：《俄语谚语的民族文化蕴涵》，载《哈尔滨工业大学学报（社会科学版）》，2007年第2期，第139页。

宋小华，2017）等。还有一些学者研究了俄语谚语中所体现的民族色彩（胡爱民，1986）、民族性（房晓地，2014；王帅，2016）、民族文化特点（宋传伟，1991；王灵玲，2011）、民族心理（邬杨源，2004；赵旭黎，2009；乌日玛特，2016）等。本文以俄语谚语为语料，对俄罗斯民族性格的主要特点进行研究和总结，进一步了解俄罗斯民族在历史文化、生活习俗和宗教信仰等方面的特点。

一、耐心与毅力

耐心与毅力是俄罗斯人民最具民族特色的特征之一，几乎成为俄罗斯人的代名词。俄罗斯地跨欧、亚两大洲，位于欧洲东部和亚洲北部，纬度较高，冬季漫长，气候寒冷。在这种自然环境下，俄罗斯人饱尝了生活的艰辛，但他们似乎拥有无穷无尽的耐心和毅力，仿佛能够忍受一切困难，战胜所有痛苦。虽然俄罗斯漫长而寒冷的冬季给人们留下了生活的重负与精神的压抑，却磨练了俄罗斯人的意志，培养了他们吃苦耐劳、坚韧不拔的品质。在俄罗斯民族文化中，耐心和毅力是生存的基本条件，应对恶劣环境的能力是生存的基础。比如在“二战”中，德军为攻占列宁格勒而发起的列宁格勒战役，是世界近代历史上被困时间最长、破坏性最强的包围战，被称为“世界历史上最血腥的战役”。在长达900天的围城战中，德军破坏了列宁格勒的公共设施、饮水、能源及粮食供应，导致城内出现空前的大饥荒；加之德军一心取胜，对列宁格勒进行持续性的轰炸和袭击，因此造成将近150万人死亡。但是，即使在这种绝境中，俄罗斯人也没有轻言放弃，靠着坚强的毅力和无限的耐心，始终没有让德军踏进列宁格勒，并最终获得了战争的胜利。历史上，俄罗斯人正是凭借这种的坚强的毅力和无限的耐心取得了一次次胜利，保卫了自己的祖国和家园。俄罗斯人的毅力与耐力在很多谚语中都有所体现。例如：

Терпение – лучше спасенья. 耐心是救世主。

Москва не сразу строится. 莫斯科不是一天建成的。

Час терпеть, а век жить. 忍一时，能换一世风平浪静。

Терпение и камень треснет. 忍耐能碎石。

Лучше самому терпеть, чем других обижать. 自己忍受委屈比让别人受委屈更好。

Терпение и труд всё перетрут. 只要功夫深，铁棒磨成针。

二、热情与慷慨

俄罗斯是世界上面积最大的国家，拥有肥沃的土地、茂密的森林、宽阔的平原、巨大的矿藏资源以及无数的江河湖海……这种独特的自然条件造就了俄罗斯人热情好客、慷慨大方的民族性格。另一方面，由于大多数俄罗斯人信奉东正教，认为客人是上帝赐予他们的礼物，会给大家带来欢乐和幸福。而且，俄罗斯民间一直存在着这样一种观念：当客人来自己家里做客时，如果自己善待客人，那么客人便不会亏待自己。因此，俄罗斯人一直保持着热情、好客的传统美德。当客人来家里时，人们会拿出自己家中最为珍贵的盐、面包等食物来招待他们。在过去，盐是稀缺物品，价格非常昂贵，并不是每个家庭都能负担起的。在斯拉夫文化中，面包是一种“圣物”，他们每天都要吃面包，家里没有面包吃就意味着没有东西可吃。因此，在俄罗斯文化中，盐和面包象征着富裕和健康。用珍贵的盐和面包来招待客人，充分体现了俄罗斯人热情好客、慷慨的性格特点。这一性格特点在谚语中也都有所体现，例如：

Гость на порог – счастье в дом. 客人的到来意味着幸福降临。

Гость на гость, хозяйну радось. 家有常客，主人快乐。

Гость в дом, а бог в доме. 客人来家里，犹如上帝在屋里。

Красному гостю – красное место. 最好的地方给最好的客人。

Для дорогого гостя и ворота настежь. 对于亲爱的客人，大门是敞开着的。

三、懒散与草率

众所周知，与世界上许多国家相比，俄罗斯地域辽阔，但人口相对较少，人均土地占有量比世界上任何国家都要多。而且，俄罗斯肥沃的土地下面有丰富的自然资源，其中天然气、石油、煤炭、矿产等的储量居世界前列。所以，俄罗斯人拥有丰富的自然资源，不需要辛勤劳动便可以丰衣足食，这种情况造就了俄罗斯人懒散的性格。

俄罗斯历史学家克柳切夫斯基指出：“大自然经常让俄罗斯人的盘算落空，变幻莫测的气候和广袤的土地经常欺骗他们，哪怕只是微小的期盼。于是，俄罗斯人习惯这种欺骗以后，就会不经深思熟虑……”[①] 俄罗斯以温

① [俄]克柳切夫斯基：《历史的肖像》，（莫斯科）真理出版社 1990 年版，第 57 页。

带大陆性气候和亚寒带大陆性气候为主，气候寒冷，雨水稀少。变幻莫测的气候条件让靠着庄稼生活的农民无所适从。在这种环境的影响下，这种“过于原生态”的生活使俄罗斯人缺少理性的根基。这在谚语中也有体现，例如：

Работа дураков любит. 劳动喜欢傻瓜。

Не ошибается тот, кто ничего не делает. 不干活就不会出错。

Много будешь знать, скоро состаришься. 知道的秘密越多，老得越快。

Деньивечеру, аработакзавтрому. 日夜相互交替，工作留给明天。

Мыработынебоимся, наработунепойдём. 不是害怕工作，而是不去工作。

四、英雄主义与集体主义

俄罗斯是一个军事色彩非常浓厚的国家。俄罗斯人崇拜英雄，认为谁掌握了强大的军队，谁就控制了国家。因此，他们加强国防建设，积极建立强大的军队，不断增强自己的军事实力。他们尊重军人，认为军人是一种神圣的职业，甚至有的俄罗斯家庭世代从军。他们为了捍卫自己的国家，注重军事工业，致力于研发新式武器。在13世纪，蒙古鞑靼人入侵俄罗斯，俄罗斯人民不断地为独立而斗争。彼得大帝时期，俄国对瑞典征战20多年，最后击败瑞典军队，才有了圣彼得堡。在伟大的卫国战争期间，俄罗斯人民最终取得伟大的胜利。“二战”之后，俄罗斯与美国形成了两极争霸格局。在这些事件中，俄罗斯人表现出他们勇敢、顽强和极具英雄主义的民族性格。有很多俄罗斯谚语都体现了这种强烈的英雄主义，例如：

Смелость – начало победы. 勇敢是胜利的开始。

Смелым помогает судьба. 命运会帮助勇敢的人。

Волков бояться, в лес не ходить. 不入虎穴，焉得虎子。

Бояться волков – быть без грибов. 害怕豺狼，就不能捡到蘑菇。

Плох тот кузнец, который искры боиться. 怕火花的铁匠，不是好铁匠。

Трус умирает сто раз, а герой – один раз. 懦夫死一百次，而英雄只死一次。

另外，俄罗斯人是重视团结，有很强的集体主义精神。俄罗斯民族的祖先生活在东欧平原上，过着游牧生活，恶劣的自然环境给人们的生活带来了很多困难，个人乃至家庭都难以安居乐业，所以，人们必须团结在一起，依靠集体的力量，通过互帮互助才能得以生存。在与大自然顽强斗争的过程中，俄罗斯人渐渐形成了这种“聚合”的民族传统，所以他们非常热爱自己的国家，愿意为国家的独立和统一牺牲自己。战争期间，所有的俄罗斯人民聚集起来，勇敢地保卫自己的家园，甚至不惜牺牲自己的生命。俄罗斯人认为，他们的祖国是一位母亲，一个没有母亲的人，就像离开了水的鱼。由此，我们清楚地看到了俄罗斯人强烈的集体主义和对祖国的爱，例如：

Один в поле не войн. 独木不成林。

Одинцветоквеснынеделает. 一花不成春。

И в раю жить тошно одному. 一个人生活，即使在天堂也会无聊。

Одному жить – сердцу холодно. 一个人生活，心都是冰凉的。

Один за всех, все за одного. 我为人人，人人为我。

Одна рука и в ладоши не бьет. 孤掌难鸣。

五、热爱阅读与蔑视金钱

“我扑在书上，就像饥饿的人扑在面包上。”高尔基的这句名言，将俄罗斯人对书的热爱展现得淋漓尽致。大家都知道，俄罗斯人喜欢读书。如今，俄罗斯全民读书的氛围是客观环境和主观因素、个人与国家合力打造的结果。在俄罗斯，一年中有近半年的时间人们因为天寒地冻而出行不便，书籍便成了人们思想的朋友、灵魂的伴侣。他们认为，学习是最好的财富，知识就是力量。这种特点也体现在俄罗斯谚语中，例如：

Книга – лучший друг. 书籍是人类最好的朋友。

Хлеб питает тело, книга питает разум. 面包填饱肚子，而书籍是精神食粮。

Грамоте учиться – всегда пригодится. 开卷有益。

Знание – сила. 知识产生力量。

Хорошую книгу читать не в тягость, а в радость. 读好书不是一种负担，而是一种快乐。

另一方面，在俄罗斯文化中，文学作品总是告诉人们这样一个道理：财富不一定代表幸福，而金钱也是没办法买到幸福的。这一观点深入人心。而且，东正教蔑视现世价值，注重精神需求，所以俄罗斯人认为那些稍纵即逝的事物无足轻重，并且会鄙视那些只为获得物质财富的人。[①]这一特点也俄语谚语中有所体现，例如：

Счастьелучшебогатства. 幸福胜过金钱。

Через золото слёзы льются. 金钱是不幸的根源。

---

① 徐先玉、郭丽君：《语言棱镜下的俄罗斯民族性格》，载《兰州教育学院学报》，2012 年第 3 期，第 45 页。

Любви золотом не купишь. 爱情是金钱买不来的。

Добрая слава дороже богатства. 好名声要比财富更珍贵。

Доброе братство лучше богатства. 好兄弟胜过一切财富。

Бедность не порок. 贫非罪。

六、宗教性

柏格森说："从过去到现在，我们可能找不到科学，找不到艺术，找不到哲学，但不会找不到宗教。"[1]在人类社会漫长的历史中，宗教是一种重要的文化现象。它已经内化为一个民族的生活方式，渗透在日常生活中的一切领域，并成为一个民族的性格和特征。[2]在俄罗斯，大多数人信奉东正教，可以说，东正教对俄罗斯人的影响是巨大的。东正教是基督教中比较保守的教派，认为上帝是唯一没有原罪的神。[3]很多俄罗斯谚语都表现出浓厚的宗教性，反映出强烈的东正教思想，教会人们谦卑和耐心，拥有宽恕与爱人的能力。例如，俄语中含有"бог（上帝）""божий（上帝的）"等词的谚语有很多。例如：

Кто добро творит, тому Бог отплатит. 上帝会回报做好事的人。

Друг обо друге, а Бог обо всех . 朋友是关心彼此，而上帝却关心所有人。

Бог на милость не убог. 上帝善于怜悯。

Бог Богом, алюди людьми. 上帝终归是上帝，凡人终归是凡人。

Бог любит праведника, а чёрт ябедника. 上帝偏爱虔诚的信徒，魔鬼喜欢进谗言的小人。

七、结语

通过对俄罗斯谚语的分析可以得出，耐心和毅力、热情和慷慨以及宗教性是俄罗斯人的主要性格特征。俄罗斯人的性格在自然、宗教、社会、历史等多重因素的影响下表现得淋漓尽致，其中影响最大的两个因素是地理环境和宗教信仰。

---

① [法] 亨利・柏格森：《道德与宗教的两个来源》，王作虹译，贵州人民出版社 2000 年版，第 91 页。

② 包塔娜：《俄罗斯民族性格背后的宗教传统》，中央民族大学硕士学位论文，2011 年，第 36 页。

③ 杨振宇：《文化哲学视域下的俄罗斯民族性格解读》，载《湖北工程学院学报》，2017 年第 4 期，第 35 页。

首先，俄罗斯位于欧亚大陆之间，是一个地跨欧、亚两大洲的国家。这种特殊的地理位置使它置身于东、西方文化的交汇处。因此，俄罗斯民族文化从产生之初开始，就受到了两种文化的影响。俄罗斯人的民族性格正是这两种文化的产物。

其次，宗教在俄罗斯社会生活中占有非常重要的地位。宗教世界观在整个国家的形成和俄罗斯人的民族性格方面发挥了重要作用。大多数俄罗斯人信奉东正教，主张博爱、宽恕、忍耐和自我牺牲，宣扬"对一切都感谢""不以暴力抗恶"等观点。东正教使俄罗斯人产生了强烈的历史使命感和救世观念，也使俄罗斯人的性格具有更多的包容性。

民族性格是多种因素影响下长期积淀的结果，并且随着时代的发展而变化。因此，我们对俄罗斯民族性格研究的道路还很长，这一研究有助于人们加深对俄罗斯民族的认识，将促进中、俄两国人民的相互理解和沟通，推动中、俄两国跨文化交际的理论研究与实践。

* 参考文献

[1] [法]亨利·柏格森：《道德与宗教的两个来源》，王作虹译，贵州人民出版社 2000 年版。

[2] 包塔娜：《俄罗斯民族性格背后的宗教传统》，中央民族大学硕士学位论文，2011 年。

[3] [俄]克柳切夫斯基：《历史的肖像》，（莫斯科）真理出版社 1990 年版。

[4] 林丽：《俄语谚语的民族文化蕴涵》，载《哈尔滨工业大学学报（社会科学版）》，2007 年第 2 期。

[5] 王帅：《中国和俄罗斯民族性格在谚语和俗语中的体现》，载《俄语学习》，2016 年第 6 期。

[6] 徐先玉、郭丽君：《语言棱镜下的俄罗斯民族性格》，载《兰州教育学院学报》，2012 年第 3 期。

[7] 杨振宇：《文化哲学视域下的俄罗斯民族性格解读》，载《湖北工程学院学报》，2017 年第 4 期。

（作者单位：哈尔滨理工大学外国语学院）

俄罗斯民间故事中的家庭伦理观研究*

宋雯琦　　徐　佩

内容提要： 俄罗斯民间故事是斯拉夫民族的集体记忆，对俄罗斯文学的研究具有重要意义。它承载着俄罗斯的历史文化、风俗习惯、道德准则、民族性格和宗教信仰等，凝聚了斯拉夫民族的民族向心力，增强了民族认同感；同时，它向人们展示着斯拉夫民族与众不同的民俗和风貌，是人们进一步了解斯拉夫民族极具价值的参考资料。本文主要研究俄罗斯民间故事中的家庭伦理观，包括：家庭伦理观以及俄罗斯民间故事的定义；俄罗斯民间故事中父母尽责、子女尽孝的亲子关系；俄罗斯民间故事中男尊女卑、忠于爱情的夫妻关系。

关 键 词： 俄罗斯民间故事；家庭；伦理观

伦理指的是人与人相处的各种道德准则。人们往往把伦理看成是对道德标准的寻求。伦理观则是世界观、人生观和价值观的集中体现。伦理是道德的外在化、客观化和群体化，是客观的行为关系。俄罗斯以它独特的自然、经济、文化和悠久的历史，形成了独具特色的家庭伦理体系，构成了一种独特的家庭伦理观，影响着俄罗斯人的价值观和行为方式，所以家庭伦理成为研究俄罗斯文化价值的核心之一。

在俄罗斯文化中，家庭是民间故事的叙事核心，是故事人物行为的主线。研究俄罗斯民间故事家庭伦理观，有助于人们进一步认识俄罗斯传统的家庭观，对进一步了解俄罗斯文化具有重要意义。同时，在俄罗斯民间家庭伦理研究中，可以取其之长，更好地处理本民族的家庭关系，比如忠贞的夫妻关系、亲顺的亲子关系等，有助于和谐社会的建设，促进社会的和谐发展。

国内外学者对俄罗斯民间故事中的家庭伦理观念从不同角度都有研究。国内的研究主要有：徐佩和常颖的《基于民间故事文本的俄罗斯家庭观念研究》，分析了俄罗斯家庭成员的社会关系以及家庭观念所反映出的社会制度；徐佩在《俄罗斯民间故事中的父母观念研究》中对父母的权利、父母

* 本文系黑龙江省普通高校基本科研业务费专项资金资助项目“中俄民间文学中‘人’的观念比较研究”（项目编号：LGYC2018JC067）的阶段性研究成果。

的责任、父母的正面形象和负面形象进行了分析；郑丹丹在《俄汉民间故事中的家庭观念对比研究》中对比分析了俄罗斯民间故事中的家庭观念和汉族民间故事中的家庭观念。

俄罗斯学术界对俄罗斯民间故事中家庭观念的研究主要有：马雷赫（Н.А.Малых）在《家庭主题在俄罗斯民间故事中的体现》（Темасемьивруcских народных сказках）一文中分析了东正教对俄罗斯民间故事的影响，民间故事中固定的家庭成员形象以及家庭在故事中的重要作用；克拉尤什金娜（Т.В.Краюшкина）在《俄罗斯民间故事中的家庭关系图景》（Мирсемейныхотношенийврусских народных сказках）一文中对民间故事中出现的婚姻关系、亲子关系以及兄弟姐妹关系进行了分析。

本文在前人研究的基础上，从一个全新的角度——伦理观的角度对俄罗斯民间故事中的家庭观念进行研究，是一次新的尝试。

一、家庭伦理观的概念

人与人之间的关系是俄罗斯民间故事的叙事主题之一。其中，家庭成员间的关系是人物关系的核心。从主人公离开父母后历经多种考验，都与家庭密切相关。俄罗斯民间故事在曲折动人的情节背后，蕴含着俄罗斯人的家庭伦理观念。

（一）伦理观

人生观是人们在实践中形成的对人生的基本看法和态度，伦理观则是人们在实践中形成的对伦理问题的基本看法和态度。伦理观是世界观、人生观和价值观的集中体现。伦理是道德的外在化、客观化和群体化，是客观的行为关系，表现为外在的群体规范，具有外在性、客观性、群体性等特征。伦理是衡量人类行为的准则，它按照风俗、习惯和观念的检验对人类行为进行判断。在日常生活中，我们常常基于自己后天形成的社会伦理观来对某一社会行为进行评价。社会伦理观影响着我们的世界观、人生观和价值观。同时，社会伦理观也受我们的世界观、人生观和价值观影响。它们之间是互相影响、互相渗透的关系。

（二）家庭伦理观

从古至今，关于“家庭”的定义有很多种。有人提出“家庭是社会的最小单位”“家庭是由姻缘和血缘关系组成的社会组合单位”“家庭是独立的经济单位”等说法。“本原论”关于“家庭”的定义为：家庭是为法律道德所承认的两性结合。家庭关系是由婚姻关系、血缘关系、收养关系、共同经济关系等作为纽带的亲属关系。“经济论”观点认为：家庭是建立在生产和生活需要基础上的社会组织形式。[①]家庭作为个体获得归属感和社会认同感的来源，既是人类社会最基本的构成体，也是国家稳定发展的基础；既是社会活动的缩影，也是一种文化的体现。[②]

家庭是孩子的第一课堂。每个家庭都必须有各自的行为准则。家庭成员的行为规范是社会伦理的一部分，也被称为家庭伦理。家庭伦理的特点可以概括为以下几点：（1）它是一个历史范畴，时代不同，家庭伦理也不同；（2）在阶级社会中，一定的家庭伦理受到一定阶级利益的影响；（3）任何家庭伦理都是在批判和继承旧的家庭伦理的基础上发展起来的；（4）家庭伦理是由一定的社会生产方式发展起来的，但并不完全与这种生产方式的发展相适应，具有一定相对独立性。人们对家庭伦理问题的基本观点和态度就是家庭伦理观。[③]

（三）俄罗斯民间故事

俄罗斯民间故事受到东正教传统的影响，源远流长，博大精深，对一代又一代的俄罗斯人产生了深远影响。俄罗斯民间故事反映了俄罗斯民族的家庭观，民间故事是民族世界观和价值观的集中体现。观念是民族世界图景的语言单位，承载着民族的知识、经验、情感与评价，是构成民族心智的基本文化内核。[④]

俄罗斯民间故事是俄罗斯民间文学中的重要门类之一。从广义上讲，俄罗斯民间故事就是劳动人民创作的口头文学作品。民间故事是古代斯拉夫人接触、认识和解释周围自然现象和自身生活的一种重要的方式与手段。民间故事从生活本身出发，但又并不局限于生活本身。它们往往包含着异想天开的成分，主要特征为年代久远、口口相传、情节夸张，充满幻想，具有泛指性和类型化。

按照俄罗斯民俗学主流观点，民间故事一般可划分为三种故事类型，即动物故事（сказкаоживотных）、神奇故事（волшебнаясказка）和社会生活故事（социально-бытоваясказка）。这三种类型虽然在故事主角、叙述策略、审

---

① 恩格斯：《家庭、私有制和国家的起源》，人民出版社 1956 年版，第 159—163 页。

② 马瑾、李兆福：《夫妻与亲子：中西方文化家庭伦理观比较研究》，载《沈阳工业大学学报（社会科学版）》，2017 年第 10 期，第 278—282 页。

③ 肖轶：《托尔斯泰 < 克莱采奏鸣曲 > 中家庭伦理观研究》，对外经济贸易大学硕士学位论文，2012 年，第 6—8 页。

④ 徐佩、常颖：《基于民间故事文本的俄罗斯家庭观念研究》，载《外语学刊》，2017 年第 5 期，第 117 页。

美特色、艺术修辞等方面所有不同，但在很大程度上受到多神教或东正教的影响，具有比较明显的民族特色和民族风格。[①]在三种故事类型中，神奇故事和社会生活故事让文本更加丰富。本文主要研究的是神奇故事和社会生活故事中与家庭生活有关的部分。不论是寻找未婚妻，还是父母对子女生活的安排，家庭成员之间的矛盾都是在家庭中发生的。社会生活故事是指以社会和日常生活为主题的故事。这种故事更接近现实生活，更能反映俄罗斯人民（尤其是俄罗斯农民）的风俗习惯和生活环境。社会生活故事主要描写家庭成员之间以及社会各阶层之间的关系。以日常生活为背景的民间故事常以恶妇和懦夫为抨击对象，故事旨在揭示人性中吝啬、恶毒、懒惰、固执、愚蠢、贪婪的一面。

提到俄罗斯民间故事，就不能不提俄罗斯著名学者阿法纳西耶夫（А.Н. Афанасьев）。作为19世纪俄罗斯著名的民间故事研究家、民俗学家、历史学家和文学研究家，阿法纳西耶夫身体力行，参与并创立了俄罗斯比较神话学派。他的学术贡献主要体现在神话学研究和民间故事整理两个方面，其思想基础是民族学起源与发展的神话理论。由阿法纳西耶夫整理的巨著《俄罗斯民间故事》（Русскиенародныесказки），奠定了俄罗斯民间故事和神话学的研究基础。

二、俄罗斯民间故事中的亲子伦理

俄罗斯民族与东正教有着深厚的历史渊源。自公元988年罗斯受洗以来，东正教就深刻地影响着俄罗斯民族。俄罗斯民间故事受到了东正教的影响，其中蕴含的伦理关系必然要遵循东正教的道德标准。东正教认为，孩子应该顺从父母的意志并按照神的旨意生活。圣经中理想的家庭应该是这样的：丈夫——主心骨，应面对上帝；妻子——助手，应该顺从丈夫；孩子——家庭生活的意义所在，应该尊重父母。以下分析立足于东正教对俄罗斯文化影响的基础，从子女和父母两个方面来探讨俄罗斯民间故事中的家庭伦理关系。

（一）子女尽孝

父母与孩子是一个家庭中必不可少的组成部分。孩子是父母的精神支柱，是父母血脉的延续；父母是孩子的榜样，是孩子的信念来源。在俄罗斯

---

① Шафранская Э.Ф. *Устное народное творчество*, М., Академия, 2008, с.15-18.

民间故事中，孩子应听从父母的旨意，承担赡养父母的义务。按照传统，赡养父母是孩子应尽的责任。“不论孩子与父母的关系如何，不帮助或不关心年老的父母都被认为是一种罪恶。”[①]在俄罗斯民间故事中有这样一句俗语：“Хотьворовством,но кормитьродителейнадо.（就算是偷，也应该赡养自己的父母。）”在俄罗斯民间故事中，尽到赡养父母义务的子女往往都是被歌颂并获得良好结局的正面形象，而不尽孝道、抛弃父母的子女往往都是被谴责和批判的对象。在《青蛙公主》（Царевналягушка）中，沙皇对自己的儿子们说：“孩子们！为自己做一支箭，然后射出它。把箭送回来的女人就是你们的未婚妻；如果没有人把箭送回来，那你们就不能结婚。”[②]由此可见，俄罗斯民间故事中的家庭非常重视孝道，而民间故事中的子女，按照惯例都是要顺从父亲的。做子女的都要听从父母的旨意，即使他们的旨意有时可能难以做到。

俄罗斯民间故事中也存在一些不孝子女的形象。在民间故事《不孝子》（Неучтивыйсын）[③]中，叛逆无礼的儿子从来不称自己的父亲为父亲，而是直呼父亲的名字，指使他去干活。人们都嘲笑儿子是傻瓜。有一天，父子赶着马车一起外出，儿子因为偷懒，不小心把马车赶到泥泞的道路上不能前行，于是他大喊父亲：“库济马！把车抬起来！”父亲生气了，没有理会儿子。最终，儿子因为害怕哭着向父亲认错：“爸爸，救救我！请您原谅我！”父亲原谅了孩子，对他伸出了援手。通过这个故事我们可以看出，不孝是不符合东正教家庭道德伦理的，不孝是要受到众人的批判与谴责的。在故事中，不孝的子女往往也得不到好下场。只有改正自己的错误，才能被救赎。这符合东正教影响下的家庭伦理观的要求——子女尽孝。

（二）父母尽责

俄罗斯民间神话故事很注重父母与孩子之间的关系。沙马耶娃（С.Е. Шамаева）指出，在俄罗斯民间故事中，可以看到真实的亲子关系。俄罗斯民间故事中一定会有父母，即使他们不是故事的主角，但作者也会在故事开头告知读者关于父母的情况。

在俄罗斯民间故事中，父母中占有重要地位，所以在故事的开端一般都会先介绍主人公父母的情况。一般来说，父母对孩子拥有极大的支配权。常见的情况是，父母会给孩子布置一些棘手的任务，或者送孩子去很远的地方

---

① Никитина А. В. *Русская традиционная культура*, М., СПб., Изд-во С. -Петерб. ун-та, 2002, с. 207

② Афанасьев А. Н. *Народные русские сказки*: В 3 т. Лит. памятники. М., Наука. 1984, с.187.

③ Афанасьев А. Н. *Народные русские сказки: В 3 т. Лит. Памятники*, М., Наука. 1984, с. 74.

打工或学习，这都是为了锻炼他们。尤其是父亲，拥有对子女婚姻的决定权。例如，在《小偷阿波罗》(Аполлон-вор)中，国王宣布："谁能献上马、狗和老鹰，我就把我的女儿嫁给他。"在《青蛙公主》(Царевналягушка)中，国王要求每个儿子射出一支箭，箭落到哪户人家，他们就要娶那户人家的女儿。这表明，父母对子女的一切事情都十分看重，既尽职又尽责。

在对孩子拥有支配权的同时，父母对孩子也充满关爱。美女瓦西里萨(ВасилисаПрекрасная)的形象经常出现在俄罗斯童话中。她的母亲很早就去世了，去世前母亲给女儿留下了一个洋娃娃。后来，父亲给她找了一个年轻的继母，继母总是虐待瓦西里萨。瓦西里萨性格温柔，但在遇到巫婆芭芭雅嘎(Баба-яга)之前，她遇到了很多困难。然而，故事总是会有好的结局。母亲留下的洋娃娃帮她摆脱了困境。

俄罗斯民间故事中也有一些违背伦理的母亲形象，这种形象通常是通过继母这一角色表现出来。继母经常打骂女儿，让女儿干家中的脏活。①基督教认为"只关心自己亲生的孩子，却冷淡地对待非亲生的孩子"是一种罪恶。按照基督教观点，对孩子的疏忽就是最大的罪孽。在故事《女儿和继母》(Дочьимачеха)中，继母把女儿赶走，幸好善良的女儿得到了小老鼠的帮助，继母最终自食恶果，不但她的亲生女儿得到了报应，而且她自己也被气死了。一般来讲，俄罗斯民间故事中的继母对养女百般刁难，对自己的亲生女儿则过于溺爱。在故事中，继母及其亲生女儿往往都不会有好下场。

三、俄罗斯民间故事中的夫妻伦理

我们从夫妻二人在婚姻中各自的地位和夫妻关系的特点出发，系统地探讨俄罗斯民间故事中的夫妻伦理观。

(一)男尊女卑

俄罗斯民间故事中的家庭一般都是小家庭，即只有夫妻共建的家庭和未婚子女的家庭。夫妻之间要遵循家庭伦理行为准则，以"男尊女卑"思想作为维系婚姻的基础。

东正教认为，在夫妻关系方面，妻子应从属于丈夫，丈夫高于妻子。在夫妻关系中，丈夫处于统治地位，妻子处于从属地位，妻子是丈夫的助手。丈夫有教训妻子、得到妻子照顾的权利。在故事《丈夫如何帮妻子改掉爱听故

---

① 徐佩：《俄罗斯民间故事中的父母观念研究》，载《西伯利亚研究》，2010年第3期，第45页。

事的习惯》（Какмужотучилженуотсказок）中，妻子酷爱听故事，并且不与不给她讲故事的人来往。丈夫很生气，决心好好惩戒一下妻子。在《女老大》（Головиха）中，妻子爱逞威风，非要当头头。丈夫决定好好教训她一下，就让她当了头头。后来，野蛮的哥萨克人来了，妻子吓得立刻躲了起来。她决定以后都听丈夫安排。

（二）忠于爱情

对俄罗斯民族来说，婚姻生活是最重要的。大多数俄罗斯人信奉东正教，结婚时需在教堂举行婚礼。婚礼仪式为婚姻生活增添了不容侵犯的神圣意义，也为婚后生活奠定了崇高的基督教道德基础。俄罗斯民间流传这样一句俗话："结婚就意味着改变。"基督教改变了人们对婚姻、家庭和夫妻关系的看法，改变了"一夫多妻"制度，并给婚姻带来了一系列的约束。

在俄罗斯民间故事中，夫妻二人都把他们之间的感情看得十分重要，愿意为对方付出。在故事《青蛙公主》中，丈夫为了去遥远的国度找回妻子，不辞辛劳，踏上充满艰险的旅程；在故事《去到我不知道的地方，带回我不知道的东西》（Подитуда – незнаюкуда, принестито – не знаючто）中，丈夫被施了魔法而忘记了妻子，并娶了别人，妻子想尽办法唤起丈夫的记忆。而当丈夫恢复记忆后，他就离开第二任妻子，回到了第一任妻子的身边。

在俄罗斯民间故事中也有不忠于爱情的例子。在故事《神奇的马》（Волшебныйконь）中，公主嫌弃丈夫，于是逃到了另一个国家。丈夫找不到妻子，就要接受刑罚。丈夫找到妻子后，要用箭将她射死。这说明，夫妻之间的感情应建立在不可背叛的契约精神之上的，他们应该互相信任，相亲相爱，这才符合东正教的教义。如果夫妻中的一方背叛了对方，那么背叛者一定不会有好下场。

四、结论

俄罗斯民间故事源远流长，博大精深，对俄罗斯文学文化研究具有重要意义。本文通过对俄罗斯民间故事中父母与子女形象的分析可知，俄罗斯民间故事中的亲子关系通常表现为父母尽责、子女尽孝。关爱孩子的父母和孝顺的子女，才是值得颂扬的对象，他们在民间故事中往往可以"幸福地生活到老"；而抛弃孩子的父母和不孝顺的子女，注定没有好下场，是要受到谴责和批判的。在夫妻伦理关系中，丈夫的地位要高于妻子，妻子要服从丈夫；

夫妻忠于爱情才会有好的结局，如果夫妻中的一方背叛爱情，就不会有好下场。这两点都与东正教的教义一致。而在俄罗斯民间故事中，无论主人公是什么身份，追求的目标都是为了能够建立一个幸福、完美的家庭。

* 参考文献

[1] 恩格斯：《家庭、私有制和国家的起源》，人民出版社 1956 年版。

[2] 马瑾、李兆福：《夫妻与亲子：中西方文化家庭伦理观比较研究》，载《沈阳工业大学学报（社会科学版）》，2017 年第 10 期。

[3] 肖轶：《托尔斯泰 < 克莱采奏鸣曲 > 中家庭伦理观研究》，对外经济贸易大学硕士学位论文，2012 年。

[4] 徐佩、常颖：《基于民间故事文本的俄罗斯家庭观念研究》，载《外语学刊》，2017 年第 5 期。

[5] 徐佩：《俄罗斯民间故事中的父母观念研究》，载《西伯利亚研究》，2010 年第 3 期。

[6] 王树福：《阿法纳西耶夫与 < 俄罗斯民间故事 > 中的神话思想》，载《长江大学学报（社科版）》，2017 年第 40 期。

[7] 郑丹丹:《俄汉民间故事中的家庭观念对比研究》，哈尔滨理工大学硕士学位论文，2015 年。

[8] Афанасьев А. Н. *Народные русские сказки: В 3 т. Лит. Памятники*, М., Наука. 1984-1985.

[9] Шафранская Э. Ф. *Устное народное творчество*, М., Академия, 2008.

（作者单位：哈尔滨理工大学外国语学院）

斯拉夫民族婚俗文化中的宗教元素探析

侯思琪

内容提要： 在斯拉夫民族漫长的历史文化长河中，宗教是民族生活不可或缺的一部分，宗教思想早已与斯拉夫人的日常生活融为一体。斯拉夫人在许多方面都受到宗教的影响，这其中就包括婚俗文化。婚俗文化作为斯拉夫民族文化的重要组成部分，受宗教的影响尤为突出。因此，分析斯拉夫民族婚俗文化中体现出来的宗教元素，有助于深入了解该民族的宗教意识、历史发展渊源及文化发展历程，加深人们对斯拉夫民族文化的认识，更好地掌握斯拉夫民族的语言，从而更好地进行跨文化交际。

关 键 词： 斯拉夫民族；婚俗文化；宗教元素

婚俗文化作为民族文化的缩影，一定程度上折射出该民族物质生活状态以及精神生活的传承。而在斯拉夫民族的文化中，宗教性是其突出特点。早期的斯拉夫民族崇拜多神教，这种信仰对人们社会生活产生了重大影响。在过去，由于人口较少，土地较多，生产力匮乏，所以人们在自然面前显得特别无助。人们畏惧大自然，因而对自然力量产生崇拜，并逐渐认为，天地间有许多神灵，万物都受神灵统治。人们不尊重神灵，就会受到神灵的责罚。受多神教影响，斯拉夫民族形成了一系列独具特色的婚俗文化。之后因罗斯受洗，基督教取代了多神教，成为“国教”，传统的婚俗文化又融入了一些基督教元素。后来因为战乱频发，斯拉夫民族四分五裂，不同地区的宗教也不一样，其婚俗文化也大不相同。所以，现在的斯拉夫民族在婚俗文化上表现出“多教融合”的特点。传统的婚俗有着一套极为复杂、繁琐的礼仪，大致可分为婚前、婚礼和婚后三部分，每一部分都带有浓厚的宗教色彩。

一、斯拉夫民族宗教概述

斯拉夫民族的传统婚礼中有一系列极为复杂、繁琐却世代相传的仪式，这些仪式包含着大量的宗教元素，以多神教和基督教为主，以伊斯兰教等其他宗教为辅。首先，多神教作为人类历史上最早出现的宗教形式，其基本特征是神灵鬼怪众多，这其中包括人们对图腾的崇拜，对自然力量的崇拜，对祖先的崇拜，并出现了泛灵论、拜物主义等内容，宗教实践以祭祀、占卜、巫术、魔法等作为其具体形式。[①]在古时候，多神教作为一个十分复杂的原始宗教体系，符合以上所述特征，其中以对自然力量的崇拜为主要内容，认为在自然面前人的力量是微不足道的，自然力量是强大的，而且各种事物都具有人类所不具备的力量，并且对自然力量人格化，产生了诸多的神和妖魔鬼怪。多神教的内容大致分为四部分：（1）对自然界力量的崇拜，如对土地、水和火的崇拜，对植物的崇拜，对动物的崇拜。在古代，斯拉夫人认为大自然的力量是不可抗拒的，人类要臣服于大自然，人类要从自然中获取生活所需，维持生命，所以人类要尊重自然，爱护自然，同时敬畏自然，逐渐形成一种崇拜，一种信仰。（2）对祖先的崇拜。古斯拉夫人认为，一切的一切都是受到祖先的庇护的，祖先的灵魂是活着的，一直陪伴在家人身边，家人所做的一切祖先都看在眼里，所以斯拉夫人尊重祖先，崇拜祖先，同时畏惧祖先。（3）神话的内容，包括宇宙神话、弗拉基米尔万神殿诸神话等。人们认为，人世间的万物多是由各个神灵统治，如掌管雷电的雷神佩伦。人不能冒犯神灵，而要尊重神灵。（4）鬼妖信仰，大致上分为自然界中的鬼怪、宅院里的鬼神、与人为敌的妖魔。古斯拉夫人认为，世间不只有神，还有鬼妖。神是好的、善良的，而鬼妖是恶的、坏的，人要是招惹鬼妖，就会受到责罚。多神教作为斯拉夫民族最先拥有且历史最为悠久的宗教，其思想在婚俗文化上都有体现。

公元988年罗斯受洗之后，弗拉基米尔大公把基督教确定为“国教”，迫使民众放弃信仰多神教，改信基督教，才使得基督教具有全民性的特征。然而，斯拉夫民族信仰的并不是纯粹的基督教，而是带有一些多神教思想的基督教，呈现一种“混融”状态，这在婚俗文化中表现得极为突出。后来由于受战争和基督教分裂的影响，斯拉夫民族被划分为三部分：以信仰东正教为主的东斯拉夫人，以信仰天主教为主的西斯拉夫人，在宗教信仰上呈现混合状态的南斯拉夫人。又因地理位置不同，外族文化入侵，因此各地区的民俗文化出现差异，而婚俗文化受宗教影响最大。

---

① 乐峰：《俄国宗教史（上卷）》，社会科学文献出版社2008年版，第16页。

二、婚前风俗中的宗教元素

（一）说媒

在斯拉夫民族的传统婚俗文化中，说媒是不可或缺的。每个地区都有专门说亲的媒人，媒人一般是由较为年长且能说会道的女性担任，她们一般会选择在良辰吉日去说媒，比如在每月的 3 日、5 日、7 日和 9 日。由于受多神教影响，斯拉夫民族相信各种征兆，所以人们对单数情有独钟。单数代表好运、平安、康泰，双数则代表厄运。此外，说媒的日子最好是在星期二、星期四或星期六，特别忌讳 13 日和星期五，因为耶稣是在这一天遇难的，所以他们认为这一天是不吉利的。媒人进门后会先对着圣像祈祷，然后开始说亲。媒人一般不会直接说明自己的来意，要先说一段套话。女方家明白其来意后，如果同意，要跟媒人一起围绕桌子走三圈，再对着圣像祈祷，订好相亲的日子。其中对着圣像祈祷和绕桌子走三圈便反映出浓厚的基督教色彩，在《圣经》中数字“3”出现的频率极高，斯拉夫民族对数字“3”非常偏爱。

（二）相亲

男女双方对着圣像祈祷后才可以交谈，女方在相亲过程中要换三次新衣服。男方与女方代表在门厅内交换意见，如男方喜欢这家姑娘，会将姑娘递过来的蜜水一饮而尽，反之则表示不喜欢。双方都相中后，要进行一番寒暄，围着桌子绕三圈，再坐下来谈订婚和彩礼等事情。塞尔维亚略有不同，男方在出发前，家人会把一只猫扔到他的身上，意味着他与心爱的姑娘要像猫和主人一样形影不离。当然，猫一定不能是黑色的，因为在多神教的传说中，黑猫和魔鬼是好友，所以斯拉夫民族对黑猫没有喜爱之情，至今都有“看见黑猫要绕行”的禁忌。

（三）订婚

订婚典礼一般由女方筹办，女方邀请亲朋好友，宣布订婚。在订婚典礼上有这样一种仪式：男方家长送给女方家长送一些自己做的面包时，还要送一些盐。女方家长要亲吻面包，表示感谢。俄罗斯有这样一句谚语：“Хлеб — дар божий.（面包——上帝的恩赐。）”俄国人常用“святой（神圣的）”一词来形容面包，并将面包视为“святыня（圣物）”。在基督教的象征符号体系中，面包是基督圣体的化身，而盐则意味着祛邪，是保护人们免受厄运的“护身符”。面包和盐都是最具有宗教象征意义的食物。[①]

（四）婚礼前夜

在举行婚礼的前一晚，男女双方会分别举行告别晚会，与自己的青春岁月告别。姑娘会将头发梳成两条辫子，去墓地跟已故的亲人告别。她们会在摆放着白桦树枝的闺房里和姐妹们唱着充满伤感的歌曲，表示自己对新家的担忧和对亲人的不舍。去墓地告别的仪式是受多神教的影响，希望自己能够得到祖先的庇护，未来的生活能够幸福安康；白桦树则被称为神树，可以驱除鬼怪。

婚前烤制面包也是一项不可缺少的重要仪式。“在波兰，已婚妇女一边唱歌，一边跳舞，同时将制作好的面包送进烤炉，烤好的面包要在夜晚取出并放在盒中，不能让其他人看见，目的是‘防止魔鬼窥探’。”[②]这项仪式充满宗教色彩。

三、婚礼仪式中的宗教元素

（一）婚期的选择

婚礼的时间也颇有宗教性，一般是在秋天或冬天，即圣母节之后，也就是圣诞节期间或复活节后的第一周。“依据东正教的习俗，在宗教节日、斋戒期、星期二、星期四和星期六等日子是不能举行婚礼的。”[③]据民间传说，如果在此期间举行婚礼，新婚夫妇会被鬼怪缠身，灾祸临门，婚姻将会遭遇不幸。人们为了有一个美满幸福的婚姻，一般选择避开这段时间，该习俗流传至今。在波兰，因为波兰人信仰天主教，订婚和结婚的时间一般会选在星期日。

（二）服饰

在出嫁当天，母亲会亲自为新娘梳洗头发。根据斯拉夫民族的传统，新娘只能在结婚以后露出头发，而未出嫁的女孩则要扎辫子、戴发带。古时候，新娘一般都要穿上自己亲手缝制衣服，还要系上带有太阳图案的腰带，这是因为在多神教中太阳神被称为福神，能够给人们带来好运和幸福。伴随着

---

① 汪磊：《面包——上帝的恩赐》，载《俄语学习》，2013 年第 3 期，第 28 页。
② K.津斯基、柳笛：《波兰和阿拉伯国家中某些婚礼习俗的相似》，载《世界民族》，1991 年第 5 期，第 52 页。
③ 汪成慧：《俄汉传统婚俗文化之比较》，载《西南民族大学学报（人文社科版）》，2007 年第 1 期，第 40 页。

基督教的传入，婚纱开始盛行，因其造型新颖、款式多样，深得新娘的喜爱，但根据基督教教规，婚纱的颜色必须是白色的，只允许裙子上略带蓝色和粉红色的点缀图案。在基督教中，白色代表纯洁与美好。新娘还会佩戴头纱和面纱，新郎则要求穿西服和衬衫，而衬衫是新娘送的。新娘手中的花是由伴郎送来的，一般是白色的鲜花，象征着纯洁。

（三）迎亲

在去教堂之前会有迎亲仪式。根据习俗，迎新的马车要走小路，不能走大路，这是为了“防止鬼怪跟踪”。新郎在伴郎及亲朋好友的欢呼下前往新娘家，当然这一路会遇到一些拿着木棍和扫帚的青年，但只要缴纳“赎金”便可通行，“赎金”可以是零钱或糖果。当新郎进门见到新娘后，新娘的父亲会往门缝里塞一枚大钉子，用此方式来“防止鬼怪侵扰”。新娘在离家前要先告别壁炉，再向父母辞行，而母亲会在新娘的衣服上挂上一枚别针，意味着让新娘带走财富与智慧。[①]这一系列的仪式均带有明显的多神教特点。壁炉是每个斯拉夫人家中最神圣的地方，所有的祭祀活动和祷告都要在壁炉前完成。壁炉象征着财富，炉火不能熄灭，火灭则财断。壁炉也是“домовой（家神）”的化身，保佑家人身体健康，诸事顺利。在保加利亚，新郎还会带着自己的猎枪去迎亲，伴随着一路的枪鸣声走向新娘家。这样做，一方面是为了“防止抢亲”，并告诫鬼怪们不要靠近，另一方面则是告诉人们自己对新娘非常喜爱。[②]

（四）结婚典礼

“婚礼是东正教的七件圣事之一，有着相应的一整套礼仪规范。婚礼要在教堂举行，并且新娘和新郎在这之前是不能随便相见的，婚礼仪式大致为：新郎新娘宣誓，唱诗班唱赞美诗、祈祷，新郎新娘分三次喝完由神父祈祷过的葡萄酒，最后戴冠、互换戒指。”[③]东正教教义认为，只有在教堂举行过仪式的婚姻，才会得到上帝的祝福，才会永远幸福，这是典型的宗教婚礼。另外，根据教义，东正教不允许人们再婚三次以上，虽然法律上准许人们再婚多次，但这样的婚姻是不被上帝祝福的。[④]仪式结束后，新郎新娘走出教堂，来宾们将彩带、花瓣、谷粒撒向新人，为他们送去祝福。该习俗源自古

---

① 乔荣生：《俄罗斯人婚俗拾趣》，载《采风》，2004 年第 9 期，第 34 页。

② *Свадебные традиции Болгарии*, http://www.zelenaya-svadba.com/svadebnye-tradiczii/svadebnye-tradiczii-raznyx-stran/svadebnye-tradiczii-bolgarii，访问日期：2019 年 7 月 3 日。

③ 黄玲：《俄罗斯婚礼习俗面面观》，载《俄罗斯文艺》，2004 年第 2 期，第 78 页。

④ *Таинство венчания: от А до Я*, https://www.pravmir.ru/tainstvo-venchaniya/，访问日期：2019年7月3日。

老的“抛黄米”婚俗，象征着丰收和多子多福。在塞尔维亚还保留着这样的习俗：新婚夫妇从教堂走出来，要想办法踩住对方的脚，谁先踩住对方的脚，谁就掌管家业；无论谁喊新娘的名字，她都不能回头，否则厄运就会降临。

四、婚后习俗中的宗教元素

（一）回新郎家

从教堂出来后，新婚夫妇首先要去新郎家。新郎的父母会拿着圣像、面包和盐在门槛前迎接他们。直至今天，在斯拉夫人心中，门槛都是特别重要的地方，有“不可用脚踩在门槛上”“外人不可踩踏别人家的门槛”“不可隔着门槛去跟他人握手”等禁忌，因为在古时候，斯拉夫人会把已故的亲人埋在自己家的门槛下，保佑全家人平安，这正是源于人们对祖先崇拜的多神教观念。新婚夫妇各自取下一块面包，蘸少许盐吃掉，意味着今后的生活无论富贵还是贫贱，都要一起面对。在波兰，还有这样一种特殊的习俗：从教堂出来后，新娘要把头纱换成波兰的传统帽子，代表新娘已从少女变为人妻。婚床的铺设也颇为讲究，一般由婆婆来操办。例如，婆婆希望新娘婚后能生男孩，就在床垫下放置礼帽；婆婆希望新娘生女孩，就在床前放置靴子。新娘到新郎家后，要在婚床上坐一会儿，该习俗至今在波兰广为流传。

（二）婚宴

婚宴开始后由新娘的哥哥或年长的亲戚说祝词，然后大家一起举杯喝酒，宾客们会说：“苦啊，苦啊！”此时，新郎新娘就要接吻，其意是“苦的本是酒，需要用吻将它变甜”。在美味的菜肴中一定会有一道用公鸡做成的菜，“因为在多神教中，公鸡象征着生命力和繁殖能力，祝福新婚夫妇早生贵子。它也是财富和地位的象征，预示家庭幸福、财源滚滚。”[①]婚宴之后的舞会使气氛达到高潮，新郎新娘与来宾们载歌载舞，分享幸福的喜悦。舞会一般会持续很晚。

（三）完婚后习俗

在完婚后的第二天，新婚夫妇起床后的第一件事便是沐浴更衣。“在波兰，新人由‘喜翁’引导到河边，伴郎先用袋子在水面上画一个‘十’字，

① 张晶：《解析公鸡在斯拉夫文化中的寓意》，载《俄语学习》，2017年第2期，第7页。

进行祈祷，然后取少量的水洒在新婚夫妇的手上。洗脸、洗手之后，新娘装满一桶水便可回家，并用此水喷洒房间。”① 在多神教中，水象征着生命和丰收，希望新婚夫妇能够早生贵子、财源滚滚。新娘还要戴新郎的帽子，向世人证明，自己已为人妻，与少女时代正式告别。

完婚后，新婚夫妇需要回门，也就是回娘家，但各地方的时间不一样，有的是第二天，有的是在三天后。新郎要随妻子一起回岳父岳母家。岳父岳母会端着面包和盐在门口等候他们，新婚夫妇要先吃一口沾着盐的面包，代表人生的新阶段从此开始。他们再喝上一杯酒，代表幸福和美满。岳母会盛情款待女婿，大摆筵席，头一道菜是煎鸡蛋，新郎吃完后要将一枚硬币放入装满葡萄酒的杯子中，并将酒杯递给岳母，这样做的目的是表示对新娘认可。婚后的第一周被称作“拜访周”，会有很多的亲戚朋友前来拜访新婚夫妇，赠送礼物，给予祝福，当然，拜访结束后新郎新娘也会回拜，以示感谢。

五、结语

现代斯拉夫民族的婚礼已经没有过去那么复杂、繁琐，废除了一些不好的风俗习惯，增添了一些新内容，但其中仍然能够寻找到宗教元素。无论是多神教还是基督教，都表达了人们对美好生活的向往，但也约束了人们的行为。对斯拉夫民族来说，宗教已不单单是存在于书本上的文字，更是刻在人们心中的准则。斯拉夫民族的婚俗文化彰显了宗教的复杂性和神秘性，也成为斯拉夫民族独特文化不可分割的一部分。

* 参考文献

[1] 黄玲：《俄罗斯婚礼习俗面面观》，载《俄罗斯文艺》，2004 年第 2 期。

[2] 乐峰：《俄国宗教史（上卷）》，社会科学文献出版社 2008 年版。

[3] 乔荣生：《俄罗斯人婚俗拾趣》，载《采风》，2004 年第 9 期。

[4] 汪磊：《面包——上帝的恩赐》，载《俄语学习》，2013 年第 3 期。

[5] 汪成慧：《俄汉传统婚俗文化之比较》，载《西南民族大学学报（人文社科版）》，2007 年第 1 期。

① K. 津斯基，柳笛：《波兰和阿拉伯国家中某些婚礼习俗的相似》，载《民族世界》，1991 年第 5 期，第 54 页。

[6] 张晶：《解析公鸡在斯拉夫文化中的寓意》，载《俄语学习》，2017 年第 4 期。

[7] *Свадебные традиции Болгарии*, http://www.zelenaya-svadba.com/svadeb- nye-tradiczii/svadebnye-tradiczii-raznyx-stran/svadebnye-tradiczii-bolgarii，访问日期：2019 年 7 月 3 日。

[8] *Таинство венчания: от А до Я*, https://www.pravmir.ru/tainstvo-venchaniya/，访问日期：2019 年 7 月 3 日。

（作者单位：哈尔滨师范大学斯拉夫语学院）

中俄青年的婚姻观对比研究

王元英

内容提要： 中国和俄罗斯在文化上有较大差异，在政治与社会发展方面也有很大不同，这对两国青年的婚姻观产生了差异化影响。本文主要探讨中、俄两国青年婚姻观的特点和心理成因，通过分析两国青年传统婚姻观的差异和新时代婚姻观的趋同特点，发现俄罗斯青年把爱情和个人幸福视为婚姻中最重要的因素，而中国青年考虑的因素更多一些，包括子女教育、父母养老、家庭责任等。

关 键 词： 中、俄两国青年；婚姻观；传统观念；新时代观念；思想政治教育

婚姻观是人们对婚姻的基本观点和看法。从广义上来说，它包括在整个婚姻建立过程中的择偶及家庭经营。在不同国家、不同种族和不同人群中，由于受传统文化观念及外部环境因素的影响，人们的婚姻观会有很大差异。

一、中、俄两国青年婚姻的共同现状

放眼世界上任何一个国家和民族，婚姻都具有非常神圣的地位。在人类漫长的发展进程中，婚姻这一古老的文化习俗正在发生变化。中、俄两国青年的婚姻现状既有横向上的不同，也有纵向上的变化。

（一）婚姻率、生育率都呈下降趋势

无论是中国还是俄罗斯，婚姻率和生育率都呈下降的趋势，不婚不育、已婚不育的情况在两国的青年当中呈现不容忽视的发展趋势（见表 1 至表 4）。①这种趋势有青年婚姻观、家庭观等方面的原因，也是生活负担、经济压力等因素造成的结果。伴随新生人口数量持续走低，年轻人在社会总人口中所占据的比重不断降低，久而久之，社会慢慢走向“老龄化”。婚姻率低导致生

① 程亦军：《从最新普查看俄罗斯人口发展状况》，载《西伯利亚研究》，2013 年第 3 期，第 74 页。

育率低，最终会使当下社会中的年轻一代面临巨大的养老负担。

表1　俄罗斯16岁及以上年龄人口的婚姻状况①

	全部人口（万）		男性人口（万）		女性人口（万）	
	2002年	2010年	2002年	2010年	2002年	2010年
年满16岁人口	11870	11970	5410	5420	6460	6550
未婚	2490	2400	1360	1320	1130	1080
已婚（登记或未登记）	6790	6650	3390	3320	3400	3330
鳏夫、寡妇	1350	1380	190	200	1160	1180
离异和分居	1120	1160	410	400	710	760

表2　俄罗斯年满15岁及以上妇女的生育情况②

	人口数量（万）		2010年与2002年之比（%）
	2002年	2010年	
15岁以上回答问卷调查女性	6290	6240	99.3
生育1孩	1920	1940	101.4
生育2孩	2120	2150	101.5
生育3孩	560	550	97.5
生育4孩	160	140	87.1
未生育者	1360	1340	98.4

① 资料来源于2002和2010年俄罗斯人口普查数据。
② 同上。

表 3　中国结婚人数统计（1999—2018 年）[①]

年份	结婚人数（万对）	离婚人数（万对）	年份	结婚人数（万对）	离婚人数（万对）
1999	885.30	120.15	2009	1212.40	246.80
2000	848.50	121.29	2010	1241.00	267.80
2001	805.00	125.05	2011	1302.36	287.40
2002	786.00	117.70	2012	1323.59	310.38
2003	811.40	133.00	2013	1346.93	350.01
2004	867.20	166.50	2014	1306.74	363.69
2005	823.10	178.50	2015	1224.74	384.14
2006	945.00	191.30	2016	1142.82	415.82
2007	991.40	209.80	2017	1063.10	437.40
2008	1098.30	226.90	2018	1013.94	446.08

表 4　中国 1999—2018 年出生人口[②]

年份（年）	出生人数（万）	年份（年）	出生人数（万）
1999	1909	2009	1615
2000	1771	2010	1592
2001	1702	2011	1604
2002	1647	2012	1635
2003	1599	2013	1640
2004	1593	2014	1687
2005	1617	2015	1655
2006	1584	2016	1786
2007	1594	2017	1723
2008	1608	2018	1523

① 数据来源于中国国家统计局官网。
② 数据来源于 1999—2018 年的中华人民共和国《国民经济和社会发展统计公报》。

（二）婚姻与家庭关系面临重塑

在中国人的传统观念中，婚姻是组建家庭的必经之路，家庭之间的代代延续是确保家族、民族得以不断发展的关键。但是，就当下青年的婚姻观念来看，这种传统的由婚姻构建家庭的观点面临重塑。初婚率推迟，单身青年逐渐增多，自行购买住宅、独居成户的情况并不罕见；而在俄罗斯这种重塑的进程显然要比中国来得更早、更快。苏联解体后，就已经出现了婚姻推迟、独身青年数量显著增加的情况，直到现在也是如此。从某种意义上说，婚姻、家庭、爱情和性都面临着割裂和独立。①

（三）离婚率同步上升

在传统的观念当中，婚姻是伴随两个人一生的大事，必须慎之又慎，但在当下，这种观念面临着更新和重塑。中、俄两国青年一般认为，合得来则一起生活，不合则分居两地，结束婚姻也是非常正常的选择，“离婚”不是什么难以启齿的事情，“二婚”“三婚”的情况也不算少数。换言之，选择“将就”或为了儿女勉强维系婚姻关系的人群，占比越来越少。在一些人的观念中，婚姻已经不是一种长久的不可改变的关系。

二、中、俄两国青年婚姻观念认知对比

（一）择偶观上的差异

婚姻的建立以两个人相识、相知为前提，多数婚姻是要经历漫长的交友期才能最终尘埃落定的。俄罗斯《新消息报》调查数据显示，影响俄罗斯青年男性选择结婚对象的三大因素分别是：对方的美貌，操持家务的能力，对待爱情忠贞不渝的态度。至于女性的个人能力，并不是主要因素，相当一部分俄罗斯男青年甚至不希望自己的女朋友太过聪明；与男性相反，大部分的俄罗斯女青年在择偶时，希望对方聪明而诚实。

中国青年与俄罗斯青年的择偶观点存在一定的差异。目前，中国青年男女在择偶时除了会参考双方个性、共同爱好等基本的情感因素，更多的是对双方实际生活的考量，包括居住环境、交通工具拥有情况、个人工作稳定性、

① 张乐：《当代青年的性别角色、家庭观念及其塑造——来自 CGSS 的数据分析》，载《中国青年研究》，2017 年第 4 期，第 54 页。

薪资待遇、父母养老等。这些问题都处于现实生活层面。在一部分中国青年心中，如果没有令双方都满意的物质基础，就不会有理想的上层婚姻建筑。

（二）精神因素对比

2016 年艾瑞咨询发布的国民婚姻情感指数报告对我国青年的婚姻观进行了调查。在罗列的构建婚姻条件的重要性选项上，爱情基础、文化水平、经济条件、双方的家庭条件分别占了前四位，占比依次为 33.1%、42.3%、54.7% 和 63.1%。在对结婚时机的选择上，63.3% 的青年认为，恋爱是结婚的前提条件，至少要保持 1 — 3 年的恋爱时间才可以谈婚论嫁；24.7% 的青年认为，结婚之前必须经历一次爱情长跑，要有 3 — 7 年的恋爱时间才可以走进婚姻殿堂；只有 6.3% 的青年认为，婚姻不必以恋爱为前提，即便不恋爱而直接走进婚姻殿堂也是完全可行的。[①] 至于在婚前生活问题上，我国青年的思想日渐开放，比如，对婚前同居、婚前性行为等不再有明显避讳。

2016 年易观国际发布的国际婚姻发展报告简单地描述了俄罗斯青年的婚姻发展状况，其中比较显著的特点是：晚婚趋势严重，普遍重视婚姻的感情基础以及婚姻的自由度。[②] 在传统宗教（主要是基督教）文化的影响下，俄罗斯人十分重视贞洁、反对纵欲，强调上帝赐福，也比较倾向于独身主义。新时代俄罗斯文化的发展促使俄罗斯青年更加重视婚姻双方的平等地位，以及真爱至上。

（三）婚姻认知上的异同

从中、俄现代青年婚姻观来看，中国青年更重视结婚对象的文化水平和经济、家庭条件，更倾向于“早结婚”，而且在婚前性行为方面也更加开放；俄罗斯青年不太重视感情之外的其他因素，同时对结婚时间的预期更晚。

（四）忠诚婚姻和流行婚姻的典型对比

著名作家钱钟书在《围城》当中有过这样一个比喻：婚姻是一座围城。这虽然是小说中的论调，但它确实是目前一部分青年男女对婚姻的直接感受。尽管目前中、俄两国的婚姻率和出生率都呈下降趋势，但已经存在的婚姻仍然有显著差别。概括地说，大部分中国青年对婚姻抱有一种“忠诚”和“专一”的态度，即婚姻一旦生成就要对彼此忠诚；如果无法维系这种忠诚，那

---

① http://report.iresearch.cn/report_pdf.aspx?id=2517，访问日期：2018 年 8 月 25 日。
② http://www.yanjiubaogao.com/agency/y/yi_guan_guo_ji，访问日期：2018 年 6 月 20 日。

么这段婚姻就会名存实亡。对俄国的青年而言，婚姻是一种形式，是男女之间众多关系当中的一种。即便拥有婚姻，也不意味着就要随时忠于这种婚姻，或拥有婚姻关系的双方仍然可以不住在同一个屋檐下。

三、中、俄两国青年婚姻观存在差异的成因

无论是中国还是俄罗斯，青年一代的婚姻习惯和主流态度，很大程度上是在一代代习惯的延续当中形成了最初的形态，却又随着社会发展变化而不断调整。中、俄两国青年的婚姻观存在一定的差异，而造成这种差异的原因，主要体现在以下三个方面：

（一）传统文化差异

中国传统文化中尊卑观和家庭观较重，这一点在当今时代仍有体现，导致现代婚姻中仍存在“不自愿”等问题。当然，这类问题在社会发展过程中逐渐被削弱。新时期，中国父母群体在思想上已经有了很大的转变。俄罗斯传统文化中基督教文化的影响较大，尤其是贞洁观和独身主义非常明显。俄罗斯青年认为，爱情是婚姻的基础，婚前应当禁欲。

（二）历史差异

在中国漫长的历史发展进程中，人们在解除长期的社会桎梏后开始追求开放和平等，但以家庭为基础的婚姻观仍然大量存在。在过去，俄罗斯长期处于封建社会，基督教文化的影响也十分深远，所以俄罗斯人的婚姻观相对保守。但是，现代俄罗斯青年不再受宗教思想束缚，并且在婚姻关系中更注重平等和感情基础。

（三）法律规范差异

中、俄两国在婚姻法上的要求十分接近，都强调自愿、平等，并且要求婚姻双方在生理、社会认知、道德和心理水平上足够成熟。中国的婚姻法规定，男性结婚不得早于22周岁，女性结婚不得早于20周岁。但在20世纪90年代左右，仍有一些人不按法定年龄结婚。目前，我国一部分青年仍然对结婚年龄预期较小，不过这一问题有所缓解。在20世纪80年代初，我国开始实施计划生育政策，仅允许每个家庭生一胎。2015年开始实施“全面二孩”政策，虽然对遏制生育率下降、增强人口可持续发展潜力有重大意义，但政策实施

后效果远远低于预期。[1]

俄罗斯对婚育年龄的限制比中国平均小两岁。在20世纪八九十年代，俄罗斯出现了生育率下降、新生儿死亡率上升等问题，所以俄罗斯未对生育子女数量进行限制，但这仍然没有改变俄罗斯青年的婚姻意愿，他们普遍不愿意结婚生子。

四、中、俄两国青年婚姻观趋同发展的诱因与启示

尽管中、俄两国青年的婚姻观受到文化背景、社会政治等多种因素影响，存在诸多差异，但两国青年的婚姻观开始趋同，在某些细节方面朝着共同的方向发展。

（一）中、俄两国青年婚姻观趋同发展的诱因

中、俄两国青年在婚姻观方面有趋同性。例如，两国青年都强调两性平等，都对婚姻持有日渐开放的态度。而且，中国青年对传统文化中不良认知的自主剔除能力增强，并且越来越重视感情这一婚姻基础，加之二胎放开和社会生活的压力，两国青年的婚姻观差异也在缩小。

两国青年的婚姻观趋同的根本诱因有三点：一是两国社会经济发展差距逐渐缩小。社会生活质量不佳时，大众对婚姻的选择上会更强调物质层面；而在社会经济发展平稳后，这类问题得以消解，青年也会追求更自由、更平等和更开放的婚姻。二是家庭结构出现同质化，现代国际化发展使得国家间的家庭结构更为相似。现代家庭中，父母对子女婚姻的干预更低，青年在婚姻自主性方面的表现更明显。三是文化交流进一步促进了文化开放，婚姻观念的传播更为显著，国家间婚姻文化更为接近。中、俄两国本身有着密切的地缘关系和通婚情况，所以婚姻观趋同发展也是必然结果。

（二）中、俄两国青年婚姻观趋同发展的启示

中国当代青年对婚姻的认知仍有较大问题，其中过于重注物质、追求“门当户对”等问题仍十分普遍。对此，我国在针对青年的婚姻观教育中应重视婚姻观念教育，逐渐消除青年过于强烈的物质欲望，消除负面传统观念

---

① 陈友华：《中国人口发展：现状、趋势与发展》，载《人口与社会》，2019年第7期，第4页。

对青年的影响；[①]可以借鉴俄罗斯以感情为基础的婚姻观和贞洁观，改变我国青年以物质、家庭为基础的婚姻观；避免非法同居、婚前生育等情况，推动我国婚姻健康发展。

总而言之，由于受到历史文化、社会政治等多种因素影响，两国青年在婚姻观上出现了很大的差异。但随着时间的推移，随着全世界范围内信息科技的快速发展以及碎片化生活方式的普及，拥有不同起源、不同原始婚姻观念的中俄青年，在对婚姻、家庭、爱情、性、生育等方面的看法上，有趋同表现。虽然这种趋同发展并不能使两国青年的婚姻观彻底走向一致，但在本质上反映出一个显而易见的问题：婚姻对青年的"束缚"在逐渐削弱，不再像一座传统的"围城"，将人们的婚姻、爱情和家庭彻底绑定在一起。对广大中国青年而言，一系列关乎婚姻、家庭、人口出生等方面的制度、法则和规范正引发探讨，惹人深思。

*** 参考文献**

[1] 陈友华：《中国人口发展：现状、趋势与发展》，载《人口与社会》，2019 年第 7 期。

[2] 秦晨：《"边际人"及其"中国式相亲"——转型期中国青年的婚恋观与择偶行为》，载《中国青年研究》，2017 年第 7 期。

[3] 张广翔：《俄罗斯婚姻和人口再生产模式的转型》，载《史学集刊》，2002 年第 2 期。

[4] 张乐：《当代青年的性别角色、家庭观念及其塑造——来自 CGSS 的数据分析》，载《中国青年研究》，2017 年第 4 期。

[5] 王攸欣：《新文化观观照下的中国婚姻生育制度与风俗之变迁》，载《中国文化研究》，2017 年第 2 期。

[6] 易观国际，http://www.yanjiubaogao.com/agency/y/yi_guan_guo_ji，访问日期：2018 年 6 月 20 日。

[7] 艾瑞网，http://report.iresearch.cn/report_pdf.aspx?id=2517，访问日期：2018 年 8 月 25 日。

（作者单位：黑龙江外国语学院）

① 秦晨：《"边际人"及其"中国式相亲"——转型期中国青年的婚恋观与择偶行为》，载《中国青年研究》，2017 年第 7 期，第 6 页。

从语言意识看简化繁体字对中华文化思想继承的影响*

张译文　　赵秋野

内容提要： 从20世纪开始的语文现代化工作已经取得显著成效，而简化繁体字工作时至今日仍然受到一些质疑。有人认为，繁体字承载了更多的中华文化，而简体字究竟造成了多大程度的文化缺失是我们值得探究的问题。本文选取“中华思想文化术语传播工程”成果之一——《中华文化思想术语1》中前五个简繁异形字——“无”“气”“义”“圣”“诚”为研究对象，基于俄罗斯心理语言学理论，以文献分析法和自由联想实验法研究《现代汉语词典》（试用本）与使用简体字的大学生反映出来的语言意识，探究二者所含的民族文化特征，并与《中华文化思想术语1》中所列的“中华文化思想”进行比较，分析简体字与繁体字对中华文化思想的继承性。

关 键 词： 语言意识；简化繁体字；中华文化思想

一、引言

自1956年国务院公布《汉字简化方案》后，1964年中国文字改革委员会、文化部、教育部联合发布《关于简化字的联合通知》，公布《简化字总表》，[①] 简体字的使用越来越广泛。然而，随着繁体字渐渐淡出中国语言文字的舞台，许多学者又开始重新思考“繁体字是否真的应该被简化”这一问题。可以说，无论是过去还是现在，“简繁之争”从未真正平息。随着“文化自信”思想的提出，中国传统文化越来越受到重视，“简繁之争”又被众多学者重提。简体字与繁体字的文化含量是否存在差异？若存在差异，那又存在多大的差异？2013年，国务院批准成立“中华思想文化术语传播工程”（以下简称“工程”）。该“工程”旨在梳理反映中国传统文化特征和民族思维方式、体

* 本文系国家社科基金项目“汉俄语言意识对比研究及联想数据库建设”（项目编号：18BYY234）阶段研究成果。

① 王宁：《汉字与中华文化十讲》，生活·读书·新知三联书店2018年版，第183页。

现中国核心价值的思想文化术语。本文选取该“工程”研究成果《中华思想文化术语 1》(外语教学与研究出版社 2015 年版)中前 5 个简、繁异形字——“无”“气”“义”“圣”“诚”为研究对象，基于俄罗斯心理语言学理论，以文献分析法和自由联想实验法研究《现代汉语词典(试用本)》(以下简称《现汉》)和使用简体字的大学生反映出来的语言意识，透过语言意识探究二者所含的民族文化特征，并与《中华文化思想术语 1》中所列的“中华文化思想”进行比较，分析简体字与繁体字对中华文化思想的继承性。

目前，关于简体字、繁体字文化含量的研究较少，并且大多数以文献分析法、内省法为主，尚未看到以实验法研究该问题的成果。笔者希望本文能丰富对简体字与繁体字文化含量的研究，引发广大汉语研究者对该问题的兴趣，在更完善的理论指导下进行大规模、多角度的研究。

二、语言意识研究

早在 19 世纪，德国语言学家洪堡特就曾在《洪堡特：人文研究与语言研究》和《论人类语言结构的差异及其对人类精神发展的影响》中提出了“语言意识”这一概念。语言意识研究的第一次兴起则是在 20 世纪 80 年代，当时英国教学界针对“交际法”教学产生的问题掀起了一场“语言意识运动”，并于 1992 年成立了“语言意识协会”。[①] 1993 年，俄罗斯率先出版了有关语言意识的第一本集体专著《语言意识：不可思议的民族性》。俄罗斯心理语言学把“языковое сознание(语言意识)”纳入其中，吸取欧美对语言意识研究的方法，并结合自身“言语活动论”的框架，进一步发展了语言意识研究的理论与方法。以维果斯基(Л.С.Выготский)、卢利亚(А.Р.Лурия)、列昂节夫(А.Н.Леонтьев)为代表的莫斯科心理语言学派对语言意识进行了研究，该学派把语言意识理解为借助语言手段——词、词组、句子、篇章和联想域等形成的意识形式的总和。[②] 这也确定了俄罗斯心理语言学对语言意识研究的主要方法：一是通过词、词组、句子、篇章等在语篇中研究其中凝结的语言意识；二是通过自由联想实验的方法获得联想场，分析联想场，进而探究其中的语言意识。俄罗斯心理语言学家常把语言意识研究归入世界图景(образ мира)研究之列，认为世界图景是一个民族在社会、文化和语言中的共同反映。列昂节夫(А.А. Леонтьев)认为，“语言意识间接反映出意识中

① 杨敏：《再论语言意识》，载《外语界》，2008 年第 6 期，第 71—72 页。
② 赵秋野：《试论语言意识的民族文化特点》，载《外语学刊》，2003 年第 3 期，第 70 页。

各种知识的总和，与世界图景相近”，[1]这里说的“各种知识”不仅包含科学知识，还包含该民族所用语言的语言知识以及历史、文化、社会、政治、自然环境等。塔拉索夫（E. Тарасов）指出，语言意识是意识结构的总和，由与语言符号相关的社会知识构成。语言意识是语言交际中智力知识和情感知识的整合，反映每个文化独特的世界图景。[2]乌费姆采娃（Н.В Уфимцева）认为，语言意识是特定文化中语言世界图景的媒介，即关于现实世界文化知识的总和。[3]因此，通过语言意识，可以探究使用该语言民族的世界图景，透过世界图景则可以阐明特定民族所具有的民族思维、民族文化与民族心理。

三、“无”“气”“义”“圣”“诚”在《现汉》中的语言意识

本文选取的《现汉》于1965年出版。该词典根据1956年国务院推广普通话的指示确立编写任务，于1956年夏开始收集资料，1958年开始编写。在该词典中，简体字与繁体字并行，因收集资料时间为1956年，此时大多数的中国人仍在使用繁体字，所以其中蕴含的是繁体字中的语言意识。

“无”在该词典中的释义为：（1）没有（跟“有”相对）；（2）不；（3）不论；（4）同“毋”（副词，表示禁止或劝阻；姓）。第一个义项中“无”和“有”的对立体现了思维的对称性，同时体现了二元对立的哲学思想。“不”“不论”“禁止或劝阻”这三个义项直接或间接地表达了一种否定的意义，人们在心理上赋予了“无”的消极倾向。“无”下属词条中体现民族文化的仅有“无中生有”，词典对其释义为“凭空捏造”，这里的“无”与“空”对应，其意义有别于道家思想的“无中生有”，是指没有根据的事物是不可信的。由此可见，这里的“无中生有”并不是道家“万物皆从虚空来”思想的体现。

“气”在词典中的释义为：（1）气体；（2）特指空气；（3）气息；（4）指自然界冷热阴晴等现象；（5）味儿；（6）人的精神状态；（7）人的作风习气；（8）生气；（9）使人生气；（10）欺压；（11）中医指人体内能使各器官正常地发挥机能的原动力；（12）中医指某种病理现象。我们把这些义项归类后可以看出，“气”有以下三种释义：一指实际存在的气；二指气象学中的用语；三指人具有的“气”——气息、人的精神状态、中医的某种病象以及人体内

---

① Леонтьев А. А. *Языковое сознание и образ мира*, Вопросы психолингвистики: В 1 н., 2016. с. 297.

② 赵秋野、黄天德：《中俄大学生“自己的／他人的”语言意识联想场折射出的语言哲学观》，载《外国语文》，2015年第5期，第65—66页。

③ Уфимцева Н. В. *Языковое сознание - образ мира - языкая картина мира*, Вопросы психолингвистики: В 2 н.,2015. с. 116.

能使各个器官正常发挥机能的原动力，这些“气”都与人有关，并且“气”是贯通于身体内外的；四指“气”作为动词，“生气”“使人生气”“欺压”都表示不快，或使人不快。“气”下属词条中的 “气节”“气量”体现出坚持正义、容忍谦让的道德品质属性。

“义”在词典中有以下释义：（1）正义；（2）合乎正义或公益的；（3）人与人之间的情谊；（4）因抚养或拜认而成为亲属的；（5）人工制造的（人体的部分）；（6）姓；（7）意义。其中，义项（4）是对义项（3）的引申，抚养或拜认都是人与人之间的情谊，这里把这种情谊引申为亲属关系，而义项（5）又是对义项（4）的引申，把人与人之间的亲属关系引申到人与物之间。因此，“义”在中国人的语言意识中主要存在于道德或情感中。在道德上，“义”是公正的，符合大家利益的，是积极的；在情感上，人与人之间的情谊即被称作“义”。“义”下属词条大多体现“合乎正义或公益的”这一义项。

“圣”在词典中有以下释义：（1）圣人；（2）学识或技能达到最高峰的；（3）封建社会里人们对皇帝的尊称；（5）宗教徒对崇拜事物的尊称。其中，“封建社会里人们对皇帝的尊称”是对“圣人”意义的引申。而“宗教徒对崇拜事物的尊称”，从“圣”下属词条可以看出，这里的“宗教”指的是西方的基督教，这里的“圣”有“神圣”“纯洁”之意。可见，西方人对“圣”的理解也逐渐渗透到中国人的语言意识中。在中国人的语言意识中，“圣”是对品格、智慧、学识、技能达到最高的表述，也指达到这种标准的人，分析“圣”下属词条，其中“圣人”“圣庙”中的“圣”指的都是孔子，可见中国人文化中孔子是古时圣人的典范。

“诚”在词典中只有两条明确的释义：（1）真实的（心意）；（2）实在；的确。[①]“诚”在中国文化中的核心意义是真实，真实既体现在情感上，如诚心、诚意、诚挚等，又体现在道德品质上，如诚朴、诚实等。

四、“无”“气”“义”“圣”“诚”在联想场中的语言意识

自由联想实验法是俄罗斯心理语言学研究的特点，该试验以问卷调查的形式可在线下或网上进行。该问卷分为三个部分：第一部分为基本信息采集，问卷不记名但要求被试对象来填写，包括性别、年龄、学校、专业等信息；第二部分是提示信息，问卷要求被试对象看到刺激词（第三部分左侧的词）

① 中国社会科学院语言研究所词典编辑室：《现代汉语词典试用版》，商务印书馆 1965 年版，第 164、1024—1027、1164—1165、1369—1374、1549 页。

后，写出头脑中最先联想到的一个词，该词为反应词。反应词可以是单字词、双字词、三字词、成语、谚语、熟语或句子，并且反应词的联想时间不能超过15秒。一般情况下，该部分会举一个例子，方便被试对象理解实验要求；第三部分为实验的主体，该部分左侧的词为刺激词，刺激词根据实验目的确定，被试对象根据实验要求来填写反应词。收集试验所得反应词，并把它们按照频率进行排序，所得结果就是联想场。

本文联想场的信息来源是2016年高丽彦对来自102所高校的750名大学生进行自由联想实验的实验统计结果。①我们选取联想场中前10个高频词进行研究，“无”“气”“义”“圣”“诚”等前十个高频反应词占总体反应数量，分别为51.7%、28.3%、58.6%、58.9%、76.9%。除“气”外，前十个高频反应词占总反应词数量都在50%以上，这说明前10个高频反应词在体现中国当代大学生对这些概念的理解具有普遍意义。“气”的前10个高频反应词只占总反应数量的28.3%，符合“气”在《现汉》中义项较多的情况，因此“气”的前10个高频反应词也具有普遍意义。

（一）“无”在联想场中的语言意识

“无”的前10个高频反应词列举如下：

反应词	词频（次）	反应词	词频（次）
有	197	无法无天	10
没有	60	中生有	10
无中生有	27	聊	9
空	16	人	8
空白	11	心	8

联想场中最高频的反应词为“有”，可见在中国人语言意识中，“有”和“无”总是成对出现的，体现了中华民族思维的对称性。第2个高频词是“没有”，进一步印证中国语言意识中“有”“无”的对立思想。通过“有”来解释“无”，说明二者相互对立，却相互依存。第3个高频反应词为“无中生有”，第7个高频反应词为“中生有”，两者实际上都联想到了“无中生有”，只是联想方式不同而已。“无中生有”既是《孙子兵法》中的一计，又是道家思想的体现。为探究联想场中“无中生有”的意义，我们观察整个联想场后发现，联想场中存在“道”“无为而治”“为而治”“无就是有”这些与道家思想有关

① 高丽彦：《基于中华文化核心词联想场的中俄大学生语言意识对比研究》，哈尔滨师范大学硕士学位论文，2017年，第34、80、85、89、90页。

的反应词，但未发现与《孙子兵法》有关的反应词。因此，联想场中的“无中生有”和“中生有”都是道家“天下万物生于有，有生于无”“万物皆来自虚空”思想的体现。联想场中第 4 个和第 5 个高频反应词分别为“空”和“空白”，说明“无”与“空”相对应，事物空白的部分即是“无”。

（二）“气”在联想场中的语言意识

“气”的前 10 个高频反应词如下：

反应词	词频（次）	反应词	词频（次）
生气	37	场	15
空气	26	气候	15
息	22	和	14
气质	21	球	14
候	17	天气	14

“气”的前 10 个高频反应词频率相差不大，说明“气”的语言意识定型程度不高。第 1 个最高频反应词为“生气”，这或许表明目前中国大学生生活压力较大，对待周围事物的心态不够平和。联想场中与人相关的反应词有“气质”“场”“和”，将后“场”与“和”按照构词联想补全，得到“气场”与“和气”。“气质”“气场”“和气”中的“气”都指由人体散发出来的被别人感受到的流动性。

（三）“义”在联想场中的语言意识

“义”的前 10 个高频反应词如下：

反应词	词频（次）	反应词	词频（次）
义气	109	仁	22
义	108	务	18
道义	45	义薄云天	17
情	28	忠	16
理	25	仁义	15

前两个最高频反应词为“义气”和“义”。“义气”指主持公道的气概，以及忠于朋友、兄弟的感情。由此可以看出，在中国大学生心目中，公正和朋友感情都占有十分重要的位置。分析前 10 个高频反应词，可见“义”在中国大学生的语言意识中，是公正、正义的体现，也是人与人之间的情谊。

（四）“圣”在联想场中的语言意识

“圣”的前 10 个高频反应词如下：

反应词	词频（次）	反应词	词频（次）
人	91	圣经	25
圣人	85	贤	25
神圣	51	神	23
孔子	41	孙悟空	19
经	27	齐天大圣	18

从整体上看，前 10 个高频反应词可以得出，在中国大学生对“圣”有四种理解：（1）“圣”即是“圣人”的思想，前两个高频反应词“人”和“圣人”都是由“圣”反映到“圣人”的体现，第 4 个高频反应词“孔子”也是“圣人”的典型代表，第 7 个高频反应词“圣贤”则是圣人和贤人的统称；（2）由“圣”联想到“神圣”，在《现代汉语词典（第 6 版）》中对“神圣”的释义为“极其崇高而庄严，不可亵渎”，[①]但从文化上讲，“神圣”既可以是中华文化中的“神”和“圣”，又可以是西方文化中的“神”和“圣”。我们观察整个联想场发现，中国大学生对“神圣”的理解与“神”“圣”并行；（3）由“圣”联想到“圣经”，说明西方一些文化已经深入中国大学生的语言意识当中；（4）由“圣”联想到“孙悟空”和“齐天大圣”，说明中国大学生对《西游记》非常熟悉，是“齐天大圣”“斗战圣佛”双重因素影响的结果。

（五）“诚”在联想场中的语言意识

“诚”的前 10 个高频联想词如下：

反应词	词频（次）	反应词	词频（次）
诚实	123	诚意	26
信	119	心	26
实	77	真诚	25
诚信	76	诚心	21
意	27	真	9

我们分析前 10 个高频反应词后发现，“诚”的语言意识只体现为两点：（1）“诚”具有道德品质属性，“诚实”“诚信”都是表现为人处世上的真实、无妄；（2）“诚”在情感上又体现为真实的心意，“诚意”“诚心”“真诚”都体现了“诚”语言意识中的情感属性。表示“诚”的道德品质属性的反应

① 中国社会科学院语言研究所词典编辑室：《现代汉语词典（第 6 版）》，商务印书馆 2012 年版，第 172、1025—1028、1167—1168、1372—1378、1540—1541 页。

词为前 4 个，总频率为 359，占前 10 个高频反应词反应量的 75.5%，所以大学生更注重“诚”的道德属性。无论是在道德还是情感上，“诚”的语言意识核心都是“真实”。

五、使用简体字与繁体字对中华文化思想的继承及思考

（一）简体字与繁体字对中华文化思想的继承

下面以“工程”成果《中华文化思想术语》系列中对“中国文化思想”的定义为基准，探究简体字和繁体字对“中华文化思想”的继承，以及简体字对繁体字“中华文化思想”的继承。以下是《现汉》中繁体字和联想场中简体字语言意识反映的中华文化思想与“工程”所给出的中华文化思想的对比情况：

术语	“工程”中的中华文化思想	《现汉》中繁体字的中华文化思想	联想场中简体字的中华文化思想
无	1. 指个体事物的不同部分，实有的部分为“有”，空虚的部分为“无”	“无”与“空”相对应	“无”对应“空”
	2. 指个体事物在生成、存在、消亡过程中的不同阶段或状态，即：存在之后、未消亡之前的状态为“有”，未有之前与终结之后的状态为“无”		
	3. 有形、有名的具体事物及其总和为“有”，超越一切个体事物的无形、无名的本原为“无”		
	4. 在“有”“无”关系中，“有”与“无”既有区别，却相互依赖。	“有”与“无”二元对立	“有”“无”互相对立，互相依存

待续

续表

术语	“工程”中的中华文化思想	《现汉》中繁体字的中华文化思想	联想场中简体字的中华文化思想
气	1. 独立于主观意识之外的物质实体	“气”是物理的、实际存在的	“气”具有物理属性
	2. 是构成一切有形之物的原始物质材料		
	3. 是生命和精神得以存在的基础	“气”是器官发挥机能的原动力	
	4. 某些思想家为“气”赋予了道德属性	“气”具有道德属性	“气”具有道德属性
	5. “气”没有具体的形状，永远处于运动变化之中		
	6. “气”的凝聚意味着事物的生成，“气”的消散意味着事物的消亡		
	7. “气”贯通于所有有形之物的内外	“气”贯通人体内外	“气”贯通人体内外
义	1. 基本含义是合理、恰当		
	2. 指人行事的合理依据与标准	“义”是公正的，符合大家的利益	“义”是公正、正义的体现
	3. 指在道德意识的判断与引导下，调节言行，使之符合一定的标准，以获得合理的安处		
圣	1. 人所能达到的最高品德	“圣”是对品德、智慧、学识、技能达到最高阶段的表述	“圣”是对品德、智慧、学识、技能达到最高阶段的表述
	2. 指具有这种最高品德的人，即“圣人”	“圣”即“圣人”	“圣”即“圣人”
	3. “圣”与“智”相对，“智”是对“人道”的把握，而“圣”则是对“天道”的把握		
诚	1. 基本含义是“真实无妄”	“诚”表示真实、无妄	“诚”的核心是“真实”
	2. 是儒家思想的核心概念之一		
	3. 儒家认为，“诚”是“天道”，是万物得以存在的根据		
	4. “诚”也是道德的本原和基础		

根据以上分析，我们得出简体字和繁体字对“中华文化思想”的继承率以及简体字对繁体字“中华文化思想”的继承率，如下表所示：

术语	繁体字对“中华文化思想”	简体字对“中华文化思想”	简体字对繁体字
无	50%	50%	100%
气	57.1%	42.9%	75%
义	33.3%	33.3%	100%
圣	66.7%	66.7%	100%
诚	25%	25%	100%

由上表可知，繁体字对“中华文化思想”的继承率除“圣”为66.7%，其他都在60%以下，并且不同文化术语的继承率差异较大；简体字对“中华文化思想”的继承情况与繁体字大致相同；简体字对繁体字“中华文化思想”的继承率除了“气”，其他的都是100%。由此可见，简体字较完整地继承了繁体字中的“中华文化思想”。总体看来，简体字和繁体字对“中华文化思想”继承的都是最核心的思想。由此可见，“中华文化思想”的核心在不同时代、不同字形中都体现出了它的稳定性。

（二）思考与讨论

简体字与繁体字之间差异较小，或许有以下三个原因：（1）简体字和繁体字反映的中华文化含量差异不大。繁体字有更完整的字形，而这种能体现细节部分的字形是探究字理的依据。字理或许反映了中华文化更深层次的内涵，但这种深层次的文化内涵或许不在“中华文化思想”的核心部分，因此，在以《中华文化思想术语》为基准分析简体字和繁体字对“中华文化思想”继承时，未能反映出中华文化含量更深层次的差异。（2）自“文化自信”提出以来，中华传统文化越来越受到国家以及大众的重视，大众传媒对中华传统文化的宣传也使我们对中华文化更为熟知。（3）每个民族有其自身特有的民族文化，并且这种文化具有一定的稳定性。正如洪堡特所说，“掌握一门语言是从一道藩篱迈入另一道藩篱”。在俄罗斯心理语言学视域下，每一个民族都有自己的民族文化定型，并且这种定型在较长时间中都具有稳定性。可以说，我们对“中华文化思想”的认知不仅存在于字形中，而且作为“民族记忆”储存在我们的意识当中的。

六、结语

本文基于俄罗斯心理语言学理论基础，探究《现汉》中繁体字所体现的中华文化思想以及中国当代大学生自由联想实验所得联想场中简体字所反映的中华文化思想，并比较后者对前者的继承性。研究发现，简体字对中华文化思想继承情况与繁体字情况大致相同。可以说，简体字比较完整地继承了繁体字中的“中华文化思想”，并且“中华文化思想”的核心在不同字形中都体现出其稳定性。

* 参考文献

[1] 高丽彦：《基于中华文化核心词联想场的中俄大学生语言意识对比研究》，哈尔滨师范大学硕士学位论文，2017年。

[2] 王宁：《汉字与中华文化十讲》，生活·读书·新知三联书店2018年版。

[3] 杨敏：《再论语言意识》，载《外语界》，2008年第6期。

[4] 姚小平：《作为人文主义语言思想家的洪堡特》，载《外国语（上海外国语大学学报）》，2003年第1期。

[5] 赵秋野、黄天德：《中俄大学生“自己的/他人的”语言意识联想场折射出的语言哲学观》，载《外国语文》，2015年第5期。

[6] 赵秋野：《试论语言意识的民族文化特点》，载《外语学刊》，2003年第3期。

[7] 中国社会科学院语言研究所词典编辑室：《现代汉语词典（第6版）》，商务印书馆2012年版。

[8] 中国社会科学院语言研究所词典编辑室：《现代汉语词典（试用版）》，商务印书馆1965年版。

[9] Леонтьев А.А. *Языковое сознание и образ мира*, Вопросы психолингвистики:В 1 н., 2016.

[10] Уфимцева Н.В. *Языковое сознание - образ мира - языкая картина мира*, Вопросы психолингвистики: В 2 н.,2015.

（作者单位：哈尔滨师范大学斯拉夫语学院）

中国与俄罗斯茶文化之比较

杨爱琳

内容提要： 中国是茶的故乡，茶文化源远流长，茶道中蕴含了丰富的文化内涵。俄罗斯人饮茶的历史虽然不算太长，但茶在俄罗斯民族生活中却占有重要位置。中、俄两国茶文化虽有相似之处，但也存在诸多差异。对比研究中、俄两国茶文化，可为两国文化交流合作提供参考和借鉴。

关 键 词： 一带一路；茶文化；中国；俄罗斯

中国是茶的故乡。经过漫长的历史发展，中国茶已在全世界50多个国家扎下了根，茶叶已经成为风靡世界的三大无酒精饮料之一（其他两大无酒精饮料是可乐和咖啡）。茶树源于中国。早在5000多年前，我们的祖先就发现茶有解毒之功效。在2000多年前的西汉时期，茶叶就开始商业化了，成都成为我国最早的茶叶市场集散中心。东汉时期，人们将茶叶制作成茶饼，以便运输，进行商业交易，以此来获取利润。在数千年的发展中，中国形成了底蕴深厚的茶文化。俄罗斯的茶文化历史虽不及中国悠久，但茶在当代俄罗斯人的生活中的占有十分重要的位置，甚至在某些方面还独具特色。

一、中国茶文化的历史

（一）中国古代的茶文化

中国是历史悠久、地大物博的世界东方国家，独特的地理气候及自然条件有利于茶叶的种植及栽培。早在传说中的神农时代，便有了“神农尝百草”的传说。神农时代的先民们将生叶煮着吃，把茶叶当药用。在3000多年前的西周、东周时期，人们就开始人工栽培茶树，将其当成食材，茶叶成为当时必备的食材之一。大约在2300多年前的秦代，人们开始将茶调煮后饮用。随着时间的推移，茶在人们的日常生活中发挥出越来越重要的作用。

大唐盛世时期，茶文化的发展达到了顶峰时期。在唐代经济、政治和文化的影响下，饮茶成为一种潮流。到了宋朝，泡茶技艺得以改进，对泡茶的水质更加讲究，对茶的口感更有研究。明清时期，茶文化得到进一步推广，主要包括：黄茶、黑茶和花茶的工艺相继形成；中国茶风靡世界，独步世界茶市，中国成为茶叶出口大国；工艺以烘青和炒青为主，制作了乌龙茶、红茶、花茶、绿茶、白茶等类型的茶。

（二）中国近现代的茶文化

鸦片战争以前，中国的茶叶一直出口到国外，国内茶园面积不断扩大，茶叶产量逐年增加，有力地促进了对外贸易的发展。但是，在当时的社会背景下，并不是所有人都可以喝到中国茶，只有少数上流社会的贵族才可以品尝到中国茶。不少外国人认为，茶是中国文化的代表。

鸦片战争爆发后，西方列强对中国贸易进行干涉，影响到了中国的茶叶出口。在当时社会背景下，中国茶的世界地位在国际市场上的影响力和竞争力不如肯尼亚、斯里兰卡、印度等产茶国，这些国家在世界市场上所占的份额远远高于中国。同时，它们的茶叶出口价也较高。中国的茶叶出口量减少，不利于茶文化的宣传与传播。

1949 年中华人民共和国成立之后，国家大力恢复旧茶园，同时建设新茶园，改进品种，科学种茶，使茶叶经济走上了稳定发展之路。中国改进种植技术，采用大规模机械化生产，扩大生产规模，提升生产效率，出口额大幅度增加。中国在获得利润的同时，将茶文化传播到更多国家，使传统文化得到世界其他国家的认可。

二、俄罗斯茶文化的历史

据史料记载，茶是从中国经西伯利亚传入俄罗斯的。在史料记载，俄罗斯人第一次接触茶是在公元 17 世纪。当时，作为友好使者的俄国贵族瓦西里·斯塔尔可夫遵照俄国沙皇的命令，赠送给蒙古可汗一些貂皮，蒙古可汗回赠的礼品便是约 60 公斤的茶叶。沙皇饮用之后，便喜欢上了这种饮品。从此，茶便成为俄国皇室的独特饮品之一，随后进入贵族家庭。从 17 世纪 70 年代开始，莫斯科的商人们就做起了从中国进口茶叶的生意。

1679 年，中、俄两国签订了有关俄国从中国长期进口茶叶的协定。因为从中国进口茶叶面临路途遥远、运输困难等问题，所以茶叶在当时的俄罗斯成了典型的“奢侈饮品”，品茶者只是上层社会的贵族、官员和富豪。当时，“喝中国茶”一度成了身份和地位的象征。直至 18 世纪末，茶叶市场才由莫斯科扩大到周边少数地区。

19 世纪后期，饮茶之风在俄国各阶层开始盛行。蒙古人也喜爱喝茶，但俄罗斯人喝的茶和蒙古人喝的茶完全不同。俄罗斯人喝的茶都是甜茶，他们会在茶中加入蜂蜜、柠檬片、糖和牛奶。饮食习惯的不同让莫斯科的中国商人想喝上一口“家乡茶”成了一种奢望。[①]制茶时，俄罗斯人会先泡好茶，后将茶倒入杯中，加入糖、牛奶等口味很甜的配料，再加水冲到自己喜爱的浓度。俄罗斯人喝茶的时候，一定要吃一些甜品。他们会在餐桌上摆好蛋糕、巧克力、糖果等配茶点心。

俄罗斯人在饮食上与西欧人相似，主食是面包，饭后甜点是饮料。茶的出现使俄罗斯人的饮食结构发生一些变化，从最初选择油腻、含糖量高的食品逐步向清淡的饮食结构过度。[②]

三、中、俄两国茶文化之比较

（一）茶树的种植条件

中国作为茶叶大国，茶叶的产量非常高，这主要依赖于得天独厚的自然条件。中国的茶区东起台湾东部海岸，西至西藏的贡茶场，南至海南岛的榆林海港，北到山东省的荣城市，包含西南、华南、江南、江北四大茶区。西南茶区地形复杂，山脉高耸，气候多变，适合各种大叶茶树的生长。中国的外销茶叶大部分产自这里。这里也是高档绿茶、普洱茶和花茶的主要产区。多元的地理环境造就了西南茶区的多样性。华南茶区属于热带季风气候，高温多雨，空气湿度大，而且这些地区丘陵较多，自然环境优越，对茶树的生长非常适宜。

俄罗斯的大部分茶树，都种植在高加索山脉最西边的菲什特山上。这里能看见高大的树木和在盛夏时也无法消融的积雪，而从南边刮来的温暖海风，大大促进了茶树的生长，优越的自然条件使该地区成为俄罗斯的重要产茶区。

（二）茶具种类

中国的茶文化讲究茶具的使用。谈到俄罗斯的茶文化，人们普遍会联想到俄罗斯茶炊。在过去，从王室贵族到平民百姓，茶炊是每个家庭必不可少的器皿，也是人们外出旅行时的携带之物。

中国茶具历史悠久，早在北宋时期，江苏宜兴采用紫泥烧制成紫砂陶器，使陶质茶具逐步成为时尚。明朝时期，茶具成为家家户户的必备品。中国的茶具有茶碗、茶杯、茶盅、茶盏、茶壶、茶匙等。俄罗斯的茶具主要是茶炊、茶碗、茶碟等。中国的茶具质地很多，有陶瓷、玻璃、紫砂、竹木、漆器、金属等，俄罗

---

① 董启庆：《生活茶艺》，金盾出版社 2000 年版，第 23 页

② 林杰：《茶文化与品茶艺术》，四川科学技术出版社 2007 年版，第 45 页

斯的茶炊一般用金属或瓷器制成，有些富裕的家庭会选择紫砂或陶瓷茶具。

今天的俄罗斯，人们不可一日无茶。在俄罗斯，到处都能喝到清香四溢的茶。大多数超市都设有购茶区，琳琅满目的茶摆在货架上供顾客挑选。饮茶区有各种各样的茶，同时还配有点心。由此可见，茶已经成为现代俄罗斯人生活中不可缺少的一部分。

（三）文化意义

茶是俄罗斯人接客会友的必选佳品，发挥着重要的社交作用。中国人喝茶强调养生，保持健康，排毒养颜，俄罗斯人也是如此。俄罗斯女士通常在早餐时喝早茶，在她们看来，茶有清热解毒之功效。早上喝上一杯茶，整天都会有一个好心情。

说到茶文化的由来，不得不提中国的蒙古族。从地理版图上来看，中国的蒙古族主要分布在北部地区，那里气候寒冷，天气复杂多变，所以好客的主人总是用泡好的浓茶来款待远方来客。不少蒙古人还将茶作为一种祭品。清晨，牧民会用沏好的第一杯早茶敬奉天地和自己的祖先。俄罗斯人有以茶奉客的习惯。客人喝茶时，主人会端上甜点心、蛋糕、小馅饼等辅食，直到客人满意为止。[①]

茶文化在中、俄两国的绘画作品中也有休现。例如，南宋画家刘松年的《斗茶图卷》描绘的是民间斗茶情景：几个茶贩在买卖之余，相约在一起，在树荫下休息，各自拿出绝活进行较量，个个神态专注，动作自如。街上的饮茶风俗在画作中得到了充分表现。俄罗斯著名画家库斯托季耶夫也以饮茶为题材创作了油画《商妇品茗》，传递出俄罗斯茶文化的信息，展现了茶文化的独特魅力。

（四）沏茶方式

俄罗斯人在泡茶之前会将茶壶用热水烫一下，把茶壶晾干之后再把茶叶放到茶壶里并倒入开水，最后用纸巾或毛巾将壶托蒙上几分钟。而中国的泡茶方式截然不同，中国人用开水烫过茶壶之后就直接泡茶，不会等到茶壶晾干，更不会在泡茶的时候用纸巾或毛巾将壶托蒙住。[②]

此外，俄罗斯人会在茶水里加入少量的糖，而中国人在泡茶的时候一般不加糖。俄罗斯人泡茶时茶叶只泡一遍，不会像中国人那样泡很多遍。

（五）饮茶品种

中国人喜欢喝绿茶，认为绿茶具有消暑解毒、提神醒脑、去腻减肥、清心去烦等功效。在俄罗斯，只有少数人喜欢喝绿茶，大多数俄罗斯人偏爱红茶，

---

① Лифиц И.М. *Товарная характеристика чая и чайных напитков*, М., Юрайт-М, 2001. с. 213.

② Николаева М.А. *Структура чая и чайных напитков*, М., Деловая литература, 1998. с. 281.

并且他们在喝红茶的时候喜欢加糖、柠檬片、牛奶等。这里有个有趣的现象，红茶的俄语是 чёрный чай，其字面意思却是“黑茶”。

俄罗斯人饮茶十分讲究，喜爱摆上茶炊，茶成为俄罗斯人生活中的必需品。俄罗斯人喜欢把茶水倒进小茶碟，然后托着茶碟，用茶勺往嘴里送一口蜜后含着，接着将嘴贴着茶碟边，一口一口地喝茶。

（六）茶叶来源

俄罗斯人喜欢喝茶，但俄罗斯的茶叶产量较少，冬季时俄罗斯市场上有 80% 的茶叶是进口的。中国的茶曾在俄罗斯市场上占据主导地位，约占俄罗斯 50% 左右的市场份额，而斯里兰卡的茶曾在俄罗斯占有近 20% 的市场份额。此外，向俄罗斯出口茶叶的还有摩洛哥、肯尼亚和印度尼西亚等国。

相比之下，中国茶叶销量良好，自给自足没有问题，可以满足国内茶叶市场需求。自 2001 年开始，中国茶叶贸易发展迅速，出口数量和金额都稳步增长。2010 年，中国成为世界第三大茶叶出口国，出口金额达到 7 亿美元，出口数量超过 30 万吨。茶叶的出口为中国对外贸易作出了很大的贡献，中国茶叶出口金额逐年攀升。中国茶叶的出口为中、俄两国文化交流创造了良好的契机，茶文化在贸易合作中走向繁荣。

四、结语

在“一带一路”倡议推进的过程中，茶文化得到了更大的发展。俄罗斯的茶文化历史不及中国悠久，但其具有独特的魅力。俄罗斯茶文化与中国茶文化不断交融，更好地促进了两国茶文化的发展与传承。

* 参考文献

[1] 童启庆：《生活茶艺》，金盾出版社 2000 年版。

[2] 林杰：《茶文化与品茶艺术》，四川科学技术出版社 2007 年版。

[3] Лифиц И.М. *Товарная характеристика чая и чайных напитков*, М., Юрайт-М, 2001.

[4] Николаева М.А. *Структура чая и чайных напитков*, М., Деловая литература, 1998. – 28. с.

（作者单位：牡丹江师范学院）

“一带一路”视域下中国与斯拉夫国家的文化交流与合作

范丽丽

内容提要： 民族间的文化交流既能够促进本民族文化的发展和传播，也能够加深对不同民族的理解，增进民族友谊。“一带一路”倡议的提出，为中国扩大对外文化交流与合作提供了良好契机。中国与斯拉夫国家展开了高水平、深层次、多形式的文化交流与合作，顺应了文化全球化和多样性的发展潮流，有利于“一带一路”倡议的全面实施。

关 键 词： “一带一路”倡议；文化合作；中国；斯拉夫国家；俄罗斯

文化是一个国家和民族的精神所在。对外文化交流与合作是中国文化“走出去”的重要途径。在改革开放政策实施的40年时间里，我国经济、社会和文化发展进入了一个新阶段，具有中国特色的社会主义发展道路和经济建设模式得到越来越多国家的关注和认同，世界各国了解中国的愿望更加强烈，中国的国际地位不断提升。在这一背景下，推动中华文化“走出去”，发出中国声音，展示中国形象，借鉴他国经验，与各国人民一起发展多元文化，建设“人类命运共同体”，已成为世界各国人民共同面临的重大课题。

中国和斯拉夫国家有着良好的文化交流与合作传统。2013年，习近平主席提出了建设“丝绸之路经济带”和“21世纪海上丝绸之路”的倡议。丝绸之路经济带贯穿欧亚大陆，俄罗斯、白俄罗斯、乌克兰、捷克、波兰、波黑等国都分布在这条经济“大走廊”上，相应地，这些国家也成为中国开展对外文化交流与合作的重点。

一、中国与东斯拉夫国家的文化交流与合作

（一）俄罗斯

俄罗斯是中国最大的一个邻国。历史上，中、俄两国就密切往来，并建立了良好的友谊。近年来，两国人民以文化交流为基础开展了一系列在旅游、体育、经贸等方面的合作，扩大了两国之间的交流，增进了友谊。在此过程中，双方会充分利用各自的长处，发扬自身的优点，互惠互利，真正实现交流与合作的意义。

从2006年起，中、俄两国就开始连续互办国家级大型交流与合作项目，包括中俄国家年、语言年、旅游年、青年友好交流年、媒体交流年、地方合作交流年等。中、俄两国人民互办文化节、互创文化论坛，互派演出团、互设艺术展览等，两国在文化领域的交流与合作达到了前所未有的高度。2017年10月23日，“2017感知中国·俄罗斯行——吉林文化周”的重头戏《大闹天宫》在俄罗斯莫斯科国家民族剧院上演，受到了俄罗斯观众的大力赞赏。除此之外，还举行了《铁证如山》（俄文版）、《中国古典诗词三十首》（俄文版）图书版权签约活动，为中俄友谊增添了色彩。2018年，中俄“万里茶道文化带”高峰论坛在莫斯科成功举行，进一步加深了中、俄两国人民之间的友谊。

（二）白俄罗

近年来，中国和白俄罗斯往来密切，两国人民之间的友谊也随之加深。中、白两国文化交流与合作总体呈现“政府主导，顶层设计，政策助力，全方位交流”的特征。两国政府高度重视文化交流与合作，就推进“一带一路”倡议已签订诸多协议，[①]并且两国共同搭建了丰富多彩、意义非凡、影响深远的文化交流平台，如共同举办艺术节、文化节和电影节等活动。同时，中国对白俄罗斯的经济发展也起着不可忽视的作用。例如，明斯克北京饭店项目为白俄罗斯留下了一道亮丽的中国文化风景线。

（三）乌克兰

乌克兰是中国友好的合作伙伴。2017年4月24日，“中乌‘一带一路’文化交流周”在基辅拉开序幕。中国中央音乐学院的民乐专场“丝路情韵”，中国中央美术学院的精品展览“丝路新象”，乌克兰男生阿卡贝拉合唱团的

---

① 吴荣兰、章清：《“一带一路”背景下的中白文化交流与合作》，载《浙江树人大学学报》，2018年第6期，第41页。

无伴奏演唱等，一幕幕文化大戏接连呈现。这是中国和乌克兰建交以来首次举办的大型文化交流活动，为中、乌两国接下来的合作奠定了坚实的基础。

二、中国与西斯拉夫国家的文化交流与合作

（一）捷克

目前，中国与捷克已经建立了战略伙伴关系。捷克是中东欧地区非常重要的国家之一，也是我国与中东欧交流与合作的重要窗口。随着"一带一路"倡议的推进，捷克与中国的关系开始全面好转，两国首脑互访频繁，各级交往越来越密切。①

在"一带一路"倡议下，中国与捷克的文化交流和合作不断加深。习近平主席于2016年3月对捷克进行了访问，推动了中、捷两国关系的全面发展。2017年8月23日，捷克文化部副部长卡里斯托娃在北京国际图书博览会上表示："两国之间的文化交流与合作至关重要，中国的很多文学作品引入捷克，同时希望未来会有更多优秀的捷克文学作品输出中国，让更多的中国人了解捷克，加强两国人民之间的文化往来。"2017年12月15日，"'一带一路'中国·捷克牡丹文化交流会"在捷克首都布拉格成功举办，为中、捷两国人民的文化交流增添了一道亮丽的风景线。中、捷两国在政治上平等互信，经济上互利共赢，文化上交流互鉴。

（二）波兰和斯洛伐克

波兰是中国对外合作的一个重要伙伴。2017年12月，"第三季丝绸之路国际文化论坛"在波兰首都华沙举行。在论坛上，与会者讨论了"一带一路"沿线国家传统文化的传承与发展问题。2018年2月，由中国首都博物馆和波兰弗罗茨瓦夫国家博物馆共同主办的"美美与共——中波新春'读城'互动进行时"跨国连线主题活动在波兰的弗罗茨瓦夫市举行。这些活动使波兰人更加了解中国的传统文化，促进了两国人民在文化上的交流。

斯洛伐克作为中国的一个对外合作伙伴，与中国签订了诸多的文化合作协议。斯洛伐克的考门斯基大学和上海对外经贸大学合作成立了斯洛伐克第二所孔子学院，大大促进了两国人民的文化交流与互动。

---

① 任凤珍、钱越：《中捷民间友好关系史研究》，载《河北地质大学学报》，2018年第5期，第120页。

三、中国与南斯拉夫国家的文化交流与合作

（一）塞尔维亚

塞尔维亚是中国“全天候”的朋友和重要合作伙伴。塞尔维亚国际问题专家日瓦丁·约万诺维奇在接受新华社记者采访时表示：“塞、中两国有着悠久、稳定的传统友谊，两国相互理解，彼此信任。在历史上，两国人民都曾为反对侵略和压迫而战，为保卫国家、民族的尊严而战。”①我国在驻塞尔维亚使馆旧址上新建了贝尔格莱德中国文化中心，这是巴尔干地区首个中国文化中心，该中心承担着传播中国思想文化的重任。文化中心的建设有利于促进中、塞两国人民之间的文化交流与合作，对两国的经济发展起到了一定的推动作用。

近年来，“汉语热”持续升温，教育部中外语言交流合作中心在120多个国家创立了近500家孔子学院和近千个孔子课堂。塞尔维亚首都贝尔格莱德早在2006年就成立了贝尔格莱德大学孔子学院。2015年5月，以茶文化为背景的诺维萨德大学孔子学院正式创立。在尼什、莱茨科瓦茨等各大城市，都开设了孔子课堂，教授汉语知识。塞尔维亚本身就有一些拥有汉语专业的综合性大学。此外，由本地人开设的汉语学习机构颇受欢迎，具有稳定的生源和较大的影响力。②中国人也以不同方式了解塞尔维亚文化，两国人民在各个领域进行了良好的沟通。

（二）保加利亚

“一带一路”倡议也促进了中国与保加利亚的文化交流与合作。2017年6月，保加利亚大特尔诺沃大学举办了“一带一路”讲座，大特尔诺沃大学副校长库兹曼诺娃说：“‘一带一路’倡议促进了沿线国家的教育合作，对增进各国之间理解和融合，特别是对青年一代的人文交流极其重要。”③中、保两国人民在各个领域的合作都是建立在文化交流的基础之上。

---

① http://www.xinhuanet.com/world/2016-08/09/c_1119359558.htm，访问日期：2020年2月14日。

② 叶佳晨：《一带一路背景下的茶文化国际推广受众分析——以塞尔维亚为例》，载《茶叶》，2016年第4期，第221页。

③ http://www.yidaiyilu.gov.cn/info/iList.jsp?cat_id=10122&info_id=16587&tm_id=126，访问日期：2020年2月14日。

四、中国与斯拉夫国家进行文化交流与合作的意义

文化是一个国家和民族的灵魂。文化交流与合作是国家间全方位合作的基石。“一带一路”倡议的提出为沿线国家的发展增添了新的活力。近年来，中国与斯拉夫国家的伙伴关系不断深化，在政治互信、经济互利、文化互鉴、务实合作、战略协作等方面都达到了前所未有的高度。“一带一路”倡议为各国之间的合作提供了一个良好的契机，合作前景广阔，发展潜力巨大。斯拉夫国家的发展在一定程度上得益于“一带一路”倡议，它们也在合作项目实施的过程中扮演着不可或缺的角色。

任何一个国家都不可能独立存在，需要与其他国家进行对话，彼此交流，学习对方的优点，文化交流与合作的意义就在于此。中华文化历史悠久，源远流长，我们应该将其发扬光大，让更多的人去认识它、了解它、学习它。在这个过程中，我们会接触到其他国家的优秀文化，并将其吸纳过来，促进中国传统文化的发展。

* 参考文献

[1] 任凤珍、钱越：《中捷民间友好关系史研究》，载《河北地质大学学报》，2018 年第 5 期。

[2] 吴荣兰、章清：《“一带一路”背景下的中白文化交流与合作》，载《浙江树人大学学报》，2018 年第 6 期。

[3] 新华网，http://www.xinhuanet.com/world/2016-08/09/c_1119359558.htm，访问日期：2020 年 2 月 14 日 .

[4] 叶佳晨：《“一带一路”背景下的茶文化国际推广受众分析——以塞尔维亚为例》，载《茶叶》，2016 年第 4 期。

[5] 中国一带一路网，http://www.yidaiyilu.gov.cn/info/iList.jsp?cat_id=10122&info_id=16587&tm_id=126，访问日期：2020 年 2 月 14 日。

（作者单位：牡丹江师范学院）

“一带一路”背景下黑龙江省开展中俄民间文化交流的现状及发展趋势

刘璐璐

内容提要： 中、俄两国是彼此最大的邻国，交往密切。中国提出“一带一路”倡议，为两国民间文化交流注入了新的活力。由于两国在宗教、历史、地理位置、政治体制等方面存在差异，两国文化交流仍然存在很多障碍。本文以黑龙江省开展中俄民间文化交流活动为例，简述“一带一路”背景下两国民间文化交流的现状及发展趋势。

关 键 词： 中俄民间文化交流；黑龙江省；语言；文化自信

跨国文化交流是增加国家之间相互了解的桥梁。文化交流是国家间建立合作关系的重要途径，也是促进世界和平与发展的动力。民间文化交流是国家间文化沟通的重要组成部分，具有自发性、不确定性和不可控性。民间文化交流存在很多问题，只有解决这些问题，民间文化交流才能上一个新台阶。

一、黑龙江省开展中俄民间文化交流的现状及意义

中、俄两国人民在生活方式、风俗习惯、思维方式、饮食习惯等方面都存在很大差异，这种客观存在的差异是我们在进行文化交流的过程中必须面临的挑战。近年来，中、俄两国互动越来越频繁。中国提出的“一带一路”倡议为中俄民间文化交流注入了新活力，文化交流达到前所未有的高度。其中，黑龙江省开展的中俄民间文化交流活动更加频繁。例如，在 2014 年，黑龙江省黑河市与俄罗斯布拉戈维申斯克市制定并实施了“中俄双子城”旅游规划，每年都在黑龙江黑河市和布拉戈维申斯克市同时举办“中俄文化大集”活动；2015 年，黑龙江省与俄罗斯哈巴罗夫斯克边区共同举办了“哈巴罗夫斯克边区日”活动，与活动相关的经贸与投资潜力推介会在哈尔滨举行。在活动期间，双方还共同举办了黑龙江省与哈巴罗夫斯克边区企业合作项目对接会、大

学师生交流会、美术摄影作品展、医疗推介、体育友谊比赛等系列活动。

2018 年 8 月 5 日，在黑龙江省的绥芬河市举办了“第五届中俄民间体育大会”。数千名中、俄民间体育选手齐聚绥芬河，参加比赛或表演，选手同台切磋，共同提高。比赛既有篮球、排球、乒乓球、羽毛球、足球等传统项目，又涵盖了舞蹈、武术、射箭、山地自行车等热门体育项目。冰上摩托赛、汽车越野赛、滑雪比赛等具有北方冰雪特点的边境特色赛事，极大地推动了中、俄两国体育运动的交流向多元化、常态化发展。

自 2014 年以来，绥芬河市已经成功举办了四届中、俄两国民间体育交流大会。绥芬河市充分发挥地处中俄边境的地缘优势，不断加强对俄体育交流与合作，丰富多彩的体育交流活动不仅增进了中、俄两国边境地区的人文交流，也促进了绥芬河经济、文化向更深层次、更宽广领域拓展和延伸。

中、俄民间文化交流取得一定的成绩，但也存在一些问题。例如：中、俄两国人民语言不通，有时虽然借助手势、表情、肢体语言等达到交流目的，但有时候还是吃了“语言不通”的亏；部分民间文化交流活动组织工作做得不细。

黑龙江省与俄罗斯远东地区相邻，在对俄民间文化交流上方面有着其他地区无法比拟的地理优势和历史基础。在“一带一路”倡议下，中、俄民间文化交流更加频繁，更加深入，黑龙江省应发挥自身优势，成为对俄民间文化交流的领头羊。

从上述实例可以看出，民间文化交流意义重大。对我们而言，通过民间文化交流活动，了解俄罗斯的音乐、舞蹈、手工艺品等方面的成就，对俄罗斯文化会有一个更直观、更立体的了解。开展民间文化交流活动，有利于我们更好地吸收俄罗斯的优秀文化，推动中华文化的发展。民间文化交流也会促进其他领域的合作。民间文化交流能够在很大程度上促进中、俄两国在经济、科技、传媒、旅游、教育等领域的合作。此外，民间文化交流可提高中国文化在俄罗斯的影响力。文化交流也就是文化传播，中、俄两国民间文化交流有利于中国文化走向俄罗斯，增强中国文化在俄罗斯的影响力。

二、推动中俄民间文化交流

（一）加强语言互通

语言互通是沟通的基础。因为没有语言互通，会影响设施联通、贸易畅通、资金融通，更谈不上民心相通。[①] 因此，我国应大力培养俄语翻译人才，

① 陆俭明：《“一带一路”建设需要语言铺路搭桥》，载《文化软实力研究》，2016 年第 2 期，第 33 页。

鼓励民众学习俄语，同时也要引导俄罗斯人学习汉语，传播中华文化。

1. 培养语言人才

语言是重要的交流工具，如果语言不通，文化交流也就无从谈起。为顺应时代要求，我国需要培养大量的外语人才。国家语言文字工作委员会李宇明这样说道："要注重培养语言人才。改革开放以来，我国外语学习不断升温，公民外语水平大有提高，但学习的语种较为单一，主要集中在英语等大语种上，而'通心'的语言人才十分缺乏，需要加大培养力度。"[①]教育者应根据市场需求来培养外语人才。例如，针对中国典籍外译，就应培养既有中国文化底蕴，又精通俄罗斯文化的译者，这样翻译出来的典籍，才能保证原有的文学韵味，又能被俄罗斯人理解和接受。又如，为中俄旅游发展培养翻译人才，就要求他们在掌握语言的基础上，同时具备导游方面的知识。

2. 支持汉语在俄罗斯的传播

"一带一路"倡议提出后，汉语在世界上的传播速度越来越快，越来越多的国家把汉语列入国民教育体系当中。据俄罗斯卫星通讯社 2018 年 11 月 26 日报道，俄罗斯联邦教育科学监督局副局长安佐尔·穆扎耶夫发布了一个重大消息："从 2019 年开始，在俄罗斯国家统一考试中设置汉语科目的考试。"这种考试相当于中国的中考。这一事件说明，汉语在俄罗斯的地位大幅度提升，汉语在俄罗斯的影响力也将会跃上一个新台阶。

要引领更多的俄罗斯人学习汉语。孔子学院和孔子课堂是重要的汉语推广基地。另外，可以增加中、俄两国学校交换生的人数，让更多的俄罗斯学生有机会来到中国学习汉语，了解中国文化。留学生在民间文化交流中发挥的作用不容小觑，他们不仅有机会亲自感受中国文化，而且能够以亲身经历影响和改变身边的人对中国的印象，加深他们对中国文化的了解。

（二）树立正确的文化交流观

"一带一路"倡议给沿线国家带来发展了机遇，也给我国带来了诸多挑战。我们利用他国文化来丰富本国文化的同时，也应该注意到"文化反输出"问题，要防止外来文化在我国占据过高的地位，保证本国文化处于不可动摇的主导地位。语言与文化密不可分，我们在树立"文化自信"的同时，应该树立"语言自信"，坚决反对语言霸权。现在很多国家兴起"汉语热"，越来越多的外国人学习汉语，了解中国文化。我们更应该认真学习汉语，学好中国字，说好中国话，传播中国文化。

树立"文化自信"并不是一味地否定他国文化，而要看到他国文化中闪

---

① 李宇明：《"一带一路"需要语言铺路》，人民日报，2015 年 9 月 22 日，第 7 版。

光的一面，取其精华，丰富我国文化。在全球化趋势下，世界范围内的各种思想文化交流、交融和交锋更加明显，我国文化安全面临严峻挑战，中华文化走向世界成为我国维护文化安全的积极应对策略。[①]我们在树立"文化自信"和"语言自信"，在防止"文化反输出"的同时，应该借鉴他国优秀文化来丰富我国文化。

（三）丰富民间文化交流的形式

民间文化交流不应拘泥于某种固定的形式，而要不断寻求新的交流方式，使其呈现多样化的特点。要不断创新文化传播方式，借助大众传媒等现代文化传播手段，通过多种方式进行民间文化交流，包括报纸、广播、电视、影片等。可以兴办专门的报刊或专栏，讲解俄罗斯文化和风俗传统；也可拍摄纪录片，生动展现邻邦的独特文化，加强我国民众对俄罗斯的了解。另外，可以借助互联网实现中、俄民间文化交流。21世纪是互联网的天下，互联网具有信息传播速度快、传播范围广、成本低、无地域限制等特点，我们应该充分利用互联网的优势进行文化传播。例如，开展远程俄语教学，成立网络文化交流社区，同时引进优秀的俄罗斯影视作品，让观众在观影过程中了解俄罗斯文化，感受俄罗斯人的生活氛围。例如，俄罗斯电影《他是龙》就凭借其唯美的画面、独特的服饰、神秘的俄式歌谣，在中国引起一阵收视狂潮。中国一些经典的电视剧也可翻译成俄语，推广到俄罗斯。

（四）政府积极引导民间文化交流活动

民间文化已经成为一种重要的经济资源，可以弥补民间文化市场的不足。[②]我们不但要加强与他国在经济、贸易、科技等方面的合作，还要在文化交流领域下功夫。政府应重视国家间的民间文化交流，发挥引导性作用，积极促进民间文化交流的发展。政府可以帮助成立"民间文化交流协会"，定期举办民间文化交流活动，负责解决相关问题。政府还可以帮助搭建"民间文化交流论坛"，拓宽民间文化交流的渠道。

（五）鼓励民众学习、掌握中国民间艺术

想要对外传播中国传统艺术，先要学好传统艺术，将其传承下去。中国传统民间艺术数不胜数，如剪纸、刺绣、武术、戏曲、雕塑、茶艺、编制、皮影等，但是，目前民间文化艺术不受重视，越来越多的民间艺术逐渐走上消亡之路。

---

① 张泗考:《跨文化传播视域下中华文化走向世界战略研究》，河北师范大学博士学位论文，2016年，第3页。
② 翟燕：《民间文化传承与发展中的政府职能研究》，电子科技大学硕士学位论文，2011年，第14页。

众多民间艺术瑰宝正在无声无息中消逝，退出历史舞台。我们应该尽力追赶上它们消亡的步伐，留住一代代人努力传承下来的民间艺术，并将这份瑰宝留给子孙后代。

三、结语

文化交流既是机遇，又是挑战。我们既要看到他国的文化优势，又应树立高度的“文化自信”，继承和发扬中国文化，让世界了解中国文化。在此背景下，我们应让民间文化交流活动发挥重要作用，帮助两国人民建立更加深厚的友谊。我们还要及时总结对俄民间文化交流过程中遇到的问题，积极寻求解决问题的方法。黑龙江省更应继续保持并发挥自己在对俄文化交流中的优势，向其他省份传授对俄民间文化交流的经验，共同促进两国民间文化交流与合作。

* 参考文献

[1] 李宇明：《“一带一路”需要语言铺路》，人民日报，2015 年 9 月 22 日，第 7 版。

[2] 陆俭明：《“一带一路”建设需要语言铺路搭桥》，载《文化软实力研究》，2016 年第 2 期。

[3] 刘明阁：《论民俗类非物质文化遗产的传承、保护和利用》，载《江汉论坛》，2012 年第 10 期。

[4] 翟燕：《民间文化传承与发展中的政府职能研究》，电子科技大学硕士学位论文，2011 年。

[5] 张泗考：《跨文化传播视域下中华文化走向世界战略研究》，河北师范大学博士学位论文，2016 年。

[6] 《资料：江泽民在中共十五大上的报告(全文)》，http://news.ifeng.com/mainland/special/zhonggong18da/content-4/detail_2012_11/04/18821363_2.shtml，访问日期：2019 年 4 月 2 日。

（作者单位：牡丹江师范学院）